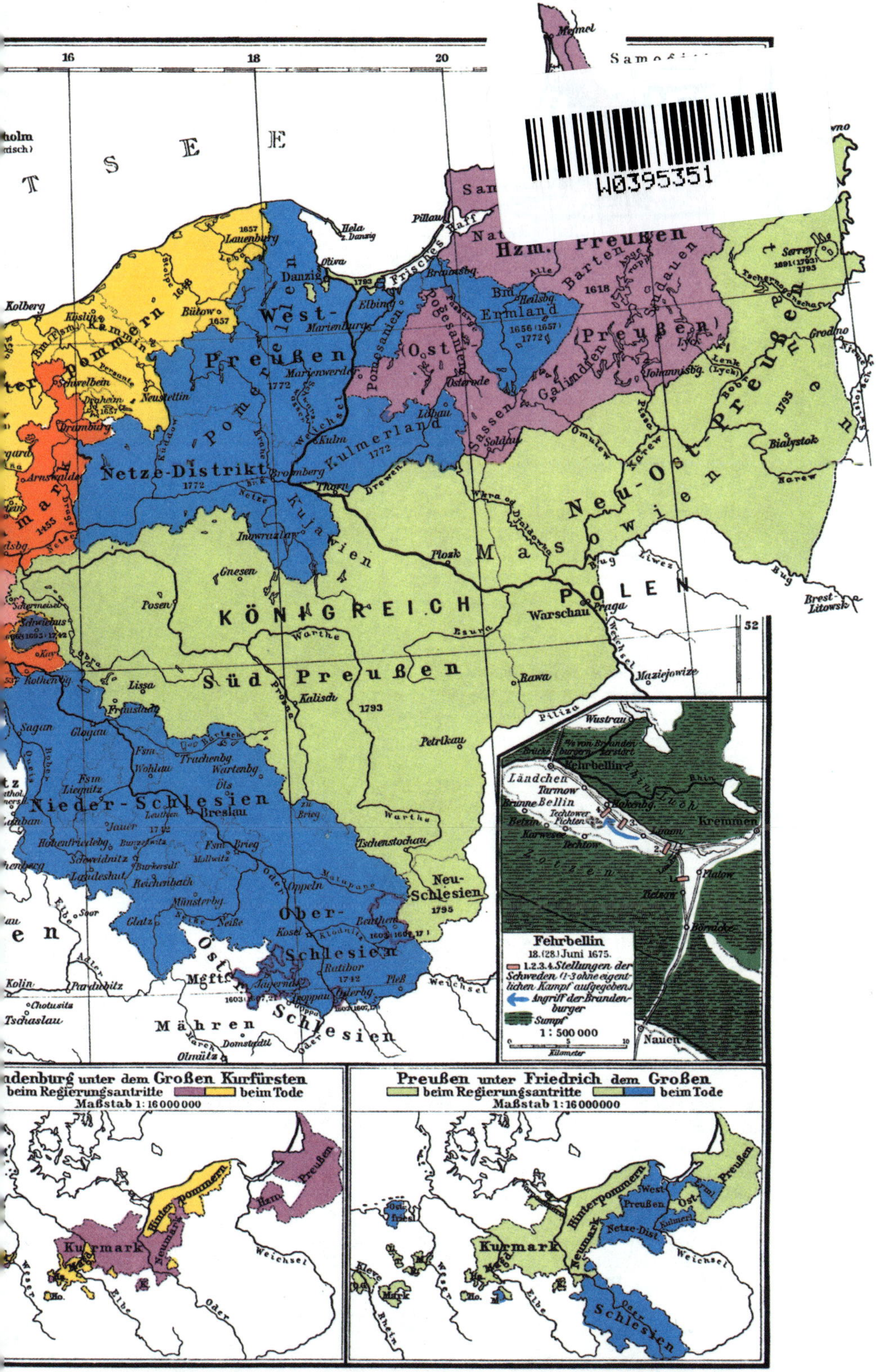
16
18
20
52
O S T S E E
Hzm. Preußen
Samland
Natangen
Barten
Sudauen
(Preußen)
Galinden
Sassen
Pogesanien
Pomesanien
Ermland
1656 (1657) 1772
Ost
West-
Preußen
1772
Pomerellen
Kulmerland
1772
Netze-Distrikt
1772
Kujawien
Neu-Ost-Preußen
1795
Masowien
KÖNIGREICH POLEN
Süd Preußen
1793
Nieder-Schlesien
Ober-
Schlesien
Neu-
Schlesien
1795
Mähren
Danzig
Thorn
Bromberg
Marienburg
Marienwerder
Elbing
Pillau
Frisches Haff
Lauenburg
Bütow
1657
Kolberg
Hinterpommern
Neumark
Posen
Gnesen
Kalisch
Warschau
Praga
Petrikau
Breslau
Glogau
Liegnitz
Oppeln
Ratibor
Glatz
Neiße
Brieg
Weichsel
Warthe
Oder
Bialystok
Grodno
Brest-Litowsk
Memel
Fehrbellin
18.(28.) Juni 1675.
1.2.3.4. Stellungen der Schweden (1-3 ohne eigentlichen Kampf aufgegeben)
Angriff der Brandenburger
Sumpf
1 : 500 000
Kilometer
Fehrbellin
Ländchen
Rhin Luch
Linum
Kremmen
Nauen
Tarmow
Wustrau
Brandenburg unter dem Großen Kurfürsten
beim Regierungsantritte
beim Tode
Maßstab 1: 16 000 000
Kurmark
Hinter-Pommern
Neumark
Hzm. Preußen
Preußen unter Friedrich dem Großen
beim Regierungsantritte
beim Tode
Maßstab 1: 16 000 000
Hinterpommern
West Preußen
Ost
Netze-Dist.
Kulmerl.
Kurmark
Neumark
Schlesien
Kleve
Mark
Ost-friesl.
Weichsel
Oder
Elbe
Weser
Rhein

Wolfgang Stribrny

Der Weg der Hohenzollern

2. völlig durchgesehene Auflage

Anschrift des Verlages:
C.A. Starke Verlag,
Zeppelinstraße 2, D-65549 Limburg an der Lahn
Telefon 06431/96150; Fax 06431/961515
www.starkeverlag.de

ISBN 3-7980-0604-0

Denkmal Friedrichs des Großen „Unter den Linden" in Berlin. Der Grundstein zu dem Meisterwerk Christian Daniel Ruchs wurde 1840 gelegt, 1851 wurde das Standbild enthüllt. 1950 wurde das Reiterdenkmal von der SED entfernt, 1980 wieder aufgestellt. Im Hintergrund das in den Jahren 1834 bis 1836 durch Carl Ferdinand Langhans erbaute Palais Kaiser Wilhelms I.

AUS DEM
DEUTSCHEN ADELSARCHIV n.F.

Im Auftrage der Stiftung Deutsches Adelsarchiv
herausgegeben von Klaus Freiherr v. Andrian-Werburg †

Band 4 der Schriftenreihe

Aus dem Deutschen Adelsarchiv n.F.
Band 4

Wolfgang Stribrny

Der Weg der Hohenzollern

Lebensbilder aller Kurfürsten, Könige und Kaiser aus dem Hause Brandenburg-Preußen und der wichtigen übrigen Hohenzollern

C.A. Starke Verlag · Limburg an der Lahn

Die erste bildliche Darstellung eines Hohenzollern findet sich über dem Hauptportal der Klosterkirche Alpirsbach im Schwarzwald: Zu Füßen Christi und der Engel knien als Stifter Graf Adelbert von Zollern und seine Gemahlin. (geschaffen um 1130)

Inhaltsverzeichnis

Bildverzeichnis

Die Burg Hohenzollern liegt auf einem 855 m hohen Berg am Nordrand der Schwäbischen Alb bei Hechingen. In der heutigen Gestalt wurde die Burg auf Anregung Friedrich Wilhelms IV. 1846 bis 1867 durch August Stüler in Anlehnung an die spätmittelalterliche Burganlage fast vollständig neu gebaut. Die Burg, im gemeinsamen Besitz der preußischen und schwäbischen Linie, wurde in den letzten Jahrzehnten zum Brennpunkt preußisch-deutscher Tradition. Von 1952 bis 1991 beherbergte sie die Särge Friedrich Wilhelms I. und Friedrichs des Großen. Alle drei großen christlichen Konfessionen haben auf der Burg Kapellen.

1. ABSCHNITT

Anfänge in Schwaben

„Burchard und Wezil (= Werner) von Zollern fielen“ (Burchardus et Wezil de Zolorin occiduntur) steht für das Jahr 1061 in den Annalen des Mönchs Hermann aus dem Kloster der Insel Reichenau im Bodensee. Damit tritt uns nach den Staufern und den Habsburgern die dritte große schwäbische Dynastie erstmals entgegen. Die Zollern sind dabei vor den Hohenstaufen und Habsburgern das erste schwäbische Geschlecht, das sich nach seiner Burg nennt, der uns bis heute wohlbekannten Burg Hohenzollern. Die Burg blieb bis heute ununterbrochen im Besitz des Hauses und wurde nach den Katastrophen in der ersten Hälfte des 20. Jahrhunderts wieder zum Mittelpunkt der Gesamtfamilie. Heute ist sie aber nicht nur Besitz eines auch im Mittelalter schon bedeutenden schwäbischen Geschlechtes, sondern in erster Linie ein Brenn- und Sammelpunkt deutscher und preußischer Geschichte und Tradition.

Wer die Stammväter jener beiden frühen Zollern waren, wann sie auf den dem Albtrauf vorgelagerten gewaltigen Berg kamen, wissen wir nicht. Der den Umkreis weithin beherrschende Berg lud geradezu zum Burgenbau ein. Geologisch handelt es sich um einen dem eigentlichen Albtrauf, der Steilstufe der Schwäbischen Alb, vorgelagerten Weißjuraberg, der davon zeugt, dass in geologisch früheren Zeiten der Albtrauf weit vor der heutigen Linie lag. Die zahlreichen Erdbeben um die Zollernburg (zuletzt am 23.1.1970 und am 3.9.1978 mit Millionenschäden) gehen auf einen geologischen Grabenbruch, den Zollerngraben, zurück. In dieser erdbebenreichsten Gegend Deutschlands ist die Gebirgsbildung noch nicht zur Ruhe gekommen.

Von jener ersten Burg zeugen drei in der Mitte des zwölften Jahrhunderts entstandene Reliefplatten. Eine von ihnen zeigt den kämpferischen Erzengel Michael. Sie stellen heute einen Hauptschmuck der St. Michael geweihten katholischen Burgkapelle dar.

Reliefplatte aus dem zwölften Jahrhundert in der katholischen St. Michaelskapelle auf der Burg Hohenzollern, dargestellt ist der Erzengel Michael, der den Drachen tötet; unten beten die Heiligen Drei Könige das Jesuskind an. Maria hält statt des Kindes ein Buch, welches das Wort Gottes (den Logos) symbolisiert.

Was wissen wir von den älteren Hohenzollern? Ihre Stammgüter erstreckten sich über den Raum, wo noch heute die schwäbischen Hohenzollern ihren Besitz haben: zwischen oberster Donau und oberem Neckar. Jene Gegend, die wir „Hohenzollern“ nach der Burg und dem Herrscherhaus nennen, hat als Territorium bis 1973 bestanden. Noch heute sprechen die Bewohner des Landstrichs zwischen Tübingen und Rottweil von der Zollernburg und der Zollernalb. Seit der letzten Verwaltungsreform (1973) gibt es einen „Zollernalbkreis“. So hieß die Familie auch lange Zeit schlicht „die Zollern“. Wie aus den Staufen die Hohenstaufen, so wurden aus den Zollern seit dem dreizehnten Jahrhundert allmählich die Hohenzollern. Der erste Zoller, von dem aus die lückenlose Ahnenreihe bis in unsere Tage reicht, tritt uns 1085 entgegen. Er trägt den Leitnamen der Familie Friedrich. Heute führen ihn der 1976 geborene Prinz Georg Friedrich von Preußen, seit 1994 Chef des Kaiserlichen und Königlichen Hauses, und Erbprinz Karl Friedrich von Hohenzollern (geboren 1952).

Jener Ahnherr, Friedrich von Zollern, diente Kaiser Heinrich V., der von 1106 bis 1125 das Heilige Römische Reich und Deutschland regierte. 1111 gehörte er zu einer Gesandtschaft, die im Auftrag des Herrschers nach Frankreich ging.

Als selbstverständliche Verpflichtung eines edelfreien Geschlechts tritt neben die Sorge für das eigene Haus die Sorge für die Allgemeinheit, das Reich und die Kirche. Man wird hier und auch später noch nicht gleich von überragenden Leistungen für das Reich sprechen dürfen, sollte aber doch festhalten, dass auch das spätere neuzeitliche Kaiserhaus an der Kaiserherrlichkeit des hohen Mittelalters Anteil hatte. Der Sohn des ersten Friedrich, auch Friedrich geheißen, kämpfte zunächst für Kaiser Lothar (1125 bis 1137) und dann für die Staufer.

Schon dessen Sohn, der dritte Friedrich, verließ Schwaben und die Stammburg. Wenn man so will, kann man sagen, dass mit ihm das Haus der Zollern überregionale Bedeutung gewann.

2. ABSCHNITT

Burggrafen von Nürnberg

Burggraf war – wie Graf überhaupt – ursprünglich eine Amtsbezeichnung. Der Burggraf von Nürnberg war zunächst für die imposante, bis zum heutigen Tage erhaltene Kaiserburg über der Stadt Nürnberg verantwortlich, viel wichtiger war aber seine Funktion als Verwalter des umfänglichen Reichsgutes um Nürnberg und als Haupt des dortigen hochangesehenen und einträglichen, später kaiserlichen Landgerichts. Vor den Zollern waren die von der Thaya in Niederösterreich stammenden Grafen von Raabs Inhaber der Nürnberger Burggrafschaft. Jener Friedrich III. heiratete die Erbtochter des letzten Burggrafen aus dem Hause Raabs und begegnet uns ab dem Jahre1192 als Burggraf von Nürnberg. Ähnlich, wie 1701 aus Kurfürst Friedrich III. von Brandenburg König Friedrich I. in Preußen werden sollte, so hieß jener Friedrich III. nun als Burggraf von Nürnberg Friedrich I. Heinrich VI., der weitgebietende Sohn Barbarossas, wollte mit der Verleihung der Burggrafschaft sicher auch die Treue Friedrichs seinem Vater und ihm gegenüber belohnen. Es ist nicht ohne Symbolkraft, dass die Erhöhung der Hohenzollern durch das große schwäbische Kaisergeschlecht des Mittelalters erfolgte. Von der Burggrafschaft Nürnberg aus wurde der Weg in die Mark Brandenburg und in das Ordensland Preußen angetreten. Der Titel „Burggraf zu Nürnberg“ wird von den preußischen Königen und den Fürsten von Hohenzollern auch nach dem Verlust der fränkischen Besitzungen 1806 an hervorragender Stelle weitergeführt. Damit wird die Erinnerung an die entscheidend wichtige, mehr als sechshundertjährige Verbindung mit Franken wach gehalten.

Das Erbe der Grafen von Raabs in Franken an Eigenbesitz in und um Nürnberg war unbedeutend. Das Amt des Burggrafen brachte zwar einige Einnahmen, insbesondere Gerichtsgebühren, aber in Nürnberg, das uns seit 1219 als freie Reichsstadt begegnet, hatte der Burggraf kaum etwas zu sagen. Auf der eigentlichen Nürnberger Kaiserburg haben die

Burggrafen aus dem Hause Hohenzollern nie residiert. Vielmehr bewohnten sie eine längst verschwundene kleine Burganlage an deren Westrand (Walpurgiskapelle und fünfeckiger Turm sind davon bis heute erhalten), wenn sie überhaupt in Nürnberg weilten. Hauptsitz der ersten zollernschen Burggrafen war die Cadolzburg westlich Nürnbergs. Die mächtige Burganlage des fünfzehnten und sechzehnten Jahrhunderts auf den Fundamenten des 13. Jahrhunderts wurde 1945 von amerikanischer Artillerie in sinnloser Weise zerschossen, inzwischen ist sie aber wieder aufgebaut.

Die Nürnberger Burg in einer Darstellung des 19. Jahrhunderts. Rechts befinden sich die Walpurgiskapelle und der fünfeckige Turm, Reste der kleinen Burggrafenburg. Seit 1192 begegnen uns die Zollern als Burggrafen von Nürnberg. 1427 wurden die Reste der Burggrafenburg an die Stadt verkauft.

Aus kleinen Anfängen haben die Burggrafen von Nürnberg im Laufe der Zeit ein ansehnliches Territorium um Ansbach und Bayreuth geschaffen. Es zeigt sich jener Zug des zähen und zielbewußten Vorgehens, gepaart mit einer geschickten Finanz- und auch Heiratspolitik, der für viele Hohenzollernherrscher typisch ist.

Die Cadolzburg. Bauten aus der Zeit der Kurfürsten (und Burggrafen) Friedrich I. und Albrecht I. Achilles auf den Fundamenten des dreizehnten Jahrhunderts. Aquarell von C. Graef aus der Mitte des neunzehnten Jahrhunderts.

Die Söhne Friedrichs I. teilten 1214 den Besitz des Hauses. Der wahrscheinlich jüngere Konrad wurde der Stammvater der Burggrafen von Nürnberg und damit auch der späteren Könige von Preußen, der wahrscheinlich ältere Friedrich (II.) der Ahnherr der schwäbischen Linie, der späteren Fürsten von Hohenzollern. Der Gesamtzusammenhang der damals getrennten Familie wurde durch die Reformation und Gegenreformation erschüttert, ging aber nicht ganz verloren. Seit dem frühen neunzehnten Jahrhundert bis heute wurden die Beziehungen immer enger.

Burggraf Konrad gelangte durch seine Ehe mit der Erbtochter der bald darauf im Mannesstamm erloschenen Grafen von Abenberg zu beträchtlichem Eigenbesitz im Nürnberger Raum, darunter befand sich die Cadolzburg. Das Kloster Heilsbronn zwischen Nürnberg und Ansbach wurde zur eindrucksvollen Hohenzollerngrablege. Konrad war der erste des Hauses, der hier beigesetzt wurde. Ihm zur Seite liegen (bis zum Dreißigjährigen Krieg) fast alle fränkischen Hohenzollern. Sogar die ersten brandenburgischen Kurfürsten Friedrich I., Friedrich II. und Albrecht I. wurden hier beigesetzt. – Konrad und auch sein Bruder in Schwaben standen zur Sache der Staufer. Konrad kämpfte für Kaiser Friedrich II. sogar in Sizilien. Im Endkampf zwischen Friedrich II. und Papst Innocenz IV. hielt er zwar nicht zum Kaiser, setzte sich aber nach 1250 für die letzten Staufer von Bedeutung, Konrad IV. und Konradin, ein. Um 1260 starb dieser wichtige Zoller.

Hatte Konrads abenbergische Heirat ihm den Kern des späteren Ansbacher Gebiets eingetragen, so erhielt sein Sohn Friedrich über seine Frau (Heirat 1248), eine geborene Gräfin von Andechs-Meranien (eine Verwandte der heiligen Herzogin Hedwig von Schlesien), die Gegend um Bayreuth, Mittelpunkt der späteren Markgrafschaft Bayreuth.

Sowohl Burggraf Friedrich III. als auch sein schwäbischer Vetter Friedrich der Erlauchte spielten eine hervorragende Rolle bei der Wahl Rudolf von Habsburgs, des ersten deutschen Königs nach dem „Interregnum", und ersten gekrönten Habsburger. Sie gehörten zwar nicht zu den Wahlberechtigten, aber der Burggraf hat doch die Aufmerksamkeit der Wähler auf den schwäbischen Grafen von Habsburg gelenkt (Rudolfs Frau Gertrud stammte aus der Nebenlinie Zollern-Hohenberg.). Auch begleitete er den Habsburger an entscheidender Stelle nach Österreich und half in der Schlacht auf dem Marchfeld (1278), Ottokar von Böhmen zu schlagen und Österreich den Habsburgern zu gewinnen.

Als Dank dafür wurde ihm von Rudolf das Amt des Burggrafen als erbliche Würde übergeben. Aus dem edelfreien Geschlecht der Hohenzollern wurden Reichsfürsten. Auch unter den folgenden deutschen Herrschern blieben die fränkischen Zollern dem König treu verbunden. Kaiser Heinrich VII. aus dem Hause Luxemburg, der auf seinem Romzug von Dante gefeiert wurde, folgte auch Burggraf Friedrich IV. An der Seite des Kaisers kämpfte er in Rom. Nach dessen Tod kam es zu einer zwiespältigen Wahl. Friedrich der Schöne von Österreich stand gegen Ludwig den Bayern. Der Hohenzoller stritt für den Wittelsbacher und entschied die Schlacht bei Mühldorf 1322. Einer seiner Männer nahm den Habsburger gefangen; der Wittelsbacher hatte sich durchgesetzt. Ludwig der Bayer gewährte nicht nur die üblichen Privilegien, sondern betraute auch Friedrich IV. ständig mit Aufgaben; so schickte er ihn als kaiserlichen Beauftragten, als Reichsvikar, in die Toskana. 1331 kaufte Friedrich die Stadt Ansbach.

Johann II. (1332 bis 1357), Friedrich IV. Sohn, benutzte wie seine Vorgänger den ständigen Wechsel der Herrscherhäuser auf dem deutschen Königsthron, um seine eigene Macht auszubauen. Man wird dieses Taktieren nicht so schnell tadeln dürfen, sondern sollte bedenken, dass dergleichen nötig war, um sich und seine Dynastie zu behaupten. Johann II. erwarb im nördlichen „Land auf dem Gebirge" Kulmbach und die Plassenburg. Als Anhänger Ludwigs des Bayern wurde er 1345 zum Pfleger und Hauptmann in der Mark Brandenburg bestellt, um dem Sohn des Kaisers, Markgraf Ludwig dem Älteren, beizuspringen. Diese erste politische Aufgabe eines Hohenzollern in Brandenburg blieb Episode. Schon im folgendem Jahr schloss sich Johann Karl IV., dem jungen Böhmenkönig, als Anwärter auf den deutschen Thron an und verließ Markgraf Ludwig. Trotz einiger Schwankungen zu Anfang gehörte der Burggraf zu den treuen Anhängern Kaiser Karls IV. Karl weilte nicht nur häufig auf der Nürnberger Kaiserburg, sondern auch mehrfach auf der zollerischen Cadolzburg, wo schon die Könige Rudolf von Habsburg und Adolf von Nassau zu Gast gewesen waren.

In die Zeit Johanns II. fällt der Ursprung der Sage von der „weißen Frau", die in den Schlössern der Hohenzollern, insbesondere im Berliner Stadtschloss, auftaucht, um den nahe bevorstehenden Tod eines Hohenzollernfürsten anzukündigen. Zuletzt soll sie 1940 im längst zweckentfremdeten und enteigneten Berliner Schloss den Soldatentod des ältesten Sohnes des Kronprinzen, Prinz Wilhelm, angekündigt haben. Wie in vielen Sagen, Märchen und Gruselgeschichten ist die „weiße Frau" eine Legendengestalt, die ähnlich auch in anderen Schlössern im In- und Ausland auftritt. Im Kloster Himmelkron bei Bayreuth – wo sich übrigens einige spätere Hohenzollerngräber finden – ist eine Gräfin Kunigunde von Orlamünde begraben, letzte Herrin der Plassenburg, bevor diese an die Hohenzollern fiel. Nach dem Tod ihres Mannes hatte sie als Witwe die weiße Kutte der Zisterzienserinnen angelegt und war so zur „weißen Frau“ geworden. Nach der Sage soll die tatsächlich Kinderlose ihre beiden Kinder umgebracht haben, um den Bruder Johanns II., Albrecht, lieben zu können. Ihre Liebe wurde jedoch zurückgewiesen. Um sich an der Familie ihres angeblichen Geliebten zu rächen, erscheint die Kindsmörderin, die im Grabe keine Ruhe findet, um Unheil zu verkünden. Man glaube nicht, dass unsere Zeit, was dergleichen Schlossgespenster betrifft, aufgeklärter sei als das angeblich finstere Mittelalter. Jedenfalls ist die „weiße Frau“ heute noch so lebendig wie vor Jahrhunderten, wenn auch nicht für alle Zeitgenossen.

3. ABSCHNITT

Die schwäbischen Hohenzollern im späten Mittelalter

Zuvor war von Friedrich dem Erlauchten, dem schwäbischen Hohenzollern, die Rede. Von ihm ist eine Urkunde von 1248 überliefert, deren Siegel das bis heute geführte Wappen des Gesamthauses Hohenzollern, den schwarzweiß (schwarzsilber) gevierten Schild zeigt. Dem Schwarz-Weiß des Ordenslandes Preußen entspricht also auch das Schwarz-Weiß der Zollern.

Wappen des Gesamthauses Hohenzollern. Als Siegel seit 1248 nachweislich geführt. Die älteste Wappenscheibe befindet sich in der Vorhalle der St. Michaelskapelle auf der Burg Hohenzollern.

Am Fuß der Stammburg gründete Friedrich der Erlauchte das Kloster Stetten im Gnadental. 1267 heißt es, dass das Kloster „sub Castro Zolre" liegt. Dies ist die älteste Erwähnung der Burg. In einer Scheibe aus Stetten, die sich heute auf der Burg Hohenzollern befindet, erhielt sich die älteste bildliche Darstellung des Hohenzollernwappens. Friedrich der Erlauchte war auch der Gründer von Hechingen und Balingen im Bannkreis der Stammburg (Balingen fiel später an Württemberg und ist seit der Gebietsreform von 1973 zur Kreisstadt des neuen „Zollernalbkreises" geworden, zu dem auch Hechingen gehört.).

Wie damals üblich, teilte Friedrich sein Erbe, und selbst die Stammgrafschaft wurde im folgenden Jahrhundert noch einmal geteilt. Zwar gehörten die schwäbischen Hohenzollern weiterhin zu den angesehenen

Familien des Hochadels, aber die Gefahr, von anderen Herrscherhäusern, insbesondere von Württemberg übernommen zu werden, war durchaus akut. Auf das späte Mittelalter geht der alte Gegensatz zwischen Hohenzollern und Württemberg zurück, der auch heute noch im Volksbewusstsein lebendig ist. Erst die französische Besatzungsmacht hat nach dem Zweiten Weltkrieg, ohne die Betroffenen zu fragen, ein gemeinsames Land „Württemberg-Hohenzollern" konstituiert, das dann einen Teil des späteren Landes Baden-Württemberg bildete.

Zu Anfang des 15. Jahrhunderts gab es einen Erbstreit zwischen den Brüdern Friedrich, genannt der Oettinger, und Eitel Friedrich I., der den Untergang der schwäbischen Zollern heraufzubeschwören schien. 1423 zogen die Mannschaften von achtzehn schwäbischen Reichsstädten, an der Spitze die Rottweiler, vor die Burg und eroberten sie nach zehnmonatiger Belagerung und tapferer Gegenwehr (woran eine Tafel in der Vorhalle der St. Michaelskapelle erinnert).

Im Belagerungsheer befand sich auch Eitel Friedrich. Kaiser Sigmund, der uns als Wohltäter der fränkischen Hohenzollern bekannt ist, ordnete 1423 an, dass weder das „Schloss Zollern, noch der Berg zu ewigen Zeiten nunmehr gebaut, gemacht befestigt, noch von irgendjemandem eingenommen oder aufgerichtet werden . . . soll".

Eitel Friedrich geriet nach der völligen Zerstörung der ersten Burg auf dem Zollern, von der wir leider nicht wissen, wie sie aussah, in starke Abhängigkeit von Württemberg. Bei seinem kinderlosen Tod sollte die Grafschaft an Württemberg fallen. „Es war der absolute Tiefpunkt in der hohenzollerschen Geschichte". Da entschloss sich der bald Fünfzigjährige zur Heirat. Sein tüchtiger Sohn war Jos Niklas, der von 1439 bis 1488 die Stammlande regierte. Am Hof Herzog Albrechts VI. von Österreich erzogen, hatte er gute Beziehungen zu den Habsburgern, aber auch die Bande zur anderen Hohenzollern-Linie wurden aktiviert, und Albrecht Achilles von Brandenburg setzte sich für die schwäbischen Hohenzollern ein. Albrecht Achilles, damals noch nicht Kurfürst von Brandenburg, stand als Markgraf von Ansbach an der Spitze eines Fürstenbundes, der sich gegen die schwäbischen Reichsstädte durchsetzte. Jos Niklas verdoppelte den Umfang der Grafschaft Zollern und konnte sich aus der württembergischen Umklammerung befreien. Unter ihm begann 1454 der Wiederaufbau der Burg im spätgotischen Stil. Herzog Albrecht von Österreich war bei der Grundsteinlegung zugegen; die Anwesenheit von Albrecht Achilles lässt sich nicht nachweisen und ist unglaubhaft. Die Verbindung nach Franken und der Mark Brandenburg wird jedoch dadurch vertieft, dass Jos Niklas' Sohn Eitel Friedrich II. Markgräfin Magdalena von Brandenburg, die Nichte von Albrecht Achilles, 1482 heiratete. Beider Bronzegrabplatte aus Peter Vischers Meisterhand hat sich in der Hechinger Stiftskirche erhalten. Über das Aussehen der zweiten Burg auf dem Zollern sind wir gut unterrichtet. Ihre Grundmauern bilden die Fundamente der heutigen dritten Burg, die in Anlehnung an die spätmittelalterliche Burg entstand. Die 1461 geweihte St. Michaelskapelle ist bis heute erhalten und dient dem katholischen Gottesdienst. Ständiger Wohnsitz der Grafen blieb Hechingen; die neue Burg wurde nur gelegentlich aufgesucht.

Die nach der Zerstörung der ersten Burg Hohenzollern (1423) ab 1454 neu gebaute Burg mit den Bastionen des siebzehnten Jahrhunderts in einer Ansicht von Matthäus Merian (1662). Die (dritte) Burg des neunzehnten Jahrhunderts benutzte teilweise die Fundamente der hier abgebildeten zweiten Burg.

Eitel Friedrich II. (1488 bis 1512) war am brandenburgischen Hof erzogen worden. Er wurde 1495 Vorsitzender des gerade gegründeten Reichskammergerichts. Der vom Kaiser ernannte Kammerrichter gehörte stets dem hohen Adel an und genoss fürstlichen Rang. Als erster Hohenzoller erhielt er den hohen Orden vom Goldenen Vließ und erwarb 1504 von den brandenburgischen Vettern, mit deren Kurfürstenhut das Erzamt des Kämmerers verbunden war, den Titel eines Reichserbkämmerers. Hatte Kaiser Maximilian I. seine Gunst Eitel Friedrich II. geschenkt, so gewährte Karl V. sie dem Grafen Karl I. von Zollern. Doch davon soll später die Rede sein.

4. ABSCHNITT

Kurfürst Friedrich I. (1415 bis 1440)

Der auf der Cadolzburg 1371 geborene erste wirklich bedeutende Hohenzoller musste sich als Burggraf Friedrich VI. nach dem Herrschaftsantritt 1397 das Land mit seinem älteren Bruder Johann III. teilen. Nachdem Kaiser Karl IV. die Burggrafen mit Rechten ausgestattet hatte, die denen der Kurfürsten ähnlich waren, war das Ansehen des Hauses weiter gestiegen. Johann III. und Friedrich VI. waren auf der Rheinburg Oberlahnstein, als sich die Kurfürsten trafen, um den Luxemburger Wenzel der Krone zu entheben und den Wittelsbacher Ruprecht von der Pfalz zu seinem Nachfolger zu wählen. Johann sprach sich dabei für Wenzel aus, während Friedrich für den Pfälzer eintrat. Die Brüder waren nicht nur mit Wenzel und Ruprecht verschwägert, sondern die Burggrafen galten zunächst auch selber als ein Haus, das für die deutsche Königswahl hätte kandidieren können! Weshalb die hohenzollernschen Brüder verschiedene Seiten wählten, beruhte vermutlich auf einer Absprache und war wohl taktisch bedingt: Man wollte den eigenen Besitz erhalten und womöglich mehren.

In der verlustreichen Türkenschlacht von Nikopolis an der unteren Donau war Friedrich dem jüngeren Sohn Kaiser Karls IV., König Sigmund von Ungarn, aufgefallen. Sigmund oder Sigismund zog den finanziell bedrängten Burggrafen 1409 gegen Gehalt in seine Dienste. Was zunächst wenig verheißungsvoll aussah, wandelte sich, als Sigmund nach dem Tode Ruprechts nach der deutschen Krone verlangte. Burggraf Friedrich, in dergleichen Geschäften nicht unbewandert, erhielt von Sigmund die Aufgabe, seine Königswahl durchzusetzen. Dank dem Geschick Friedrichs, aber auch mit einigem Glück gelang das. Friedrich erhielt einen wahrhaft *königlichen Lohn:*

Sigmund übertrug ihm die Regentschaft über die soeben durch den Tod seines Bruders und Kronmitbewerbers Jobst von Mähren an ihn gefallene Markgrafschaft Brandenburg.

Am 8. 7. 1411 wurde Friedrich in Ofen (Budapest) zunächst zum obersten Hauptmann und Verweser der Mark im Auftrag Sigmunds ernannt. Erst 1415 wurde sie sein Besitz im Zusammenhang mit seiner Erhebung zum Kurfürsten.

Im Zuge der deutschen Ostsiedlung des Mittelalters, eine der größten Leistungen des deutschen Volkes, an der alle Stände beteiligt waren, war die Mark Brandenburg von den Askaniern (Haus Anhalt) erworben und im Laufe der Zeit deutsch besiedelt worden. Friedrich kam 1412 in ein Gebiet, das von völliger Auflösung bedroht war. Es herrschten nahezu anarchische Zustände. Raub und Fehde bedrängten das Land. Friedrichs Aufgabe war es, die im Verfall begriffene Mark wieder zu Recht und Ordnung zurückzuführen.

Es war eine unruhige Zeit für das östliche Mitteleuropa. Der Deutsche Orden, zu dessen Herrschaftsbereich für kurze Zeit auch die Neumark gehörte, war durch die Niederlage von Tannenberg gegen die polnisch-litauische Großmacht in eine tiefe Existenzkrise geraten. An Ungarns Toren standen die Türken, gegen die Friedrich selbst gekämpft hatte. In Böhmen predigte Jan Hus, dessen Anhänger, die Hussiten, bald darauf nach seiner Verbrennung zum Schrecken der umliegenden Länder werden sollten.

Friedrich war alles andere als willkommen in der Mark. Man spottete über den „Nürnberger Tand“. Die Quitzows und gewiß auch andere märkische Junker sollen gesagt haben: „Und wenn es ein Jahr lang Nürnberger regnete, so wollten sie ihre Schlösser doch wohl behalten.“ In der Schlacht am Kremmer Damm 1412 wurden die Pommern, die sich in die märkischen Verhältnisse wie bisher einzumischen gedachten, geschlagen. Hans von Hohenlohe, der aus Franken mit Friedrich gekommen war, fand dabei den Tod. Die Dankbarkeit der Hohenzollern kann man bis zum heutigen Tage an der Totentafel erkennen, die Friedrich für ihn in der Berliner Klosterkirche aufhängen ließ. Sie überstand die Zerstörung der Klosterkirche und hängt heute in der alten Dorfkirche von Berlin-Buckow.

Friedrich gelang es, die benachbarten Fürsten zum Stillhalten zu bewegen, und er konnte so mit den einheimischen Rebellen abrechnen. Dabei half ihm die „faule Grete“, eine vom Deutschen Orden entliehene Kanone – das Modernste, was es damals an Kriegstechnik gab. Insbesondere im Havelland und in der Altmark wurden die Burgen des widerstädigen Adels damit gebrochen. Es gelang Friedrich, den flächenmäßigen vergleichsweise weiträumigen Territorialstaat wieder herzustellen und der Zersplitterung, wie sie in anderen Teilen des Reiches bestand, und der Anarchie zu wehren.

Auf dem Konzil zu Konstanz (1414 bis 1418) stand Friedrich König Sigmund zur Seite und sorgte durch einen Feldzug dafür, dass der Gegenpapst Johannes (XXXIII.) seinen Widerstand gegen eine neue Papstwahl zur Beseitigung der schrecklichen Spaltung der lateinischen Christenheit (zwischen den Päpsten und Avignon) aufgeben musste. Als Dank für große Verdienste (Friedrich hatte auch vor dem Konzil dafür gesorgt, dass Sigmund in Aachen zum König gekrönt werden konnte.) übertrug Sigmund in Konstanz am 30. April 1415 die Würde des Kurfürsten und Markgrafen von Brandenburg an den Hohenzollern.

Aus Burggraf Friedrich VI. wurde Kurfürst und Markgraf Friedrich I. Mehr als fünfhundert Jahre hohenzollernscher Herrschaft über die Mark Brandenburg nahmen ihren Anfang. Wenn man diesen Tatbestand würdigt, so wird man nicht nur die Leistungen der Herrscher bedenken, sondern auch darauf hinweisen müssen, mit welcher Treue die Märker allzeit zu den Hohenzollern standen! Das Losungswort, das Friedrichs fränkischer Umgebung zugeschrieben wurde: „Hie gut Zollern allwege“, behielt für die Märker stets seine Gültigkeit.

Die Mark huldigte dem neuen Landsherrn am 21. Oktober 1415 in Berlin. Die Erbhuldigung führte dank geschicktem Entgegenkommen des Markgrafen gegenüber den opponierenden Junkern zur allmählichen Aussöhnung mit diesen. Die feierliche Belehnung mit der Kurwürde und dem Amt des Erzkämmerers erfolgte am 18. April 1417 in Konstanz. Während längerer Abwesenheit Sigmunds in seinem ungarischen Königreich übernahm Friedrich seine Stellvertretung in Deutschland als Reichsvikar. Reichspolitik und Fürsorge für die eigenen Besitzungen gingen in diesem bewegten Leben ineinander über und wurden offenbar von den Zeitgenossen nicht als Gegensätze empfunden.

Belehnung des Burggrafen Friedrich VI. mit der Mark Brandenburg im Jahre 1417 in Konstanz. Als Kurfürst und Markgraf nannte er sich hinfort Friedrich I. – Auf dem rechten Bild erkennt man die brandenburgische Flagge mit dem roten Adler und die schwarzweiße Hausfahne der Hohenzollern.

Die nördlichen Anrainer der Mark, Pommern und Mecklenburg und hinter ihnen Dänemark und Schweden, sowie Polen waren am Aufstieg einer neuen, starken Macht nicht interessiert. 1420 erwehrte sich Friedrich der Mecklenburger und Pommern in erfolgreichen Feldzügen. Er suchte nach einem Ausgleich mit Polen. Sein späterer Nachfolger in der Mark (Friedrich II.) wurde als zukünftiger Schwiegersohn des Königs in Polen erzogen. Über diese polnischen Verbindungen und einen missglückten Feldzug gegen die Hussiten gerieten Friedrich und Sigmund in Feindschaft. Das Glück schien sich gegen Friedrich zu wenden; die polnischen Kombinationen zerrannen, die alten Gegner fielen in die Mark ein. 1426 verließ Friedrich I. die Mark, übergab die Verwaltung seinem ältesten Sohn Johann (genannt der Alchemist) und das Land nie mehr betrat. Er hielt wohl seine Pläne dort für gescheitert und konzentrierte sich hinfort auf die Reichspolitik und seine fränkischen Stammlande. Sein nüchterner

Der Cadolzburger Altar, gemalt um 1430 für die Cadolzburger Burgkapelle. 1873 von der evangelisch-lutherischen Kirchengemeinde Cadolzburg dem Deutschen Kronprinzen Friedrich Wilhelm (später Kaiser Friedrich III.) geschenkt, heute im Berliner Jagdschloss Grunewald. Unter dem Kreuz Maria, zu ihren Füßen Friedrich I. mit dem brandenburgischen roten Adler als Wappen, und Johannes, zu seinen Füßen Kurfürstin Elisabeth mit dem bayerischen Wappen. Auf dem linken Altarflügel die heilige Cäcilie, auf dem rechten der heilige Valerian.

Blick erkannte bald, dass die Hussiten mit den unzulänglichen Truppen des Reichsaufgebots, an dessen Spitze er mehrfach gestanden hatte, nicht zu schlagen waren. Er setzte sich deshalb für eine Verhandlungslösung ein, die schließlich auch in den dreißiger Jahren des 15. Jahrhunderts wesentlich dank seiner Bemühungen zustande kam. Als Sigismund 1437 starb – das Verhältnis zu ihm war wieder in Ordnung gebracht worden, schien Friedrich für sich oder einen seiner Söhne nach der deutschen Krone gestrebt zu haben. Gewählt wurde jedoch Albrecht II., mit dem die Kette der Habsburger Herrscher begann, die sich so gut wie ohne Unterbrechung bis zum Ende des Alten Reiches erstreckte. Friedrich starb auf der Cadolzburg, die bis 1456 den Regierungssitz der Burggrafschaft bildete.

Er war verheiratet mit „Schön Else", der Prinzessin Elisabeth von Bayern, die zeitweilig die gütige Regentin der Mark Brandenburg war. Auf dem Cadolzburger Altar (heute im Berliner Jagdschloss Grunewald) sind beide zusammen dargestellt.

Von heute her gesehen scheint dieser überaus aktive und vielseitig tätige, dabei feingebildete Mann seine Bedeutung darin zu haben, dass er die Hohenzollern in den Kreis der Kurfürsten einführte und in der Mark neue Maßstäbe setzte. Er sah sein Territorium in enger Verbindung mit Kaiser und Reich, dem er sich verpflichtet wusste.

Die Reform des Reiches und der Kirche hatte für ihn entscheidendes Gewicht. Friedrich nannte sich „Gottes schlichter Amtmann am Fürstentum": Er verstand das Amt des Fürsten als Dienst, über den er eines Tages vor Gott Rechenschaft abzulegen habe.

5. ABSCHNITT

Kurfürst Friedrich II. (1440 bis 1470)

Friedrich I. hatte seinen Besitz geteilt. Die Zollern beider Linien verstanden damals ihre Besitzungen durchaus noch als Familieneigentum, das man einigermaßen gerecht zu teilen habe. Friedrich hatte schon 1437 die Verwaltung der Kurmark übernommen. Er trägt als Kurfürst den nicht ganz berechtigten Beinamen „der Eiserne“ oder „Eisenzahn“. Den Namen verdankt er wohl seinem energischen Vorgehen gegenüber der Doppelstadt Berlin-Cölln, die unter ihm zur Haupt- und Residenzstadt wurde. Die Mark hatte bis dahin keine eigentliche Hauptstadt, die Markgrafen waren wie der deutsche König ständig von einem Ort oder von einer Burg zur anderen unterwegs. Mit militärischer Gewalt unterwarf er sich die Städte und begann auf der Spreeinsel (also im alten Cölln) den Bau des Berliner Schlosses. Das Berliner Schloss blieb bis 1918 die Residenz der Hohenzollern und bildete damit den eigentlichen Mittelpunkt Berlins und später Preußens und des Deutschen Reiches. Auf Betreiben der deutschen und sowjetischen Kommunisten wurde es im Jahr 1950 gesprengt. Sein Wiederaufbau ist die Aufgabe der Gegenwart. Berlin wird wieder seinen repräsentativen Mittelpunkt und das einer europäischen Hauptstadt angemessene historische Gepräge erhalten. Es ging beim damaligen Schlossbau nicht ohne Widerstand ab; die Bürgerschaft erhob ihr Haupt im „Berliner Unwillen“ und versuchte, die städtische Autonomie wiederherzustellen, was an Friedrich II. scheiterte. Was für Berlin galt, galt auch für die übrigen märkischen Städte. Die landesherrliche Gewalt hatte sich deutlicher als anderswo durchgesetzt. Vom heutigen demokratischen Standpunkt her wird man das bedauern müssen, man darf aber nicht vergessen, dass der Aufstieg Brandenburg-Preußens ohne die Zusammenfassung aller Kräfte nicht möglich gewesen wäre, und dass es gerade der Hohenzollernstaat war, der im 19. Jahrhundert der kommunalen Selbstverwaltung die Bahn brach.

Auch auf anderen Gebieten zeigte sich Friedrichs Bestreben, ein festes Gemeinwesen aufzubauen. Es gelang ihm, die Kirche vom Herrscher abhängig zu machen. Die märkischen Bischöfe in Brandenburg, Havelberg und Lebus wurden hinfort von ihm ernannt. Damit waren wichtige Voraussetzungen für das landesherrliche Kirchenregiment nach der Reformation gelegt. – Auch die Ritterschaft spürte seine herrscherliche Hand.

Nachdem das Geschlecht der brandenburgischen Askanier erloschen war (1319), war der territoriale Umfang der Mark erheblich geschrumpft. Friedrich der Eiserne versuchte, diese Verluste wieder wettzumachen. Er hatte damit auch gewisse Erfolge, wenn auch nicht in dem Maße, wie er es sich erhofft hatte. So gelang es ihm zwar nicht, die ganze Niederlausitz, aber doch das wichtige Cottbus zu erwerben. Die Neumark jenseits der Oder wurde 1455 vom Deutschen Orden, der sich von Polen hart bedrängt sah und dringend Geld brauchte, gegen vierzigtausend Gulden zurückgekauft. Friedrich „der Eiserne" hat die Neumark bewusst vor dem drohenden polnischen Zugriff bewahren wollen. Hier mögen Jugenderlebnisse eine Rolle gespielt haben, war Friedrich doch vom achten bis zum achtzehnten Lebensjahr am polnischen Hof als möglicher Gatte der dann früh verstorbenen (und auch durch spät geborene Söhne des Königs entmachteten) Erbtochter Hedwig erzogen worden.

Friedrich II. richtete als erster Hohenzoller seine Augen auf Pommern, besonders auf Stettin und die Odermündung als den natürlichen Hafen der Mark. Doch scheiterten seine vielfältigen Bemühungen. Erst 250 Jahre später konnte Friedrich Wilhelm I. das Ziel erreichen.

Friedrich hatte nicht die Gaben seines bedeutenden Vaters. „Er war ein märkischer Landesfürst und wollte nichts anderes sein. In der Beschränkung auf diese Aufgabe hat er sich aber als Meister gezeigt" (Otto Hintze). Zugunsten seines nur ein Jahr jüngeren Bruders verzichtete Friedrich 1470 auf die Kurfürstenwürde und zog sich in das heimatliche Franken zurück, wo er wenige Monate später starb.

6. ABSCHNITT

Kurfürst Albrecht Achilles (1470 bis 1486)

Im Gegensatz zu seinem älteren Bruder war Albrecht eine kraftstrotzende und glänzende Erscheinung, der seinen Beinamen (zuerst vom Piccolomini-Papst Pius II. gebraucht) zu Recht führte. Albrecht Achilles passte schon ganz in die Renaissance-Zeit. Der Schwerpunkt seiner Tätigkeit lag wieder in der Burggrafschaft Nürnberg, und auch, als er die Mark 1470 übernommen hatte, galt sein vorwiegendes Interesse weiter Franken. Beim Tod des Vaters musste sich Albrecht mit seinem Bruder Johann (dem Alchemisten) zunächst den fränkischen Besitz teilen, doch fiel er ihm 1457 im Ganzen zu. Zwischen den beiden Blöcken der fränkischen HohenzollernTerritorien lag das große Landgebiet der freien Reichsstadt Nürnberg. Militärisch und diplomatisch scheiterten Albrechts hochfliegende Pläne: Aus der Burggrafschaft ließ sich kein Herzogtum Franken machen, und Nürnberg behauptete sich als Reichsstadt.

Auf seinen Kriegsfahrten gelangte Albrecht bis nach Ungarn, als Wallfahrer wie seine Brüder Friedrich und Johann bis Jerusalem. Wie oben erwähnt, hat sich Albrecht im Zuge seiner weiten politischen Planungen auch für die schwäbischen Hohenzollern eingesetzt.

Den Umfang der Mark suchte Albrecht dadurch zu mehren, dass er auf Grund der Ehe seiner Tochter Barbara mit dem inzwischen verstorbenen Herzog Heinrich von Glogau und Krossen dieses an die Mark angrenzende schlesische Piastenland beanspruchte. Darüber kam es zu einem Streit, in den Pommern und Ungarn hereingezogen wurden. In langen Verhandlungen mit König Matthias von Ungarn, dem Herrn Schlesiens, gelang es endlich, das Herzogtum Krossen an die Mark zu binden. Man kann nicht sagen, dass die Kurfürsten nun schon begannen, ihr Augenmerk auf Schlesien zu richten, wird aber betonen können, dass die Aussichten auf Pommern durch die Anerkennung der brandenburgischen Lehnshoheit von Seiten des pommerschen Herzogshauses der Greifen an Substanz gewannen.

Albrecht weilte immer nur vorübergehend in der Mark und ließ sie durch seinen Sohn und Nachfolger Johann verwalten. Schwierig war die Finanzlage, die endlose Verhandlungen mit den Ständen notwendig machte, die aber schließlich so glimpflich abliefen, dass Albrecht eine geordnete finanzielle Situation hinterlassen konnte. Er war ein guter Haushalter, sorgte für genaue Rechnungsführung und sparsame Verwaltung. Dabei übertrafen diejenigen Einnahmen der Burggrafschaft noch bei weitem die der an Umfang weit größeren Mark Brandenburg.

Bis zum Tode war Albrecht mit den Angelegenheiten seines Hauses und des Reiches beschäftigt. Er starb in Frankfurt am Main, wohin er zur wesentlich von ihm betriebenen Wahl Maximilians I. zum römischen König gereist war. Für seine 19 Kinder aus seinen Ehen mit Margarete von Baden und Anna von Sachsen sorgte er nicht zuletzt durch die Dispositio Achillea". Im Gegensatz zur späteren Tradition im Hohenzollernhaus handelte es sich nicht um ein Erbfolgegesetz, das die Unteilbarkeit der Mark ein für allemal konstituierte (die erst durch den wichtigeren Geraischen Hausvertrag eingeführt wurde). Johann Cicero erhielt das Kurfürstentum, seine beiden jüngeren Söhne Friedrich und Sigismund die fränkischen Fürstentümer, die nunmehr für drei Jahrhunderte getrennt von der Mark eine eigene Entwicklung nahmen.

7. ABSCHNITT

Kurfürst Johann (1486 bis 1499)

Der dem Kurfürsten Johann achtzig Jahre nach seinem Tode zugelegte Beiname „Cicero“ scheint aus heutiger Sicht nicht berechtigt. War sein Vater ein weltläufiger Mann und kampfbewährter Held, der mit Recht Achilles genannt wurde, so war sein Sohn ein Fürst, der sich so gut wie ausschließlich mit der Verwaltung seines Landes beschäftigte. Johann war der erste rein märkische Herrscher, ohne besondere Bindungen an Franken. Einheimische gewannen die Oberhand in seiner Umgebung, fränkische Räte traten zurück. Als erster Hohenzoller wurde Johann in der Mark, in der Klosterkirche zu Lehnin, beigesetzt.

Johann riskierte keinen Krieg, als der Herzog von Pommern ihm die Lehnshuldigung verweigerte. Angesichts der ungünstigen außenpolitischen Lage hätte er einen solchen Konflikt auch kaum gewinnen können. Die brandenburgischen Erbfallsansprüche wurden aber von den pommerschen Ständen anerkannt.

Innenpolitisch versuchte er den Übergriffen des Adels ähnlich wie seine Vorgänger entgegenzutreten. Dem Faustrecht auf Kosten anderer Untertanen, besonders der Städter, galt es zu wehren. Der Adel befand sich im Wandel und musste sich (in der Zeit Kaiser Maximilians I., der sich selbst als den „Letzten Ritter“ verstand) vom ritterlichen Kriegswesen abwenden. Die Entstehung der ostelbischen Gutswirtschaft, das heißt, der vom Gutsherrn selbst betriebenen Großlandwirtschaft, begann sich abzuzeichnen. Das bedeutete auch eine Verschlechterung der rechtlichen Lage der Bauern, die bisher nur Abgaben gezahlt hatten (so wie es weiterhin in West- und Süddeutschland gehalten wurde) und nun langsam in eine feste Erbuntertänigkeit herabgedrückt wurden. Leibeigenschaft – wie in den weiter östlichen nichtdeutschen Gebieten – gab es zwar nur ausnahmsweise, aber die Bauern mussten zu einem erheblichen Teil ihre eigene Landwirtschaft aufgeben. Ihre Leistungen bestanden nicht mehr in Abgaben von dem, was sie selbst erwirtschaftet hatten, sondern in Arbeit auf den Besitzungen des Gutsherren.

Lehnin. Zisterzienser-Klosterkirche, zwischen Potsdam und Brandenburg, 1180 als Hauskloster und Grablege der märkischen Askanier gegründet. Hier wurden die Kurfürsten Johann (1499) und Joachim I. (1535) beigesetzt, deren Särge 1545 in den Berliner Dom überführt wurden. – Die Lehnin'sche Weissagung über das Schicksal der Hohenzollern ist eine ins Mittelalter verlegte Fälschung, die um das Jahr 1690 entstand.

Das Ansteigen der Getreidepreise und die für den Adel seit 1488 bestehende Möglichkeit, den Getreidehandel in die eigene Hand zu nehmen, das heißt, den städtischen Handel zu umgehen, begünstigten diese Entwicklung. Dem Kurfürsten konnte es nur angenehm sein, wenn der Landadel seine Aktivität der Wirtschaft zuwandte und die Fehden aufgab (wozu der Adel seit dem „Ewigen Landfrieden" Maximilians I. von 1495 ohnehin verpflichtet war). Im Übrigen kam ihm die Entwicklung als Besitzer eigener ausgedehnter Domänen auch persönlich entgegen.

Von heute her gesehen wird man die Lage der Bauern beklagen müssen. Andererseits wird man anerkennen, dass der Gutsherr in Alter, Krankheit und Not für sie sorgen musste, dass er verpflichtet war, auch ihren Kindern Arbeit und Brot zu geben. Der soziale Abstieg wurde also mit einer gewissen sozialen Sicherung erkauft.

Unter Johann gab es noch einige Spannungen wegen der Biersteuer mit den Städten, aber an der Einordnung der Städte in den Territorialstaat, wie sie seit Friedrich II. bestand, änderte sich nichts.

Johann empfahl seinem Sohn in seinem Testament ein landesväterliches Vorgehen gegenüber den Untertanen, Gerechtigkeit auch gegenüber den Machtlosen zu üben und Kriege zu vermeiden.

8. ABSCHNITT

Kurfürst Joachim I. (1499 bis 1535)

Mit fünfzehn Jahren wurde Joachim Kurfürst. Später legte man ihm den Beinamen „Nestor" zu – freilich, ein weiser Berater und Lehrer seiner Mitfürsten war er nicht. Immerhin ist er aber der Gründer der „Alma Mater Viadrina", der märkischen Landesuniversität zu Frankfurt an der Oder (Viadrina bezieht sich auf den lateinischen Namen der Oder). Vier Jahre nach Wittenberg, im Jahre 1506, wurde die zweitgrößte Stadt und die einzige bedeutende Handelsstadt der Mark Sitz einer Universität. Mit ihr ist der Beginn des Humanismus und gelehrter Studien, aber auch schöngeistiger Kultur in der Mark untrennbar verbunden. Die Universität Frankfurt/Oder, 1811 nach der Gründung der Berliner Friedrich-Wilhelms-Universität nach Breslau verlegt und 1991 in Frankfurt wieder gegründet, erlebte keine Zeit einer so weiten Ausstrahlung wie Wittenberg. Ulrich v. Hutten gehörte zu den ersten und die Brüder Alexander und Wilhelm v. Humboldt sowie Heinrich v. Kleist zu ihren letzten Studenten. Von anerkannten Gelehrten wurden tüchtige Pfarrer und Beamte gebildet. – Joachim I. selbst war vielseitig humanistisch gebildet und zog Gelehrte nicht nur nach Frankfurt, sondern auch an seinen Hof.

Schon als junger Herrscher betonte er seine Autorität und griff noch härter als sein Vater gegen räuberische Junker durch und scheute selbst vor der Todesstrafe nicht zurück.

„Jochimke, Jochimke höde dy; fange wy dy, hange wy dy", sollen frondierende Buschklepper an seine Kammertür geschrieben haben. Joachim wurde von der weit überwiegenden Mehrheit des Adels unterstützt, nicht zuletzt durch die auf den Landtagen vertretene Ritterschaft. Wie überall waren auch im Brandenburg des sechzehnten Jahrhunderts die Stände einflußreich. Adel, Städte und Geistlichkeit (letztere im Wesentlichen nur bis zur Reformation) bewilligten nicht nur dem Landesherrn die Steuern, sondern strebten nach einer Beteiligung an der Machtausübung, die sie teilweise erreichten. Hohenzollernherrschaft und politische Mitsprache der Untertanen schlossen sich keineswegs aus. Das galt auch für einen so selbstbewussten Herrscher, wie es Joachim I. war. Die von Heinrich v. Kleist im „Michael Kohlhaas" dargestellte Verfolgung eines Mordbrenners wie Hans Kolhase, Bürger von Berlin, der sein Recht mit Gewalt zu erreichen suchte, war eine Selbstverständlichkeit. – Das landesherrliche Kirchenregiment war im Wesentlichen bereits vor der Reformation ausgebildet.

Portal der Universität Frankfurt an der Oder, der Viadrina. Mit dem Bau der am 26. April 1506 durch Joachim I. eröffneten Universität wurde 1498 unter dem Bürgermeister Stephan Hundertmark begonnen. Die Universität schloss am 10. August 1811 ihre Pforten. Das Gebäude diente von 1824 bis 1945 als Schule. Wie die meisten preußischen Städte fiel auch Frankfurt an der Oder der Roten Armee 1945 so gut wie unversehrt in die Hände und wurde erst anschließend mutwillig zerstört dem das Löschen der Feuer war verboten worden. Der beschädigte Bau der Viadrina wurde um 1960 vernichtet, das Portal wurde am Frankfurter Museum in der Junkerstraße, dem Stadtpalais der Hohenzollern, nachgebildet.

In die Zeit der Regierung Joachims I. fällt eine erst zur Zeit des Großen Kurfürsten und Friedrichs des Großen wieder erreichte Ausdehnung hohenzollernscher Macht:

Sein Bruder Albrecht war Kurfürst von Mainz und Erzbischof von Magdeburg, sein Vetter Albrecht Hochmeister des Deutschen Ordens und später Herzog von Preußen, dessen Bruder Wilhelm Erzbischof von Riga. Aber auch in Franken und Hohenzollern walteten tüchtige Regenten. Joachim und seine Verwandten waren aber nicht fähig, ihre Chancen zu nutzen. Jeder trieb eine eigennützige Politik, und bald war die günstige politische

Konstellation vorüber. Bei der entscheidenden Wahl Karls V. zum deutschen Herrscher mochte Joachim nicht für den Habsburger stimmen, sondern machte sich durch Unterstützung einer französischen Kandidatur falsche Hoffnungen, selbst die Krone zu erlangen. Seine überzeugte altkirchliche Gesinnung und seine harte Bekämpfung der Reformation hielten Joachim fest im Lager Karls V. und entfremdeten ihn von seinen Vettern und seinen eigenen Angehörigen. Seine bedeutende Gemahlin Elisabeth von Dänemark trat ohne sein Wissen zur neuen Lehre über, der sich auch ihre Söhne anschlossen. Vor ihrem Mann musste Elisabeth nach Kursachsen fliehen.

Der nun ganz kaiserlich und katholisch Gesinnte gehörte auf dem entscheidenden Reichstag von Augsburg 1530, auf dem die lutherischen Fürsten und Städte die Augsburger Konfession vorlegten, zu den Scharfmachern.

Sein Bestreben, die landesherrliche Autorität zu stärken, hatte Joachim I. schließlich auf einen Kurs geführt, der ihn gegenüber seinem Land entfremdete und isolierte.

9. ABSCHNITT

Kurfürst und Erzbischof Albrecht von Mainz (1514 bis 1545)

Albrecht, der jüngere Sohn Johanns I. und der Herzogin Margarete von Sachsen, wurde 1513 mit 23 Jahren zum Erzbischof von Magdeburg und Administrator des Bistums Halberstadt gewählt. Das politische Gewicht Joachims I. setzte sich hier ebenso durch wie bei der Mainzer Erzbischofswahl ein Jahr später. Damit hatten beide Brüder eine Stimme im Kurfürstenkollegium. Politisch war die doppelte Erzbischofswürde ein Erfolg, der gegen den Willen Kaiser Maximilians I. errungen wurde.

Ob eine solche Ämterhäufung der Kirche dienlich war, fragte in jener Zeit unmittelbar vor Luthers Reformation kaum jemand unter den politisch Verantwortlichen. Die Nachdenklichen im Lande freilich nahmen Anstoß. Der Widerstand des Papstes gegen die Doppelwahl (da der Erzbischof von Mainz auch noch als der vornehmste deutsche Kirchenfürst, als der Primas Germaniae galt) konnte nur durch Zahlung hoher Summen überwunden werden. Die Augsburger Kaufherrenfamilie Fugger lieh das Kapital. Der Ablassprediger Tetzel, der in dieser Zeit in der Mark sein Unwesen trieb, nahm für Sündenablass mit päpstlicher Genehmigung Gelder ein, von denen die Hälfte den Fuggern zufloß.

Gegen diesen offenkundigen Skandal nahm Martin Luther in Wittenberg 1517 mit seinen 95 Thesen Stellung. Da Wittenberg zum Erzbistum Magdeburg gehörte und Albrecht durch den Ablass direkt betroffen war, sandte ihm Luther die Thesen zu. Auch später hat Luther auf Albrecht, inzwischen 1518 zum Kardinal ernannt, gehofft. Doch Albrecht mochte sich nicht für die neue Lehre entscheiden, wenn er auch erst spät einen ähnlichen katholischen Standpunkt wie sein Bruder einnahm. Er wurde erst durch den Bauernkrieg (1525) dazu veranlasst. Ohnehin wäre Albrecht kaum Luthers Rat gefolgt und wie sein Königsberger Vetter weltlicher Fürst geworden. Als erster deutscher Landesherr zog er die Jesuiten ins Land (1542). Er war fromm und erfüllte seine bischöflichen Pflichten eifrig.

Kardinal Albrecht von Brandenburg, Erzbischof von Mainz und Magdeburg, Primas Germaniae. Luthers geistlicher Oberhirte, Förderer der Künste und Wissenschaften. Silberstiftzeichnung von Albrecht Dürer (um 1518).

Dieser in Bezug auf die Reformation wenig erfreulichen politischen und geistlichen Rolle entspricht nicht Albrechts Rang in der Kulturgeschichte. Er war ein Mann von erlesenem Geschmack. Er hatte selbst an der von ihm mitgegründeten Universität Frankfurt/Oder studiert und förderte die Mainzer Hohe Schule. Mathias Grünewald, Lucas Granach und Albrecht Dürer haben ihn dargestellt. Allein die Förderung von Grünewald zeigt die freie Geistigkeit dieses Humanisten. Die Domkirche in Halle und den Mainzer Dom hat er um zahlreiche Kunstwerke bereichert. In seinen Residenzen Halle und Mainz sah er gern Poeten um sich. Albrecht interessierte sich mehr für Wissenschaft und Kunst als für die drängenden religiösen und politischen Probleme. Er mochte sich politisch nicht entscheiden, sondern wollte lieber ausgleichen und vermitteln, beispielsweise beim Wormser Reichstag von 1521 zwischen Luther und seinen Gegnern.

10. ABSCHNITT

Hochmeister und Herzog Albrecht von Preußen (1511 bis 1568)

Albrecht von Preußen entstammte der fränkischen Linie, deren Mitglieder übrigens gewöhnlich den Titel Markgraf (von Brandenburg) führten, und wurde in Ansbach 1490 als dritter Sohn des Markgrafen Friedrich (Bruder Johann I.) geboren. Seine Mutter war Sophie von Polen. Das hat gewiss auch dazu beigetragen, dass der erst zwanzigjährige Albrecht 1511, ohne bisher Ordensbruder zu sein, zum Hochmeister gewählt wurde. Seit der Schlacht von Tannenberg (1410) und dem Zweiten Thorner Frieden (1466) war es das Ziel Polens, den im Niedergang begriffenen Ordensstaat völlig zu annektieren. Albrecht versuchte zunächst durch Anbahnung von Bündnissen mit Moskau, Frankreich, England, Italien und Skandinavien, den Staat des Deutschen Ordens zu retten. Als dies missglückte und er auch im Krieg mit Polen erfolglos blieb, verließ Albrecht 1522 Königsberg, wo die Hochmeister seit dem Verlust der Marienburg residierten, um im Reich nach neuer Hilfe Ausschau zu halten. Im gleichen Jahr noch hörte er in Nürnberg den lutherisch gesinnten Osiander in der Lorenzkirche predigen und suchte 1523 Luther in Wittenberg auf. Der Reformator und Melanchthon rieten ihm, das Ordensland zu säkularisieren, was Luther in seiner Schrift „An die Herren deutsch Ordens, dass sie falsche Keuschheit meiden und zur rechten ehelichen Keuschheit greifen“ näher ausführte.

Neben religiösen Motiven stehen politische, die den bisher unerhörten Vorgang erklären, dass ein geistlicher Fürst sein anvertrautes Land in ein evangelisches weltliches Herzogtum umwandelte. Im Krakauer Frieden mit Polen wurden Albrecht und seine Brüder vom König von Polen erblich mit dem in ein Herzogtum umgewandelten Ordensland belehnt. Am 10. April 1525 leistete Albrecht auf dem Krakauer Marktplatz einen persönlichen Treueid auf seinen Onkel König Sigismund I von Polen.

Hiermit hatten die Hohenzollern den Weg von der Burg Hohenzollern über die Burggrafschaft Nürnberg nach Brandenburg und Preußen vollendet. Von der Rauen Alb bis zur Bernsteinküste, von der Donau bis zur Memel herrschten Hohenzollern.

Markgraf Albrecht von Brandenburg. Hochmeister des Deutschen Ordens 1511 bis 1525, erster Herzog von Preußen 1525 bis 1568. Gemälde von Lucas Cranach dem Älteren.

Albrecht hatte die Bahnen seiner bisherigen Politik und diejenige des Ordens verlassen und den alten Streit mit Polen begraben. Nicht alle Ordensbrüder schlossen sich dem Vorgehen des Hochmeisters an, und der (katholische) Deutsche Orden bestand weiter unter dem in Mergentheim, später in Wien residierenden Deutschmeister (bis zum heutigen Tage). Ostpreußen aber wurde ein evangelisches Land, und Albrecht gründete hier die erste evangelische Landeskirche. Diese Reformation erregte nicht nur das Missfallen Kaiser Karls V., sondern wurde auch von Joachims I abgelehnt.

Albrecht ist auch der Verfasser des evangelischen Chorals: „Was mein Gott will, das gscheh allzeit." Für seine Kirche zeigte der Herzog echtes Interesse und übte eine erstaunliche Toleranz. Seinen (latinisierten) Namen trug durch vier Jahrhunderte die 1544 gegründete Albertus-Universität zu Königsberg in Preußen.

Königsberger Schloß, ursprünglich eine Burg des Deutschen Ordens, deren Bau 1255 begann. Seit 1457 anstelle der verlorenen Marienburg Residenz des Hochmeisters des Deutschen Ordens, seit 1525 Residenzschloss der Herzöge und seit 1701 der Könige von Preußen.

Um 1590 ließ Markgraf Georg Friedrich (s. S. 61) den hier sichtbaren Westflügel bauen. Der mittelalterliche Schlossturm erhielt 1864 durch August Stüler eine neue Spitze. Vor dem Rundturm: Denkmal König Wilhelms I. im Krönungsornat. Das Schloss wurde 1944/45 zerstört; die Trümmer haben die Sowjets 1969 beseitigt. Eine Rekonstruktion wird in Königsberg diskutiert.

Einer ihrer ersten Professoren war Osiander, der berühmteste gewiss Immanuel Kant. Von Anfang an wirkte die Albertina weit in die Länder des östlichen Mitteleuropa hinein. Albrecht nahm an ihrer Entwicklung lebhaften Anteil und folgte aus theologischem Interesse selbst einigen Vorlesungen. Nikolaus Copernicus wurde von ihm gern um Rat gefragt. Kunst und Kunstgewerbe spielten in Albrechts Leben eine große Rolle, wie zahlreiche erhaltene Kunstwerke zeigen.

Auch die Musik kam an seinem Musenhof nicht zu kurz. Auf seinen Befehl wurde die erste preußische Buchdruckerei begründet. Er sorgte dafür, dass Luthers Katechismus auch in altpreußischer (preußischer) Sprache gedruckt wurde. Den Bibliotheken galt sein besonderes Augenmerk. Dabei war er von naivem Glauben an die Wissenschaft weit entfernt, vielmehr äußerte er skeptisch: „Es ist meines Bedenkens wohl geredet: wir glauben uns in den Himmel, disputieren uns aber in die Hölle."

Albrecht war seit 1526 mit Prinzessin Dorothea von Dänemark verheiratet. Da dieser Ehe nur ein Sohn entspross, sein nicht regierungsfähiger Nachfolger Herzog Albrecht Friedrich, war es ein Erfolg, dass 1563 die brandenburgischen Hohenzollern mitbelehnt wurden. So eröffneten sich Möglichkeiten für eine Verbindung Berlins mit Königsberg.

Ein Bruder Albrechts, Wilhelm, war von 1539 bis 1563 letzter katholischer Erzbischof von Riga. Die Hoffnungen, die Albrecht auf seinen 1498 geborenen Bruder gesetzt hatte, trogen. Er spielte weder, was die Reformation, noch was die Unabhängigkeit des Landes betraf, eine selbständige Rolle. Er erlebte den Untergang des livländischen Zweiges des Deutschen Ordens und den Anschluss des weiterhin deutsch und evangelisch geprägten Landes an Polen.

11. ABSCHNITT

Die schwäbischen Hohenzollern in der frühen Neuzeit

Der Vetter des oben erwähnten Eitel Friedrich II. (s. S. 24 f.) Graf Karl I. wurde als Achtzehnjähriger 1535 von König Ferdinand I., dem Bruder Kaiser Karls V., mit der Grafschaft Sigmaringen belehnt. Damit gelangten die schwäbischen Hohenzollern in den Besitz der Stadt, die bis zum heutigen Tage ihr Hauptsitz geblieben ist. Eine ungetrübte Freude bedeutete der Besitz von Sigmaringen aber lange nicht, weil die Kaiser es als österreichisches Lehen betrachteten. Besonders Maria Theresia und ihr Sohn Joseph II. versuchten, Sigmaringen den Besitzungen des Erzhauses zuzuschlagen. Dank eigener Zähigkeit und mit Unterstützung der anderen schwäbischen Stände konnte das verhindert werden.

Schloss Sigmaringen, erbaut auf einem Felsen über der Donau, seit 1535 im hohenzollernschen Besitz. Die Burg wurde 1077 zum ersten Mal erwähnt. Bis ins zwanzigste Jahrhundert wurde an ihr gebaut. Aquarell von 1831

Karl, der am Hofe Karls V. seine politische Bildung erfuhr, genoss das Vertrauen des Kaisers und bekleidete als Reichserbkämmerer und Reichshofratspräsident wichtige Ämter. Nach dem Tode Jos Niklas' erbte Karl auch die übrigen Besitzungen der schwäbischen Linie und gebot damit über ein für südwestdeutsche Verhältnisse erhebliches Territorium. Der Reformation schlossen sich die schwäbischen Zollern, obgleich einer der ihren als Bischof Friedrich von Augsburg in den Jahren 1486 bis 1505 eifrig für die Reform der Kirche gewirkt hatte, nicht an. Sie gehören mit den Habsburgern und den bayerischen Wittelsbachern zu den wenigen deutschen Hochadelsfamilien, die zu keiner Zeit von der Reformation ergriffen wurden.

Graf Karl I. von Hohenzollern lebte von 1516 bis 1576 und wurde 1535 von König Ferdinand I. mit Sigmaringen belehnt.

Den Auffassungen der Zeit entsprechend teilte Karl I. seinen Besitz zwischen seinen drei Söhnen – und so entstanden 1576 bei seinem Tode die Linien Hohenzollern-Hechingen (erloschen 1869), die noch blühende Linie Sigmaringen und der nur bis 1634 dauernde Zweig Hohenzollern-Haigerloch. Die Zeit der Glaubenskämpfe fand die schwäbischen Hohenzollern an der Seite des Kaisers und der Katholischen- Liga. Diesem Umstand verdanken sie die Erhebung in den Reichsfürstenstand durch Kaiser Ferdinand II. mitten im Dreißigjährigen Krieg (1623). Damit wurde ein erheblicher Erfolg von bleibendem Wert errungen.

1488 wurde auf der neu erbauten Burg Hohenzollern die erste Erbverbrüderung zugunsten Brandenburgs beschlossen. Außer Eitel Friedrich II. war auch sein älterer Bruder Bischof Friedrich von Augsburg zugegen. Ihm zu Ehren wurde ein Turm der Burg Bischofsturm genannt, und noch heute trägt der an seiner Stelle erbaute höchste Turm der jetzigen Burg den Namen Bischofsturm; auf die Verbindung zu Brandenburg weist aber der Markgrafenturm. – Die Reformation hat dann die Beziehungen zu Brandenburg zwar belastet, aber sie rissen nicht völlig ab. Der Große Kurfürst hat in seine weitreichenden Pläne und Kombinationen auch die schwäbischen Hohenzollern einbeziehen wollen. Eine mögliche neue Erbverbrüderung wurde damals erwogen.

In den Auseinandersetzungen mit Österreich um Sigmaringen und um die Öffnung der Burg Hohenzollern für eine österreichische Besatzung, die dort ab 1667 für mehr als hundert Jahre lag, stärkten die Brandenburger den schwäbischen Vettern den Rücken. 1668 beschwerte sich der Große Kurfürst in Sigmaringen, dass man ihn über den Öffnungstraktat nicht unterrichtet habe: „wir auch Unseres Ortes nicht gern wollten, dass dieses Unser Uraltes Stammhaus abhängig gemacht und in fremde Gewalt kommen sollte“. 1695 kam es zu einem Erbvertrag zwischen Kurfürst Friedrich III., dem späteren König Friedrich I. in Preußen, und den Fürsten von Hohenzollern, der 1707 erneuert wurde. Seit 1685 führen die brandenburgischen und preußischen Herrscher wieder den Titel „Graf von Hohenzollern“ und die schwäbischen Zollern seit 1695 Titel und Wappen der „Burggrafen von Nürnberg“. 1706 ließ sich Friedrich I. durch einen Abgesandten in Hechingen für den Fall des Erlöschens der schwäbischen Hohenzollern huldigen. Diese Tatsache alarmierte die Österreicher, die die Lande an der oberen Donau, wo sie bis zum Ende des Alten Reiches über umfängliche eigene Besitzungen verfügten, als ihre Domäne betrachteten. Als Österreich auf seine Burgbesatzung und die damit verbundenen Mietzahlungen an den wirtschaftlich recht eingeengten Fürsten von Hohenzollern-Hechingen verzichten wollte, drohte der Fürst, er werde auf die Burg statt österreichischen eine preußische Besatzung kasernieren.

Die Befestigungen der Burg Hohenzollern wurden im 17. Jahrhundert modernisiert. Insbesondere wurden in den ersten Jahren des Dreißigjährigen Krieges die heute noch erhaltenen Basteien gebaut. Der Dreißigjährige Krieg brachte große Not über die hohenzollern´schen Fürstentümer. 1634 belagerten Schweden und Württemberger die Burg und hungerten sie aus. Die Verteidiger der Burg standen unter dem Kommando des tapferen Grafen Karl von Hohenzollern-Haigerloch, dem 1634 verstorbenen letzten dieser Linie.

Von 1667 bis 1771 lag eine österreichische Besatzung auf der Burg. Seit deren Abzug verfiel die vernachlässigte Festung immer mehr und wurde schliesslich zur Ruine.

12. ABSCHNITT

Kurfürst Joachim II. (1535 bis 1571)

Entgegen den sonst beobachteten Grundsätzen teilte Joachim I. sein Land zwischen seine Söhne Joachim und Johann. Johann erhielt die Neumark und nahm seinen Sitz in Küstrin, Joachim, als dem älteren Bruder, fielen die Kurmark und die Kurfürstenwürde zu. Joachim war ein lebensfreudiger Herr, dabei gebildet und friedfertig – trotz seines kriegerischen Beinamens „Hektor", der höchstens insofern auf ihn zutraf, als er von ritterlicher Haltung war.

Er war zweimal verheiratet, in zweiter Ehe mit der polnischen Prinzessin Hedwig. Im Jahre 1551 geschah es, dass im Jagdhaus Grimnitz in der Schorfheide der Fußboden ihrer Stube einbrach. Kurfürstin Hedwig

Jagdschloss Grunewald bei Berlin. Erbaut 1542 für Joachim II. durch Caspar Theyß.

Spreeseite des Berliner Schlosses mit den von Caspar Theyß für Joachim II. errichteten Renaissanceteilen ganz links. Der Bauteil in der Mitte geht auf Kurfürst Johann Georg, der dahinter stehende auf das späte 17. Jahrhundert zurück. Das Schloss wurde von den Kommunisten 1950 sinnlos vernichtet. Rechts der Berliner Dom, der dritte Bau an dieser Stelle, errichtet 1894 bis 1905 von Julius Raschdorff. Nach den schweren Zerstörungen des Zweiten Weltkrieges in den letzten Jahren wieder aufgebaut.

stürzte mit herunter und zog sich Rückgratverletzungen zu. In späteren Jahren erregte Joachim Aufsehen durch eine langandauernde Liaison mit der schönen Witwe Anna Sydow, die ihn – unerhörterweise – in Männerkleidern auf die Jagd begleitete. Anna Sydow, verwitwete Dietrich, lebte mit dem Kurfürsten eheähnlich zusammen und hatte zwei Kinder von ihm. Mit der „schönen Gießerin" hielt sich Joachim gern im von ihm durch Caspar Theyß erbauten stimmungsvollen Jagdschloß Grunewald auf. Der gleiche Baumeister war auch für die eindrucksvollen Renaissanceteile am 1950 gesprengten Berliner Stadtschloß verantwortlich. Unter Joachim II. entstand auch neben seinem ständigen Residenzschloss durch Umwandlung einer bisherigen Dominikaner-Klosterkirche der Berliner Dom.

Joachims großzügige Nachlässigkeit, verbunden mit ästhetischem und kulturellem Niveau, – Wir finden diese Züge auch später immer wieder bei Hohenzollern-Herrschern, die weniger im Brennpunkt des öffentlichen Interesses standen –, zeigte sich auch in der entscheidenden Frage seiner Zeit, der Glaubensauseinandersetzung. Obgleich er als Dreizehnjähriger Luther in Wittenberg gesprochen hatte und von ihm beeindruckt war, neigte er anfangs mehr zur katholischen Lehre. Nachdem seine Versuche zur Vermittlung im Glaubensstreit vorläufig gescheitert waren, nahm Joachim II. am 1. November 1539 im Berliner Dom das Abendmahl in beiderlei Gestalt. Er kam damit den Wünschen der Kurmärker und der in seiner Regierungszeit besonders wichtigen Stände (Adel, Geistlichkeit und Städte) entgegen. Fürst und Land befanden sich in Übereinstimmung. In seiner Absicht, weiterhin zwischen den entstandenen Fronten zu vermitteln, behielt er die meisten liturgischen Gebräuche der alten Kirche bei. Sowohl Luther als auch Karl V. stimmten seiner Kirchenordnung zu. Sie sollte bis zu einem bald einzuberufenden Konzil gelten.

Vermutlich verdankte er es seiner vermittelnden Haltung, dass man ihm ein Reichsheer von fast fünfzigtausend Mann anvertraute, mit dem er vergeblich versuchte, die Türken aus Ofen (Budapest) zu vertreiben.

Nach der Niederlage der Protestanten gegen Karl V. 1547 versuchte Joachim II., der sich, um das Erzstift Magdeburg für sein Haus zu sichern, gegen den protestantischen Schmalkaldischen Bund engagierte, weiter eine mittlere Linie zu steuern. In seinen letzten Lebensjahren (nach dem Augsburger Religionsfrieden 1555) war der Reformator der Mark dann ein entschiedener Lutheraner.

Für den Gesamtzusammenhang seines Hauses ist Joachim II. insofern wichtig, als er nach dem weiter unten zu schildernden Untergang des fränkischen Markgrafen Albrecht Alcibiades die Burggrafschaft für den hochbedeutenden Georg Friedrich sicherte. Insbesondere baute er die Beziehungen nach Königsberg aus und erlangte von Polen die entscheidend wichtige Mitbelehnung. Damit öffneten sich für die Zukunft weite Perspektiven. Ferner schloss er 1537 eine Erbverbrüderung mit den schlesischen Herzögen (aus dem Geschlecht der Piasten) von Liegnitz, Brieg und Wohlau, wodurch so die erste schwache Verbindung nach Schlesien geknüpft wurde. Immerhin eröffnete somit die an sich nicht von Erfolg gekrönte Regierung des Reformators der Mark einige Aussichten.

Joachims II. politische Aktionen und seine sorglose Art der Prachtentfaltung verschuldeten das Land und machten ihn von seinen Ständen abhängig; Adel und Städte hatten die Verwaltung der Steuern in der Hand. Ganz anders war sein tatkräftiger Bruder Johann von Küstrin geartet, der genau zur gleichen Zeit wie Joachim regierte. Johann war, wie viele berühmte Hohenzollern nach ihm, ein kluger Haushalter, der sein Land gut verwaltete, gefüllte Kassen hinterließ und eine entschiedene Politik trieb. Er war von Anbeginn an und ohne Wanken ein evangelischer Fürst. Auch der militärische Sinn des Hauses zeigte sich bei ihm. Da Hans von Küstrin keine Söhne hatte, beerbte ihn Johann Georg, als Markgraf Hans zehn Tage nach dem Tode seines Bruders starb.

13. ABSCHNITT

Kurfürst Johann Georg (1571 bis 1598)

Zu seiner Zeit hatte man dem patriarchalischen Kurfürsten Johann Georg den Beinamen „Oeconomus“ beigelegt, zu Recht, denn er wirtschaftete sparsam und bemühte sich, ererbte Schulden abzutragen. Dabei konnte Johann Georg – ein echter Landesvater im Sinne der lutherischen Reformation – ein freundliches Verhältnis zu den Ständen und allen Untertanen insgesamt wahren. Kirchlich stand er fest auf dem Boden des Luthertums, hob alle Sonderregelungen seines Vaters auf und bekannte sich zur lutherischen Rechtgläubigkeit. Eine wesentliche Stütze fand er an dem vom Vater übernommenen Kanzler Lampert Distelmeyer, Sohn eines Leipziger Schneiders. Nachfolger wurde dessen Sohn Christian Distelmeyer.

Die friedlich-ausgleichende Richtung seiner Innenpolitik wirkte auch nach außen. An der Seite Kursachsens galt es, sich gegen Verwicklungen in die Händel der Calvinisten in Frankreich und den Niederlanden zu wehren, sowie den gegenreformatorischen Absichten der Wiener Hofburg zu widerstehen. Nach der Bartholomäusnacht von 1572 wandte man sich von den bedrängten französischen Reformierten ab, galten sie doch als Aufrührer und waren schließlich keine Lutheraner. Die althergebrachte, auch persönlich empfundene Verbindung zum Kaiser verhinderte einen energischen Widerstand gegen die Bestrebungen auf Rekatholisierung. Man verhielt sich still. Erst in den neunziger Jahren des sechzehnten Jahrhunderts zeigte sich hier ein Wandel. Man suchte unter den nicht katholischen Kurfürsten einen engeren Zusammenhang, der aber von keiner langen Dauer war.

Ohne wesentliche Mithilfe Johann Georgs knüpfte die jüngere Generation seines Hauses während seiner letzten Lebensjahre ein Netz zukunftsweisender politischer Kombinationen. Sein Enkel Johann Sigismund heiratete

1594 die Erbtochter Anna des regierungsunfähigen Herzogs Albrecht Friedrich in Königsberg. Anna war nun nicht nur die Erbin Preußens, sondern über ihre Mutter Marie Eleonore auch die Erbin der Herzogtümer Kleve, Jülich und Berg sowie der Grafschaften Mark und Ravensberg, also wichtiger Besitzungen am Rhein und in Westfalen. Freilich erhoben auch die wittelsbachischen Pfalzgrafen von Neuburg (Donau) und die von Zweibrücken Anspruch auf dieses reiche Erbe. Auch hier scheute Johann Georg das Risiko eines mutigen Vorgehens, einer Verbindung mit den reformierten Niederländern. Ähnlich verhielt er sich auch in der Frage der Zukunft des Erzstifts Magdeburg, das sein ältester Sohn und späterer Nachfolger Joachim Friedrich durch dreißig Jahre verwaltete und das man dennoch dem brandenburgischen Hause entwinden wollte. Seine friedliebende Natur mag Johann Georg, der insgesamt 23 Kinder hatte, schließlich auch noch veranlasst haben, die Mark wieder zu teilen und die Neumark seinem Sohn aus dritter Ehe, Markgraf Christian, zu vererben.

14. ABSCHNITT

Markgraf Georg Friedrich von Ansbach (1543 bis 1603)

Weitaus wichtiger als Johann Georg und der wahre Mittelpunkt des Hohenzollernhauses war Georg Friedrich von Ansbach. „Georg Friedrich, ein Mann von ungewöhnlichem politischen Verstand, ist der letzte Fürst der älteren fränkischen Linie gewesen und von hervorragender Bedeutung für die Geschichte des Hohenzollernschen Gesamthauses", so der Histo-

Markgraf Georg Friedrich von Ansbach, * 1539 † 1603, einer der bedeutendsten Hohenzollern

Die Plassenburg ob Kulmbach. Seit 1340 im Besitz der Burggrafen von Nürnberg, nach der Zerstörung von 1554 durch Markgraf Georg Friedrich neu erbaut. Zum festungsartigen Charakter des Außenbaus steht der festliche „Schöne Hof" mit seinen Arkaden und dem plastischen Schmuck im deutlichen Gegensatz.

riker Otto Hintze. Oben (S. 35) war davon die Rede, dass die beiden jüngeren Söhne Johann (Ciceros) Ansbach und Bayreuth erhielten. Besonderes Aufsehen erregte Markgraf Albrecht Alcibiades von Bayreuth, ein Enkel Johanns. In einem kurzen und abenteuerreichen Leben verspielte er sein Land. Dabei war es sein Ziel, auf Kosten der Bischöfe von Bamberg und Würzburg sowie der Reichsstadt Nürnberg ein Herzogtum Franken für sich zu gewinnen. Er scheiterte mit seinen geworbenen Landsknechten auf dem Schlachtfeld und starb entthront und geächtet fern der Heimat im Alter von nur 36 Jahren in Pforzheim. Nur mit großer Mühe gelang es, seinen Besitz dem Hause zu erhalten, nicht zuletzt dank Unterstützung Kurfürst Joachims II. Der Sohn Georgs des Frommen, Markgraf von Ansbach, Georg Friedrich, der dort seit 1543 herrschte, übernahm auch Bayreuth mit Kulmbach.

Georg der Fromme, der ältere Bruder des Hochmeisters und Herzogs Albrecht, hatte mit seinem ältesten Bruder Kasimir 1525 in den fränkischen Besitzungen die Reformation eingeführt und ist damit von bleibender Bedeutung für Ansbach und Bayreuth bis zum heutigen Tage.

Der erste evangelische Zollernfürst hat beim Augsburger Bekenntnis der Protestanten 1530 tapfer mitgewirkt. 1523 kaufte Georg der Fromme das Herzogtum Jägerndorf in Schlesien. Dank einer reichen Heirat und seiner Tätigkeit als Erzieher König Ludwigs von Ungarn, der auch Herzog von Schlesien war, gelangte er an diesen oberschlesischen Besitz. Der letzte piastische Herzog von Oppeln – die Piasten waren die alte, ursprünglich slawische schlesische Dynastie – belehnte 1526 Georg mit den Herrschaften Beuthen und Oderberg in Oberschlesien. Als die Habsburger nach der Schlacht von Mohacs und nach König Ludwigs Tod (1526) auch Schlesien erwarben, erkannten sie die Pfandherrschaft über die Herzogtümer Oppeln und Ratibor (bis 1552) an. Georgs Sohn Georg Friedrich war erst vier Jahre alt, als sein Vater 1543 starb, erst achtzehn, als er das schwere Erbe seines Vetters und Vormunds Albrecht Alcibiades antrat. Es gelang ihm, nicht nur die fernen schlesischen Besitzungen, sondern auch die fränkischen Erblande zu erhalten und zu konsolidieren.

Der fromme evangelische Georg Friedrich umgab sich mit vorzüglichen Beamten und besaß selbst organisatorisches Talent. Wie sehr er auf fürstliche Würde Wert legte und welch guten Geschmack er hatte, bezeugt der „Schöne Hof" der Plassenburg ob Kulmbach. Den Neubau der Burg mit ihren reichen Bildhauerarbeiten führte Caspar Vischer seit 1562 für Georg Friedrich aus: Ein noch heute eindrucksvolles Denkmal für Georg Friedrich!

1578 ging Georg Friedrich nach Königsberg, um für „unseren lieben blöden gnädigen Herrn", seinen regierungsunfähigen Vetter Herzog Albrecht Friedrich von Preußen, die Regentschaft zu übernehmen. Von 1580 bis 1586 hat Georg Friedrich in Königsberg regiert und gelebt. 1563 hatten Georg Friedrich und Joachim II. von Brandenburg die polnische Zusicherung der Vormundschaft und Erbfolge in Preußen erlangt, 1569 erhielt er die Mitbelehnung. Schon 1573 war er in Königsberg, traf aber zunächst auf heftigen Widerstand im Lande, als er die Vormundschaft und stellvertretende Regierung verlangte. Mit polnischer Hilfe erreichte er dann 1578 als „Kurator" die tatsächliche Herrschaft über Preußen. Die zerrütteten Finanzen des Herzogtums wurden von ihm erneuert, Verwaltung und Gerichtsbarkeit mit Hilfe fränkischer Räte geordnet. Die

Westflügel des Königsberger Schlosses, in dem sich die Schlosskirche befand (Innenansicht siehe Abbildung auf S. 46). Dieser wurde 1584 bis 1594 im Auftrag Markgraf Georg Friedrichs durch Blasius Berwart erbaut.

glänzende Lage der preußischen Landwirtschaft ermöglichte Wohlstand und Landesausbau. Die Schlosskirche in Königsberg, in der sich 1701 Friedrich I. und 1861 Wilhelm I. krönten, ist das preußische Baudenkmal Georg Friedrichs.

In zwei Ehen wurden ihm keine Kinder geschenkt. So war entscheidend, welche Ehe die älteste Tochter Herzog Albrecht Friedrichs und seiner rheinischen Gemahlin Marie Eleonore eingehen würde. Anna heiratete dank Georg Friedrichs Vermittlung 1594 Johann Sigismund, den Enkel Kurfürst Johann Georgs und Sohn von Kurprinz Joachim Friedrich. Damit wurden die Aussichten der brandenburgischen Hohenzollern auf Preußen erheblich verbessert, nicht zuletzt auch ihre Erbansprüche auf die reichen Erblande am Niederrhein und in Westfalen. Buchstäblich von der Maas bis an die Memel, von Franken bis nach Oberschlesien

Sarkophag Markgraf Georg Friedrichs, † 1603, im Münster zu Heilsbronn bei Ansbach.

erstreckten sich Georg Friedrichs politische Absichten. In seinen sechzig (!) Regierungsjahren hat er dennoch keinen einzigen Krieg geführt. Auch nach 1586, von Franken aus, verstand es Georg Friedrich, in Preußen seine landesherrliche Autorität voll aufrechtzuerhalten.

So hinterließ er bei seinem Tode 1603 ein geordnetes Land mit blühender Wirtschaft. Die Macht des Herzogs war auf Kosten der Stände gestärkt, der polnische Einfluss aufgrund Georg Friedrichs guter Beziehungen zu Polen vermindert worden.

Der Abschluss von Georg Friedrichs Politik war der Geraische Hausvertrag von 1598, weit wichtiger, da wirkungsvoller, als die Dispositio Achillea. Der Kinderlose vereinbarte mit Kurfürst Joachim Friedrich, dass alle hohenzollernschen Lande mit Ausnahme der schwäbischen Stammlande, aber einschließlich Preußens, wo es keine Söhne gab, an die brandenburgische Linie fielen.

Eine gewisse Ausnahme stellte die Verleihung Bayreuths und Ansbachs an die Markgrafen Christian und Joachim Ernst dar, Söhne aus der dritten Ehe Kurfürst Johann Georgs. Damit war Johann Georgs gefährliche Teilungsabsicht glücklich zunichte geworden. Die Brüder wurden die Stammväter der jüngeren fränkischen Hohenzollern-Linie, die bis zum Ende des achtzehnten Jahrhunderts herrschte. Der übrige brandenburgische Besitz blieb aber seitdem ungeteilt.

Herzog Georg Friedrich ruht in einem Hochgrab im Münster zu Heilsbronn, seine erste Gattin im (wieder aufgebauten) Königsberger Dom, die zweite in der Nürnberger Lorenzkirche.

15. ABSCHNITT

Kurfürst Joachim Friedrich (1598 bis 1608)

Joachim Friedrich war einer der schwächsten Hohenzollernherrscher. Dass er die auf ihn gesetzten Hoffnungen enttäuschte, mag auch daran liegen, dass er erst als Zweiundfünfzigjähriger, durch die aufreibende Tätigkeit als Administrator des Erzbistums Magdeburg schon verbrauchter Mann an die Regierung kam. Seine ersten Regierungsjahre standen unter Georg Friedrichs Einfluss, beziehungsweise waren sie durch die Aufgabe bestimmt, dessen Erbe zu regeln. Der Geraische Hausvertrag über das Erstgeburtsrecht des Mannesstammes trat 1603 in Kraft und hat sich durch die Jahrhunderte als segensreich erwiesen (indirekt bis zum heutigen Tag). Es gelang auch, die hohenzollernsche Vormundschaft über Preußen weiterzuführen, wenn man dafür auch dem König von Polen 300 000 Gulden zahlen musste. Dem Ansbacher Markgrafen folgte nun ein brandenburgischer Kurfürst als Kurator Preußens. Durch seine zweite Ehe mit der jüngeren Prinzessin Eleonore von Preußen stärkte Joachim Friedrich die Verbindung mit Königsberg und wurde so kurioserweise der Schwager seines ältesten Sohnes Johann Sigismund, der Eleonores älteste Schwester Anna zur Frau hatte. In Königsberg hatte der schwache Joachim Friedrich nicht viel zu sagen, aber man muss anerkennen, dass er auf der Linie Georg Friedrichs bewusst eine Politik auf lange Sicht steuerte, die schließlich später auch ihre Früchte tragen sollte.

1605 trat Brandenburg zusammen mit der Kurpfalz in ein, wenn auch kurzlebiges Bündnis mit den Niederlanden. Dabei ging es zwar in erster Linie um das Erbe von Jülich und Kleve, aber es schienen sich auch Möglichkeiten einer weit gespannten protestantischen Politik gegen die katholischen Bestrebungen des Kaisers zu eröffnen. Doch Joachim Friedrich zog die Hand, die er schon an den Pflug gelegt hatte, zurück. Kein couragierter brandenburgisch-preußischer Staatsgedanke, sondern eine dynastische Politik, die auf geschickten Heiraten und Erbverbrüderungen aufbaute, beherrschte noch jene Zeit. Durch die Verlobung seines Enkels Georg Wilhelm mit der pfälzischen Prinzessin Elisabeth Charlotte, welche die Eltern des Großen Kurfürsten wurden, kam erstmals auch eine Familienverbindung mit Calvinisten zustande, die Spur orthodoxen Luthertums wurde verlassen.

Von bleibender Bedeutung war die Gründung des im Berliner Schloss arbeitenden Geheimen Rates (1604). Brandenburg hat eine solche kollegiale Regierungsbehörde nicht erfunden, sondern sich nur einer allgemeinen Entwicklung angepasst. Die komplizierten und dank Georg Friedrich sich über einen großen Raum erstreckenden politischen Geschäfte bedurften eingehender Betreuung. Daneben bestanden das Kammergericht als oberstes Gericht, die Amtskammer für die Verwaltung der kurfürstlichen Einnahmen und das Konsistorium für die kirchlichen Belange weiter.

An Joachim Friedrich erinnert das von ihm nach dem Vorbild der sächsischen Fürstenschulen begründete Joachimsthaler Gymnasium, ursprünglich in Joachimsthal bei Grimnitz in der Uckermark, dann in Berlin.

Er ließ den ersten Finowkanal, die Verbindung zwischen Oder und Havel anlegen. Im Dreißigjährigen Krieg zerstört, hat Friedrich der Große ihn neu erbauen lassen; unter Wilhelm II. wurde er als Hohenzollernkanal modernisiert.

16. ABSCHNITT

Johann Sigismund (1608 bis 1619)

In die Regierungszeit Johann Sigismunds fallen drei wichtige Ereignisse: 1) Durch Erbfall gelangten Kleve, Mark und Ravensberg an Brandenburg. 2) Die Hauptlinie der Hohenzollern erbte Preußen; Brandenburg und Preußen vereinigten sich. 3) Johann Sigismund trat vom lutherischen zum reformierten Bekenntnis über, ohne das Gleiche, wozu er berechtigt gewesen wäre, von seinen Untertanen zu fordern. Er beginnt so die Politik konfessioneller Toleranz, die zu einem entscheidend wichtigen Grundzug preußischer Politik werden sollte.

Kurfürst Johann Sigismund
* 1572 † 1619

Johann Sigismunds Frau Anna von Preußen (Tochter Herzog Albrecht Friedrichs, Enkelin Herzog Albrechts) war im Gegensatz zu ihrem Mann eine selbstbewusste und machtbeflissene Frau. Die Ehe mit dem bequemen, den Freuden der Tafel ergebenen Gemahl war manchen Spannungen ausgesetzt; buchstäblich sollen bei ehelichen Auseinandersetzungen Teller und Gläser zertrümmert worden sein! Als Herzog Johann Wilhelm von Jülich starb, weilte der Kurfürst gerade in Preußen, um dort in der Nachfolge seines Vaters die Regentschaft zu erlangen und dem Polenkönig den persönlichen Treueid zu leisten. Dieser Akt erfolgte dann in Warschau 1611, wickelte sich genau nach dem Zeremoniell von 1525 ab und sollte sich übrigens noch zweimal wiederholen, bis der Enkel Friedrich Wilhelm die volle Souveränität über Preußen erlangte. Johann Sigismund fühlte sich in Königsberg und Preußen wohl. Dem begeisterten Jäger, dem Freund guten Essens und Trinkens, konnte man hier allerhand bieten. Anna betrachtete das rheinische Erbe, ihres verstorbenen Onkels Johann Wilhelms Eigentum, in erster Linie als ihr persönliches Erbe. Pfalzgraf Wolfgang Wilhelm von Pfalz-Neuburg und der Brandenburger verwalteten bis 1614 zunächst das Land gemeinsam. Frankreich, Spanien und Österreich waren in die Regelung verflochten; auch standen sich schon – wir befinden uns im Vorfeld des Dreißigjährigen Krieges – im Reich die Katholische Liga und die Evangelische Union, zu der nun auch Brandenburg gehörte, hart gegenüber, so dass der Ausbruch eines großen Krieges drohte. Es war gewiss im Sinne Johann Sigismunds, dass das noch einmal abgewendet und mithin nicht Brandenburg zu einem Anlass des Völkermordens wurde.

Erstmals ergaben sich in jenem Zusammenhang intensive politische Verbindungen mit den calvinistischen Niederlanden. Die Niederländer waren daran interessiert, den spanischen Einfluss am Niederrhein zu blockieren und bedurften dafür der brandenburgischen Unterstützung; dies nicht zuletzt deshalb, weil der Wittelbacher Johann Wilhelm katholisch geworden und der Liga beigetreten war.

Man neigt heut dazu, dem Konfessionswechsel von Fürsten politische und wirtschaftliche Motive zu unterlegen, und unterschätzt dabei aus Unkenntnis das ernsthafte Ringen um den rechten Glauben. So könnte man auch Johann Sigismund vorwerfen, er habe zu Weihnachten 1613 im Berliner Dom den Übertritt zum reformierten Bekenntnis vollzogen, um die Unterstützung der reformierten Niederländer und des Kurfürsten von der Pfalz für seinen Kampf um das rheinische Erbe zu erlangen. Tatsächlich war ihm das neue Bekenntnis nach längeren Seelenkämpfen zum ernsten Anliegen geworden. Naheliegende politische Gründe sprachen gegen den Konfessionswechsel, setzten sich doch die Hohenzollern dadurch in einen Gegensatz zu der weit überwiegenden Mehrheit ihrer Landeskinder, was zu (freilich eher hintergründigen) Spannungen bis in die Zeit Friedrich Wilhelms III. führte. Erst diesem König gelang dann durch die später so genannte „Altpreußische Union" die Überbrückung des Haders im evangelischen Lager. Johann Sigismund folgte – und das ist sein wirklicher Ruhmestitel, der ein für allemal Maßstäbe für sein Haus setzte –, nicht dem Beispiel vieler Mitfürsten und durchbrach die Regel: „Wer die Herrschaft hat, bestimmt die Konfession seiner Untertanen" (cuius regio, eius religio). Er erklärte: „Auch wollen Seine Kurfürstlichen Gnaden zu diesem Bekenntnis keinen Untertanen öffentlich oder heimlich zwingen, sondern den Kurs und Lauf der Wahrheit Gottes allein befehlen, weil es nicht am Rennen und Laufen, sondern an Gottes Erbarmen gelegen ist."

Zwar umgaben er und seine Nachfolger sich gern mit calvinistischen Ministern und Ratgebern, aber man wandte nichts gegen die lutherische Konfession der Brandenburger und Preußen ein und tolerierte das katholische Bekenntnis in Teilen des Herzogtums Kleve. Johann Sigismund kämpfte am Vorabend des Dreißigjährigen Krieges gegen konfessionellen Hader.

Der Übergang des Kurfürsten zum Calvinismus öffnete Brandenburg-Preußen, wie wir seit Johann Sigismund sagen müssen, der von den französischen Hugenotten und den Niederlanden ausgehenden Richtung modernen Staatsdenkens. Damit war ein Tor aufgestoßen, durch das später wichtige Elemente des preußischen Staatsgedankens einströmen konnten.

Dieser Staatsgedanke ist nicht denkbar ohne konfessionelle Duldung, und ohne diese war es auch nicht möglich, einen höchst unterschiedlichen Herrschaftsbereich von der Maas bis an die Memel, in dem es bis auf den gemeinsamen Landesherrn lange wenig Verbindendes gab, zu lenken.

Aus der Regierungszeit Johann Sigismunds ist noch die zunächst als Provisorium gedachte Regelung der jülisch-klevischen Erbschaft und die Regelung in Preußen nachzutragen. Nach einem Waffengang, in dem das arme, ferne Brandenburg keine Rolle spielte, wurde in Xanten 1614 festgelegt: die pfälzischen Wittelsbacher erhielten Jülich und Berg, die Hohenzollern Kleve, Mark, Ravensberg und die Herrschaft Ravenstein in den Niederlanden. Endgültig wurde diese Erbteilung erst 1666.

1618 starb Herzog Albrecht Friedrich in Fischhausen im Samland. Johann Sigismund selbst konnte das Erbe nicht mehr antreten, war er doch, seitdem er im vierundvierzigsten Lebensjahr 1616 einen Schlaganfall erlitten hatte, nicht mehr regierungsfähig. Anna von Preußen und der Kurprinz Georg Wilhelm übernahmen das Regiment. Polen erklärte sich mit der Herrschaft der damals so schwachen Brandenburger einverstanden, zumal es auf Spannungen zwischen den reformierten Hohenzollern und den lutherischen Ständen in Preußen, die nach der „Libertät des polnischen Adels" schielten, rechnen konnte. Zudem stand Gustav Adolf von Schweden im Hintergrund, der eine eheliche Verbindung mit Marie Eleonore, der Tochter Johann Sigismunds erstrebte. Der Kurfürst hatte ein trauriges Ende. Er starb, wenige Wochen nachdem er auf den Thron wegen Krankheit verzichtet hatte, im Hause seines Kammerdieners.

Friedrich der Große sagte: „Die Geschichte des Hauses Brandenburg wird erst fesselnd mit Johann Sigismund."

17. ABSCHNITT

Kurfürst Georg Wilhelm (1619 bis 1640)

In der Zeit des Dreißigjährigen Krieges, der zwar Ostpreußen weithin verschonte, aber Brandenburg und seine westlichen Besitzungen aufs Schlimmste verheerte, herrschte mit Georg Wilhelm ein schwacher Fürst. Er ließ sich in der Sänfte tragen, konnte als regierender Kurfürst weder reiten noch größere Strecken gehen. Er ist einer der unbedeutendsten Hohenzollern; doch wer dies sagt, sollte auch seine schwierige Lage zwischen den großen Mächten des Dreißigjährigen Krieges bedenken. Seit Georg Wilhelm tritt neben den alten Leitnamen Friedrich der neue Leitname Wilhelm. Er wurde von den Herzögen von Kleve-Jülich-Berg, die man beerbt hatte, übernommen und wird durch die Jahrhunderte bis heute geführt.

Georg Wilhelms Mutter Anna (Herzogin von Preußen) bestimmte wie vor so nach der Thronbesteigung das Tun des Sohnes. Sie sorgte auch dafür, dass Georg Wilhelms Schwester Marie Eleonore König Gustav II. Adolf von Schweden angetraut wurde. Sie wurde die Mutter seiner einzigen Tochter und Nachfolgerin, der später zurückgetretenen und katholisch gewordenen Königin Christine von Schweden. Was an sich den Glanz des Hohenzollernhauses erhöht hätte, die Hochzeit mit einem regierenden König, wurde eine Quelle von Verlegenheiten, ja größter Schwierigkeiten. Die Belehnung mit Preußen war in großer Gefahr, weil Schweden und Polen im Streit um Livland lagen. Polen hat sich schließlich aber doch dazu bereit gefunden, Preußen erneut als Lehen auszugeben.

Der Bruder Kurfürst Johann Sigismunds, Herzog Johann Georg von Jägerndorf, war zu Beginn des Dreißigjährigen Krieges einer der führenden Anhänger des Winterkönigs von Böhmen, Kurfürst Friedrich V. von der Pfalz. Er stand an der Spitze der schlesischen Truppen, die gegen die Habsburger kämpften und in Friedrich auch den Herrn Schlesiens sahen.

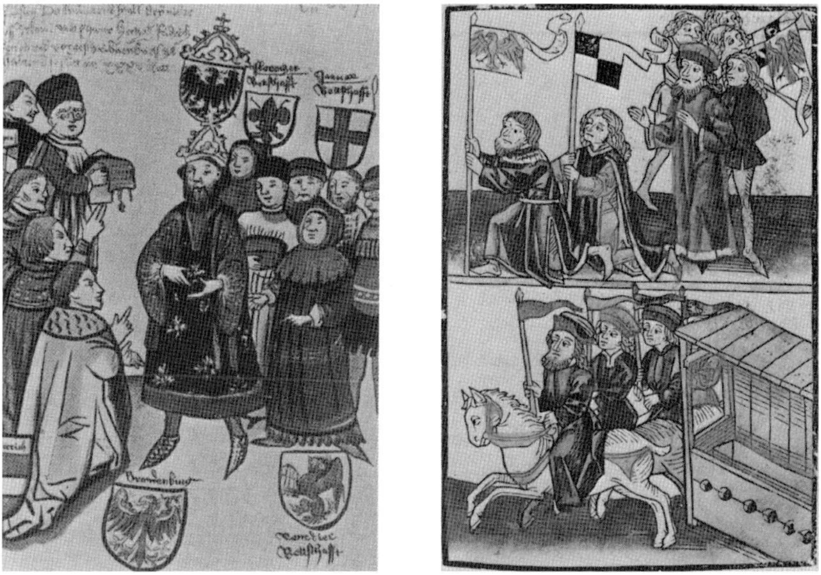

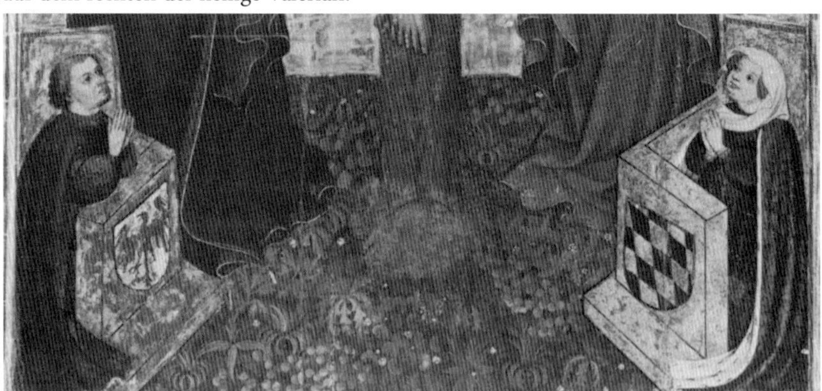

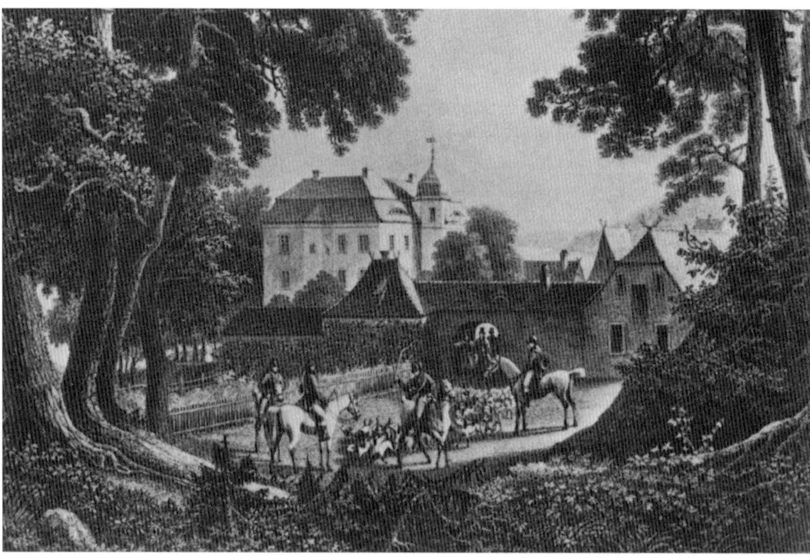

Nach der Niederlage am Weißen Berg 1620 musste auch er sein Eigentum verlassen und starb in der Fremde. Jägerndorf wurde aber den Hohenzollern entzogen und fiel an die Fürsten von Liechtenstein, die noch heute Titel und Wappen des Herzogs von Jägerndorf führen (Beuthen und Oderberg waren schon vorher verloren gegangen.). Als Schlesien 1740 preußisch wurde, blieb die Stadt Jägerndorf bei Österreichisch-Schlesien, und nur ein Teil des alten Herzogtums kam wieder unter hohenzollernsche Herrschaft.

Georg Wilhelm verhielt sich während des Dreißigjährigen Krieges (1618 - 1648) neutral, was aber die Truppen der mächtigen Gegner nicht hinderte, sein Land zu durchziehen und die Einwohner zu drangsalieren. Das galt nicht nur für Brandenburg. Die wichtigsten peußischen Häfen Pillau und Memel wurden 1629 bis 1635 von Schweden besetzt und verwaltet, nachdem schon seit 1626 Truppen des schwedischen Schwagers in Preußen standen. Wallenstein hatte indes mit Hilfe seiner genialen Finanzpolitik die Mark ausgesogen. 1630 kehrte Georg Wilhelm von Königsberg in sein gefährdetes Kurfürstentum zurück; im gleichen Jahr landete Gustav Adolf in Pommern und stand bald in der Mark mit dem Ziel, von hier aus weiter gegen den Kaiser zu ziehen. Georg Wilhelm mochte sich nicht auf eine Seite festlegen, und man kann insofern Verständnis für ihn aufbringen, als die Existenz Brandenburgs so oder so durchaus auf dem Spiel stand. Das Schicksal des pfälzischen Kurfürsten (Georg Wilhelms Frau war Prinzessin Elisabeth Charlotte von der Pfalz.), des Herzogtums Mecklenburg, wo die evangelischen Fürsten vom Kaiser abgesetzt wurden, und Pommerns, wo der letzte Herzog aus dem Greifenhause völlig von Gustav Adolf abhängig war, waren eine Warnung. Als Tilly dann die Mark durchzog, griff auch der König von Schweden ein und eroberte 1631 das wichtige Frankfurt an der Oder. Schließlich erschien Gustav Adolf in Köpenick vor den Toren Berlins mit bewaffneter Macht. Während der sich lang hinziehenden Verhandlungen (Man kann Georg Wilhelm preußische Zähigkeit nicht absprechen, und es war nicht unklug, sich möglichst unabhängig vom mächtigen Löwen aus dem Norden zu halten.) fiel das stolze evangelische Magdeburg der Eroberung durch Tilly anheim. Georg Wilhelm fand sich dann doch zu einem Anschluss an die schwedische

Seite bereit, der auch nach Gustav Adolfs Soldatentod in der Schlacht von Lützen beibehalten wurde. Doch neigte Georg Wilhelm seit 1635 zur kaiserlichen Seite und schloss einen Sonderfrieden, ohne dass er davon wesentliche Vorteile hatte. Als die Schweden erneut zuschlugen und die Mark wieder überwältigten, kehrte Georg Wilhelm 1638 nach Preußen zurück, wo er in Königsberg 1640 starb und als einziger Kurfürst im dortigen Dom beigesetzt wurde.

Sein langjähriger Günstling Graf Adam von Schwarzenberg versuchte indes, Brandenburg zu regieren, doch beschränkte sich seine Herrschaft zuletzt auf die Festungen Spandau, Küstrin und Peitz. 1640 war die Mark in fremder Hand und buchstäblich schlimm verheert (Bevölkerungsverlust bis zu 45 Prozent); den rheinischen Besitzungen erging es nicht anders, Preußen war hoch gefährdet. Pommern aber, wo Herzog Bogislaw XIV. 1637 gestorben und die Brandenburger die Erben waren, befand sich fest – und von Seiten Schwedens mit der Absicht auf Dauer – in schwedischer Hand. Die Situation war für das schwache Brandenburg-Preußen schier ausweglos, und keine Hilfe war in Sicht.

18. ABSCHNITT

Friedrich Wilhelm der Große Kurfürst (1640 bis 1688)

Sein Enkel, Friedrich Wilhelm I., sagte von ihm, dem ersten genialen Hohenzollern, er habe „das rechte Flor und Aufnehmen in unser Haus gebracht“. Er ist der Schöpfer der modernen Staatlichkeit in Brandenburg-Preußen; mit Friedrich Wilhelm I. ist er der eigentliche Begründer Preußens. Seine Regierungszeit ist eine Zeit ständiger Kämpfe und kühnen Wagens. Sie gewinnt dadurch ihre Würde, dass er sein Amt als Pflicht und Dienst im Auftrag Gottes verstand. Dabei folgte er nicht den landesväterlichen Spuren seiner wenig bedeutenden nachreformatorischen Vorfahren, sondern stützte sich auf den Geist des westeuropäischen Calvinismus. Danach erwählt Gott den Menschen, damit er sich verantwortlich bewährt. Dem Fürsten erscheint seine Regententätigkeit als ein Gottesdienst. Im irdischen Erfolg zeigt sich schon hier Gottes Gnade. Friedrich Wilhelm glaubte sein Leben lang, dass Gott ihn zu Besonderem bestimmt habe. Zum Calvinismus trat der Einfluss des niederländischen Neustoizismus, dem er indirekt seit seiner Studienzeit in Leyden und dank seines engen Verhältnisses zum Hause Nassau-Oranien ausgesetzt war. In Überwindung der Konfessionskämpfe wurde auf dieser geistigen Grundlage der Staat als eine Rechtsordnung für alle Untertanen verstanden, in der auch der Fürst zum Dienst am Staat verpflichtet ist.

Friedrich Wilhelm, der erste hohenzollernsche Träger dieser Namensverbindung, kam mit zwanzig Jahren auf den Thron und hat länger als alle in Berlin regierenden Vorfahren und Nachkommen, nämlich nahezu achtundvierzig Jahre, herrschen können.

Der junge Kurfürst ging behutsam vor; der bald eintretende Tod Schwarzenbergs erleichterte die von ihm beabsichtigte Wende. Nachdem sich Brandenburg mit Schweden verständigt und von der kaiserlichen Seite distanziert hatte, kehrte Friedrich Wilhelm 1643 von Königsberg ins

Berliner Schloss zurück. Bald darauf begann er, ein auf ihn vereidigtes stehendes Heer aufzubauen – als Instrument staatlicher Selbstbehauptung nach außen. Seitdem gab es in Brandenburg-Preußen ein stehendes Heer. Der Friede von Münster und Osnabrück (1648) brachte Friedrich Wilhelm außer der reichsrechtlichen Gleichstellung der Reformierten mit den Lutheranern, die dem Kurfürsten zu verdanken war, herbe Enttäuschungen. Schaut man auf eine historische Landkarte und stellt fest, dass 1648 Hinterpommern und die ehemaligen Bistümer Halberstadt und Minden, dazu die Anwartschaft auf das begehrte alte Erzstift Magdeburg (es wurde bis 1680 noch von einem sächsischen Prinzen administriert) erworben wurden, erstaunt diese Feststellung. Sie ist darauf zurückzuführen, dass zum immerwährenden Ärger des Kurfürsten Vorpommern samt Stettin und der Odermündung an Schweden fielen, wodurch Brandenburg sein natürlicher Seehafen verweigert wurde. Immerhin boten die ertragreichen, früher geistlichen Fürstentümer Verbindungsglieder zu den rheinisch-westfälischen Besitzungen und stärkten die Stellung Brandenburgs in Norddeutschland.

Zunächst galt es, die schlimmsten Folgen des Krieges zu überwinden. War Preußen von der Kriegsfurie so gut wie verschont und eine Insel der Ruhe geblieben, so gehörte das Kernland Brandenburg zu den am schwersten getroffenen Gebieten des Reiches. Gegen ständischen Widerstand half Preußen Brandenburg mit Geld, Vieh und Saatgetreide. Hundert Jahre, dreier Generationen, bedurfte es, um den Vorkriegsstand wieder zu erlangen! Diese zähe Aufbauarbeit wurde nicht zuletzt durch Siedler geleistet, die der Große Kurfürst in vielen Teilen Mitteleuropas anwerben ließ.

Friedrich Wilhelm trieb eine selbstbewusste Machtpolitik und blieb auch den Großmächten gegenüber unabhängig. Die Ängstlichkeit und Behutsamkeit seiner nächsten Ahnen gehörte endgültig der Vergangenheit an.

Hochgewachsen, mit Adlernase und blauen Augen, war er auch äußerlich eine eindrucksvolle Erscheinung. Seine cholerische Natur ließ ihn oft aufbrausen, doch bald darauf machte seine Erregung ruhiger Überlegung Platz.

Friedrich Wilhelm, der Große Kurfürst (16. Februar 1620 bis 9. Mai 1688), mit seiner ersten Gemahlin Prinzessin Luise Henriette von Nassau-Oranien (1627 bis 1667), die den Markgrafen Ludwig (1666 bis 1681) im Schoß hält. Links der früh verstorbene Kurprinz Karl Emil (1655 bis 1674), rechts der spätere Friedrich I. * 1657.

Seine auch im Lande hochgeschätzte erste Frau war Prinzessin Luise Henriette von Nassau-Oranien, eine Enkelin Wilhelms von Oranien. In ihrer Frömmigkeit eiferte sie auch ihrem Urgroßvater, dem französischen Hugenottenführer Admiral Gaspard de Coligny nach. Von ihren Kindern war nur Friedrich, dem späteren König, ein längeres Leben beschert. Nach ihrem Tode heiratete Friedrich Wilhelm Herzogin Dorothea von Schleswig-Holstein (Glücksburg), verwitwete Herzogin von Braunschweig-(Lüneburg-Celle). Man warf ihr, mit der der Kurfürst sieben Kinder hatte, einen allzu lebhaften Einsatz für deren Versorgung vor, da sie sich von höfischen Ränken nicht fern hielt. Auch sie war Friedrich Wilhelm eine unentbehrliche Lebensgefährtin, und er war ihr wie Luise Henriette in Treue zugetan.

Ein besonderes Anliegen des Kurfürsten war es, für das außerhalb des Reiches liegende Preußen die volle Souveränität zu erreichen. Das wurde zunächst an der Seite der schwedischen Großmacht gegen Polen versucht. Die dreitägige Schlacht von Warschau 1656 brachte der auf schwedischer Seite kämpfenden jungen brandenburgischen Armee den ersten Sieg. Der Kurfürst selbst hatte tapfer mitgekämpft. In diesem Zusammenhang ist neuerdings behauptet worden, neben Schweden habe Brandenburg die polnische Großmachtstellung ruiniert. Dem ist entgegenzuhalten, dass Brandenburg kaum ein Jahr lang Gegner Polens war und dann eben anschließend im Bündnis mit Polen gegen Schweden sein Ziel zu erreichen suchte. Neben Schweden war es die aufsteigende russische Macht, die Polen auf Dauer herabdrückte, nicht Brandenburg-Preußen.

Im Kampf gegen Schweden, verbündet mit Polen, dem Kaiser und Dänemark rückte der Große Kurfürst sogar bis nach Schleswig-Holstein vor, wo er den Schweden die von ihnen besetzte Insel Alsen wegnahm. Nach einem Feldzug durch Jütland wandte er sich dann gegen Schwedisch-Pommern. Dieses lebenslange Ziel sollte er jedoch zu seinem tiefen Schmerz weder diesmal noch später erlangen. Seine Macht ruhte auf so schwachen Füßen, dass man ihn auf den internationalen Konferenzen vernachlässigen konnte. Immerhin erreichte er beim Friedensschluss im Kloster Oliva bei Danzig 1660 die europäische Bestätigung seiner Souveränität über Preußen. Damit hatte Brandenburg auch äußerlich den Rahmen eines Kurfürstentums innerhalb des Reiches endgültig gesprengt.

Obgleich für die Gebiete, die zum Reich gehörten, noch eine lehnsrechtliche und moralische Bindung an den Kaiser weiterbestand, so wurde sie doch durch die preußische Souveränität eingeschränkt. Aus den über Norddeutschland zerstreuten Ländereien einen Staat zu formen, war nun erst recht Friedrich Wilhelms Ziel. Erreicht haben dies aber schließlich erst seine königlichen Nachfolger.

Friedrich Wilhelm hat die Einheit seines werdenden Staates insbesondere im Kampf mit den Ständen, das heißt, in erster Linie in Auseinandersetzung mit dem Adel, durchgesetzt. Von heute her gesehen mag man es bedauern, dass dadurch die Untertanen vom unmittelbaren Einfluss auf das Staatsleben ausgeschaltet wurden, wird aber darauf hinweisen müssen, dass es sich bei den Ständen nicht um ein demokratisches Element, sondern um Edelleute und Patrizier handelte, die neben ihrer gesellschaftlichen Gruppe nur die Interessen ihres Heimatbezirks vertraten. Im Gegensatz zu anderen Ländern trugen sie in den einzelnen brandenburgisch-preußischen Territorien – jedes mit eigener Ständeversammlung – nichts zur Gemeinsamkeit bei.

Am gefährlichsten war die Lage in Ostpreußen; denn dort bestritten die Stände Rechtsgültigkeit und Verbindlichkeit der Souveränität und nahmen Verbindung mit Polen auf. Da hiermit das mühsam Erreichte gefährdet war – die Herrschaft der Stände unter polnischer Oberhoheit sollte erneut befestigt werden –, griff Friedrich Wilhelm gewaltsam durch. Die Abführung des Königsbergers Hieronymus Roth in lebenslange Festungshaft 1662 genügte freilich noch nicht. Zehn Jahre später wurde der im Interesse ständischer „Libertät“ mit Polen konspirierende Oberst Christian Ludwig v. Kalckstein aus Warschau entführt und als Hoch- und Landesverräter hingerichtet. 1673 und 1674 wurden erstmals Steuern ohne Bewilligung der Stände ausgeschrieben. Der Absolutismus hatte sich durchgesetzt. Die Stände wurden nicht eigentlich abgeschafft, sondern verlagerten ihre Aktivität auf die lokale Ebene.

Friedrich Wilhelm scheute sich nicht, im Interesse des Staates formales Recht zu brechen. Das galt mehr oder minder auch für die anderen Landesteile, von denen die Mark besonderes Interesse verdient. Um die Wiederholung der Zustände des Dreißigjährigen Krieges zu vermeiden, als das Land ein Aufmarschplatz fremder Heere war, bedurfte man politischer Macht, eines stehenden Heeres und einer wirksamen Verwaltung. Um das Heer zu finanzieren, gewährten die märkischen Stände 1653 dem Kurfürsten eine Steuer für sechs Jahre. Nach dieser Zeit wurden die Stände – mit der Ausnahme der rechtlich notwendigen Huldigung beim Thronwechsel – nicht mehr einberufen. Dafür wurde das wenig erfreuliche gutsherrlich-bäuerliche Verhältnis festgeschrieben. Die Stellung der Junker wurde gefestigt, die Bauern sanken in ihrer Abhängigkeit weiter ab. Dass sich die Gutsfläche damals bedeutend vermehrte, hing aber eher mit der Entvölkerung zusammen. Wie gerade das Militärwesen den Bauernstand schließlich hob und den Adel in Dienst nahm, wird bei König Friedrich Wilhelm I. zu zeigen sein.

Der Kurfürst wollte auch das Steuerwesen vereinheitlichen. Hier jedoch setzten die Stände ihre Interessen durch, während sich der Monarch auf Kosten der sozialen Gerechtigkeit mit der Festigung der Staatsmacht vorerst zufrieden gab. Während in den Städten die der heutigen Mehrwertsteuer vergleichbare Verbrauchssteuer der Akzise eingeführt wurde, so galt auf dem Land weiter die direkte Steuer der Kontribution. Sie war, da der Adel grundsätzlich steuerfrei war, von den Bauern aufzubringen.

Die Einheitlichkeit des Staatswillens nach innen setzte Friedrich Wilhelm nicht zuletzt auf konfessionellem Gebiet durch. Gegen den Willen des Adels, der Geistlichkeit und der Städte wurde konfessionelle Gleichberechtigung praktiziert. So wurde Brandenburg-Preußen zum ersten modernen Staat mit konfessioneller Toleranz. Der frommreformierte Landesherr geriet mit dem frommlutherischen Propst und Dichter unvergänglicher Choräle Paul Gerhardt in Konflikt. Für ihren Seelsorger setzten sich die Berliner Zünfte ein, und der Kurfürst verzieh dem konfessionellen Eiferer, der schließlich aus eigenem Antrieb Berlin verließ.

In seinem Testament legte er dem Nachfolger besonders die Justiz ans Herz, „damit so wohl den Armen als den Reichen ohne Ansehung der Person recht erschaffet werde“.

Friedrich Wilhelm hat den ersten brandenburgischen Postkurs Königsberg-Berlin-Kleve geschaffen und den Friedrich-Wilhelm-Kanal zwischen der Spree und der Oder bei Frankfurt bauen lassen. Durch den Kanalbau setzte er Maßstäbe, die bis zu Kaiser Wilhelm II. gültig blieben.

In Bezug auf die Außenpolitik hat man dem Großen Kurfürsten „Wechselfieber“ vorgeworfen; denn gar zu oft und ohne große politische Bedenken wechselte er die politischen Fronten und Bündnisse. Es ist hier nicht der

Ort, diesem ermüdenden Hin und Her zu folgen. Eines bleibt festzuhalten: Einzig die Räson seines Staates bestimmte seine Handlungen. Seine Ziele verfolgte er zäh, unermüdlich und geschickt. Obgleich ihm die erhofften großen Erfolge versagt blieben, weil seine Macht doch zu gering war, ließ er sich nicht entmutigen. Um eine Macht zu werden, bedurfte Brandenburg-Preußen einer starken Armee. Da das Land zu arm war, um eine Armee selbständig zu bezahlen, musste man Bündnisse eingehen, um ausländische Finanzhilfe (Subsidien in der Sprache der Zeit) zu ergattern. Das schuf Abhängigkeiten, wenn auch nicht so grundlegende wie im Zustand der Waffenlosigkeit. Bei Friedensschlüssen nahmen die europäischen Großmächte kaum Rücksicht auf Brandenburg. Die Souveränität musste in ständiger Anstrengung behauptet werden, entweder im Bündnis mit Ludwig XIV. von Frankreich, oder gegen ihn auf der Seite des Kaisers. Dem Willen, eine machtvolle Rolle zu spielen, entsprachen die finanziellen und wirtschaftlichen Möglichkeiten des Landes erst unter dem Enkel, und der Urenkel Friedrich der Große konnte das endlich verwirklichen, was der Ahnherr erstrebt hatte.

Als Zeichen brandenburgischer und sogar auch deutscher Selbstbehauptung gegen die fremden Mächte, die bisher die Geschicke gelenkt hatten, ist der aufsehenerregende Sieg von Fehrbellin von bleibender Bedeutung. Nationale Überlegungen spielten übrigens im Denken des Großen Kurfürsten keine Rolle. Das trifft auch auf die Zeit zu, als er einige Jahre vor Fehrbellin den später von Nationalisten missbrauchten Satz verbreiten ließ: „Gedenke, dass du ein Deutscher bist.“ Ebenso wie dem Kaiser ging es ihm um seine Hausmacht. Aber im Kampf gegen Schweden und Franzosen konnten dergleichen Parolen nützlich sein.

1675 kämpfte der Kurfürst an der Spitze der kaiserlichen Truppen gegen die Franzosen im Elsass, als die mit Ludwig XIV. verbündeten Schweden in die Mark einfielen. In drei Wochen marschierten der Kurfürst und seine Truppen vom Rhein zum Havelländischen Rhin. Der weit überlegene, sieggewohnte Gegner wurde am 18. Juni 1675 bei Fehrbellin glänzend geschlagen. Die schwedische Großmachtstellung in Norddeutschland war grundlegend erschüttert. Als eindrucksvolles historisches Bild haftet die Verfolgung der Schweden über das Eis des Frischen und Kurischen

Die kurbrandenburgische Flotte beim Übersetzen nach Rügen 1676. Im mittleren Schiff befand sich der Große Kurfürst. Gemälde von Lieve Verschuier.

Haffs im Gedächtnis, der Kurfürst selbst im Schlitten unter seinen Soldaten. Leider blieb all dies und selbst die Eroberung von Stettin ohne unmittelbare politische Wirkung. Der Friede brachte keinen nennenswerten Gewinn. Enttäuscht wandte sich der Kurfürst für mehrere Jahre Frankreich zu.

Der Große Kurfürst war bis weit ins neunzehnte Jahrhundert hinein der einzige Hohenzoller, der an Seegeltung und Kolonien dachte. 1657 fuhren die ersten Kriegsschiffe unter dem roten brandenburgischen Adler. Im Krieg gegen Schweden zwischen der Schlacht von Fehrbellin und der Eroberung Vorpommerns (1675 bis 1679) bewährte sich zum ersten Mal eine brandenburgische Flotte. Es handelte sich dabei um niederländische Schiffe mit niederländischer Bemannung, die unter dem Kommando des aus Vlissingen in Seeland stammenden Reeders Benjamin Raule standen. Gegen Ende der Regierung des Kurfürsten bestand die Flotte aus 28 Kriegsschiffen, die mit 502 Geschützen bestückt waren. Von Raule ging auch der Gedanke aus, Kolonien in Afrika zu erwerben. 1681 setzte man sich an der Goldküste, dem heutigen Ghana, fest. Am Bekanntesten wurde

Denkmal des Großen Kurfürsten von Andreas Schlüter. Das aus den Jahren 1700 bis 1709 stammende Denkmal war für die Kurfürstenbrücke am Berliner Schloss bestimmt. Nach dem Zweiten Weltkrieg wurde es im Hof des Charlottenburger Schlosses aufgestellt.

die Fahrt, die 1682/83 der ostpreußische Edelmann Otto Friedrich von der Groeben an die Guinea-Küste unternahm und bei der Groß Friedrichsburg, die wichtigste brandenburgische Niederlassung, gegründet wurde. Die in sie gesetzten großen Hoffnungen erfüllten die Kolonien nur durch die Erträge des damals üblichen Sklavenhandels. Auf der dänischen Insel St. Thomas in Mittelamerika unterhielt Brandenburg eine Niederlassung zum weiteren Verkauf der Sklaven.

Unter Friedrich I. wurden die Kolonien schon vernachlässigt, Friedrich Wilhelm I. betrachtete sie „von aller Zeit her als eine Chimäre“ und verkaufte sie 1717 für 72.000 Dukaten an die Holländer; ähnlich erging es der Flotte.

Neben Königsberg und Pillau war schon unter dem Großen Kurfürsten das ostfriesische Emden zum Zentrum brandenburgischer Kolonial- und Flottenbestrebungen geworden. Als Ostfriesland dann unter Friedrich dem Großen preußisch wurde, dachte der König aber nicht mehr an Seegeltung.

Die Periode der Zusammenarbeit mit Frankreich brach erst ab, als Ludwig XIV. 1685 das Edikt von Nantes aufhob und um des Einheitsstaates willen die calvinistischen Hugenotten scharf verfolgte. Zum großen Ärger der Franzosen erließ der Kurfürst „aus gerechtem Mitleiden“ das „Edikt von Potsdam“ (1685) und lud die „wegen des heiligen Evangeliums und dessen reiner Lehre angefochtenen und bedrängten Glaubensgenossen“ nach Brandenburg-Preußen ein. Mit dem Edikt von Potsdam machte sich Friedrich Wilhelm den mächtigsten Fürsten der Christenheit zum Feind. Die Hugenotten durften Frankreich nicht verlassen; die Grenzen wurden bewacht. Vielen gelang dennoch die Flucht. Aber sie konnten nur ihr „geistiges Fluchtgepäck“ mitbringen. In Brandenburg wusste man nicht, wer und wieviele Franzosen kommen würden – so war das Edikt von Potsdam ein Wagnis. Man ist heute geneigt, in der Aufnahme von zwanzigtausend Glaubensflüchtlingen nur wirtschaftliche Motive zu sehen und tut damit dem Kurfürsten und seiner Zeit bitteres Unrecht. Selbstverständlich muss aber andererseits festgehalten werden, dass die Hugenotten in gewisser Weise Entwicklungshelfer waren. Technisch und kaufmännisch gebildet, belebten sie die Wirtschaft ungemein und legten mit kurfürstlichem Privileg und staatlicher Starthilfe eine Menge von Fabriken (Manufakturen) an. Es war selbstverständlich, dass überall in den Städten französische Gemeinden mit eigenen Predigern entstanden. In Berlin, wo sich unter elftausend Einwohnern viertausend Hugenotten aufhielten, hörte man bald fast mehr französisch als deutsch, zumal die Hugenotten auch das geistige Leben beherrschten.

Der durch die Hugenotten veranlasste Entwicklungssprung sowie der durch sie hervorgerufene Leistungswille schufen den bleibenden wirtschaftlichen Vorsprung Norddeutschlands vor dem Süden. Die Hugenotten blieben den Hohenzollern dankbar und selbst die heftigsten Verächter Preußens buchen die Aufnahme der grausam verfolgten Hugenotten auf Preußens Habenseite.

Die heute Preußische, früher Königliche Staatsbibliothek, den Berliner Botanischen Garten und manches mehr verdanken wir Friedrich Wilhelms strebendem Geist. Sein von dem genialischen Andreas Schlüter geschaffenes Reiterstandbild zeigt seinen Anspruch, sein Streben nach Macht und Größe – gebändigt nur durch die Demut vor Gott. Seine Nüchternheit, Klarheit und Härte setzten bleibende Maßstäbe für sein Haus und Volk. Das Denkmal steht nicht mehr auf der Kurfürstenbrücke am Schloss, das 1950 der Barbarei sowjetischer und deutscher Kommunisten zum Opfer fiel, sondern im Ehrenhof des Charlottenburger Schlosses. Es bezeugt, dass die fortwirkende und ermutigende Tradition Preußens auf den Großen Kurfürsten recht eigentlich zurückgeht.

19. ABSCHNITT

Kurfürst Friedrich III., König Friedrich I. in Preußen (1688 bis 1713, König seit 1701)

Zugunsten seiner Söhne aus zweiter Ehe hatte der Große Kurfürst seltsamerweise die Einheit des Staates in Frage gestellt. In fürstlicher Stellung, wenn auch nicht souverän, sollten sie verschiedene Landesteile regieren. Friedrich focht die entsprechenden Teile des Testaments an, und die Markgrafen von Brandenburg-Schwedt, wie sie nach ihrem Hauptsitz an der Oder genannt wurden, waren nunmehr durch zwei Generationen bis zu ihrem Erlöschen 1788 eine klar untergeordnete Nebenlinie.

Von Anbeginn an war es Friedrichs Plan, die Königswürde zu erlangen. Auf der Tatsache, dass er der erste König war, beruht seine historische Bedeutung, sieht man von seinen kulturpolitischen Leistungen ab. Mit der Königswürde war nicht nur äußerer Glanz verbunden: sie hob die nunmehr königlich preußischen Lande aus ihrer Umgebung heraus und hielt sie zusammen. Seit der Dresdener Kurfürst König von Polen war und die gerade zur Kurfürstenwürde von Hannover aufgestiegenen Welfen Aussicht auf den englischen Thron hatten, war eine Amtserhöhung fast geboten. Besonders außenpolitisch galt ein König mehr als ein Kurfürst.

Nicht auf Brandenburg, sondern auf dem außerhalb des Reiches liegenden Preußen sollte die Königswürde ruhen. Da aber dessen westlicher Teil (Pomerellen mit Danzig und Thorn) seit 1466 zum polnischen Reichsverband gehörte, konnte es nur ein „König in Preußen“ sein. Erst als 1772 das Weichselland an Preußen fiel, nannte sich Friedrich der Große „König von Preußen“. Die Billigung seines Königtums durch Kaiser Leopold I. erschien Friedrich notwendig, um die Anerkennung Europas zu gewinnen. Der Kaiser war für ihn der vornehmste Fürst des Abendlandes, seine Stellung im Reich spielte in diesem Zusammenhang höchs-

Stern, Ordenskreuz und Band des 1701 gestifteten Hohen Ordens vom Schwarzen Adler mit der Devise: Suum cuique (Jedem das Seine).

tens eine Nebenrolle. Dem Kaiser kam der Wunsch des Kurfürsten höchst ungelegen. Erst die Aussicht auf brandenburgische Truppenhilfe für die bevorstehende Auseinandersetzung um die spanische Erbfolge ließ die Wiener Hofburg der Königserhebung zustimmen.

Der Königskrönung vom 18. Januar 1701 in Königsberg ging am Tag zuvor die Stiftung des Schwarzen Adlerordens voraus. Der Ordensstern mit dem schwarzen Reichsadler, einst dem Hochmeister des Deutschen Ordens vom Kaiser verliehen, von Herzog Albrecht im neuen Herzogtum Preußen weitergeführt, trägt die Aufschrift „Suum cuique“ = Jedem das Seine. „Suum cuique“ ist der oberste Grundsatz des Rechts. In den Statuten des Ordens heißt es: „Der Endzweck unseres Reiches und Ordens“ ist es, „Recht und Gerechtigkeit zu übern und jedermann das Seine zu geben... und mit dem suum cuique die allgemeine Unparteilichkeit anzudeuten.“ Suum cuique wird hier mit „Gerechtigkeit gegen jedermann“ übersetzt. Weiterhin ging es um die Verteidigung des christlichen Glaubens gegen die Ungläubigen, Schutz von Witwen und Waisen, einschließlich aller „Gewalt und Unrecht leidender Leute“. Der Orden stiftete sogleich das als Bau noch heute stehende Waisenhaus am Sackheimer Tor in Königsberg.

Königskrönung am 18. Januar 1701 im Königsberger Schloss. Friedrich I. krönt Kurfürstin Sophie Charlotte zur Königin in Preußen.

„Jedem das Seine" war die erste programmatische Grundsatzerklärung des neuen Königreiches Preußen, frei und „von niemandem als Gott abhängig". „Suum cuique" bedeutete eine Selbstverpflichtung in der Zeit des Absolutismus. Gerechtigkeit wurde das höchste Prinzip der Politik. Lange, bevor es eine geschriebene Verfassung gab, stand ihr Prinzip fest.

Der Orden wird am orangefarbenen Band getragen – eine Huldigung an das Haus Oranien. Damit wollte Friedrich nicht nur an seine Mutter erinnern, sondern hierin kam auch die Hoffnung auf das reiche persönliche Erbe des kinderlosen niederländischen Fürsten von Oranien und (seit 1689) Königs von England Wilhelm III. zum Ausdruck.

Die Selbstkrönung des Königs fand nicht in der Kirche, sondern in einem Gemach des Schlosses statt. Der König krönte zunächst sich selbst und danach die Königin, und dann erst begaben sich beide in die Schlosskirche, wo der Festgottesdienst mit der Salbung des Monarchen von reformierten und lutherischen Geistlichen gehalten wurde. Es war ein aufgeklärtes Königtum, und die Krone war nicht von der Kirche verliehen worden.

Standbild König Friedrichs I. von Andreas Schlüter. Das 1698 gegossene Original befand sich von 1801 bis zur Vernichtung 1945 in Königsberg. Der Neuguss von 1972 steht vor dem Charlottenburger Schloss.

Die Frömmigkeit des Königs aber verband Christentum und Aufklärung, die Krönung mit der Salbung. Das preußische Königtum verstand sich als das erste und einzige säkulare Königtum, das die Aufklärung hervorgebracht hat. In seiner formalen Geburtsstunde am 18. Januar 1701 zeigte sich Preußen von Christentum und Aufklärung geprägt.

Man hat oft, wie Sohn und Enkel des ersten Königs es taten, die für das arme Land viel zu kostspielige Hofhaltung Friedrichs I. getadelt. Man sollte über diesen berechtigten Klagen nicht den Geschmack und das kulturelle Niveau Friedrichs I. in den Hintergrund schieben. Schon 1692 gründete er die Friedrichs-Universität Halle, die neben die Universitäten in Frankfurt an der Oder und Königsberg sowie die von seinem Vater gegründete Hochschule in Duisburg trat. Halle zeichnete sich durch eine starke juristische Fakultät zur Bildung höherer Verwaltungsbeamter aus; hier herrschte der Geist rationaler Vernunft. Die Staatsauffassung hatte

Das Berliner Schloss mit der Kurfürstenbrücke und dem Denkmal des Großen Kurfürsten. Stahlstich von 1840. Die Gestaltung des südöstlichen Teiles des Schlosses geht auf die Tätigkeit Andreas Schlüters in den Jahren 1698 bis 1706 zurück.

Das Berliner Schloss. West und Nordseite, gestaltet durch Friedrich Eosander gen. v. Göthe 1707 bis 1713 unter König Friedrich I. Die Kuppel wurde 1845 bis 1852 unter Friedrich Wilhelm IV. durch August Stüler errichtet. Sowjetische und deutsche Kommunisten ließen das Schloss 1950 sprengen, obgleich der Abriss teurer als eine ohne große Schwierigkeiten mögliche Wiederherstellung war. Der für einen Preußen selbstverständliche Wiederaufbau des Berliner Schlosses in der historischen Form ist trotz einem entsprechenden Beschluss des Bundestages von 2002 umstritten. Welche Schwäche des Geschichtsbewusstseins zeigt sich hier im Zentrum der deutschen Hauptstadt!

sich aus den Banden der Theologie befreit. Die hallischen Theologen betonten mit August Hermann Francke, dem Gründer des Hallischen Waisenhauses, das praktische Christentum.

Der Pietismus gewann an Einfluss. 1696 wurde die noch heute bestehende Akademie der Künste in Berlin gegründet, deren vornehmstes Mitglied Andreas Schlüter war. Ihm verdanken wir neben dem Denkmal des Großen Kurfürsten das Zeughaus Unter den Linden mit den Masken der sterbenden Krieger und die wichtigsten Teile des Berliner Stadtschlosses. Durch Königin Sophie Charlotte wurde Schloss Lietzenburg erbaut, ihr zu Ehren später Charlottenburg genannt. Vor dem Charlottenburger Schloss steht ein Nachguß von Schlüters Denkmal für Friedrich I., das in Königsberg 1945 vernichtet wurde.

Das durch Bomben beschädigte Berliner Schloss, das Hauptwerk des norddeutschen Barock, wurde – wie später das Potsdamer Stadtschloss und die dortige Garnisonkirche – auf Drängen deutscher und mit Billigung sowjetischer Kommunisten in die Luft gesprengt. Ein Wiederaufbau wäre billiger als die Vernichtung gewesen. Aber man wollte Berlin, Preußen und Deutschland in blindem Hass seinen Mittelpunkt nehmen. Jahrzehntelang gähnte dort ein leerer Platz für Aufmärsche. Später baute die SED hier den protzigen „Palast der Republik" – ein primitiver und banaler Kasten, Symbol eines Staates, der lediglich dank der brutalen Gewalt der Sowjetunion von 1949 bis zur Zeitenwende 1989/90 bestand. Der 2002 vom Deutschen Bundestag beschlossene Wiederaufbau des Berliner Schlosses in der von Friedrich I. geprägten überlieferten Form ist eine historisch-politische Notwendigkeit. Die Rekonstruktion eines derart zentralen Bauwerks würde überall in der Welt als selbstverständlich angesehen werden.

1701 entstand die Königlich Preußische Akademie der Wissenschaften, deren erster Präsident der Universalgelehrte Gottfried Wilhelm Leibniz wurde. Insbesondere die wie Leibniz aus Hannover stammende Königin Sophie Charlotte, die mit ihm über „das Warum des Warum" disputierte, protegierte die bald zu Ansehen gekommene Akademie.

Königin Sophie Charlotte, geborene Prinzessin von Braunschweig-Lüneburg, 1668 bis 1705, verheiratet seit 1684 mit dem späteren König Friedrich I.

Politisch konnte Friedrich, sieht man von der Königskrone ab, keine Lorbeeren gewinnen. In seinen ersten Regierungsjahren wurde die Politik von dem bedeutenden Minister Eberhard v. Danckelmann geführt. Brandenburgische Truppen kämpften damals wie später im Spanischen Erbfolgekrieg gegen Ludwig XIV., ohne bei den Friedensschlüssen Erfolge einzuheimsen. In seinen letzten Jahren herrschte unter dem Minister Freiherrn Johann Kasimir Kolbe v. Wartenberg schlimmste Misswirtschaft und Korruption. Der Bekämpfung der Pest, die Ostpreußen 1709 buchstäblich entvölkerte, war der Minister so wenig gewachsen, dass er schließlich zurücktreten musste.

Obgleich des Königs Truppen unter Fürst Leopold von Anhalt-Dessau auf den Kriegsschauplätzen des Streites um die Erbfolge in Spanien bei Höchstadt (Blenheim), Turin, Ramillies und Malplaquet rühmlich gekämpft hatten unter persönlicher Teilnahme des Kronprinzen, konnte Friedrich sein Territorium nicht erweitern. Aus der oranischen Erbschaft hatte man sich zuvor (1702) die rheinische Grafschaft Moers mit Krefeld und das Fürstentum Lingen an der Ems sowie 1707 die Grafschaft Tecklenburg in Westfalen gesichert. Dank geschickter Diplomatie wurde Friedrich I. als Erbe der Oranier 1707 von dem aristokratischen Staatsrat von Neuenburg und in demokratischer Abstimmung durch die Stimmbürger zum Fürsten von Neuenburg (Neuchâtel) in der Schweiz gewählt. Es begann eine 150-jährige Personalunion, die in dem heutigen Schweizer Kanton zahlreiche preußische Spuren hinterließ. Im Westen gebunden, konnten preußische Truppen nicht in den Nordischen Krieg zwischen Schweden, Dänemark, Russland und Polen eingreifen. In diesem Konflikt, bei dem es um die Preußen grundlegend berührende Vorherrschaft über den Ostseeraum ging, spielte Friedrich I. aus Mangel an Machtmitteln eine jämmerliche Rolle.

Friedrich I., klein und schief gewachsen und nur auf Gemälden eindrucksvoll, war dreimal verheiratet. Als Kurprinz hatte er die bald verstorbene Prinzessin Henriette von Hessen-Kassel zur ersten Frau. Ihr folgte von 1684 bis zu ihrem Tode 1705 die bedeutende Welfin Sophie Charlotte von Braunschweig-Lüneburg. Sie war mit Königin Luise Preußens bedeutendste Königin und gewiss die Gelehrteste. 1708 heiratete Friedrich I. Herzogin Sophie Luise von Mecklenburg-Schwerin(-Grabow), die bald darauf in geistige Verwirrung fiel. Eine der letzten Freuden des Königs war am 24. Januar 1712 die Geburt seines Enkels Friedrich, den die Geschichte „den Großen“ nennt. Die vom Verstorbenen selbst ausgearbeitete Trauerfeier mit ihrem Pomp bedeutete das Ende einer Epoche. Sein Sarkophag im Berliner Dom war eines der letzten Werke Andreas Schlüters.

Dank der zielstrebigen Zähigkeit Friedrichs I. und seiner geschickten Diplomatie gelang es, Preußen zum Königreich zu erheben. Dank Friedrich I. stellte sich Preußen unter die Devise „Jedem das Seine“. Dank ihm fußte der preußische Staatsgedanke auf der Verbindung von Christentum und Aufklärung. Es wurden rechtsstaatliche Maßstäbe gesetzt, an denen Preußen bis zu seinem Ende am 9. November 1918 gemessen werden sollte.

20. ABSCHNITT

Markgraf Christian Ludwig von Brandenburg-Schwedt (1677 bis 1734)

Musikfreunden in aller Welt sind Johann Sebastian Bachs „Sechs Brandenburgische Konzerte" bekannt. Auftraggeber und Empfänger dieser unvergänglichen Orchesterwerke war ein Hohenzoller: Markgraf Christian Ludwig, der jüngste Sohn des Großen Kurfürsten aus dessen zweiter Ehe mit Herzogin Dorothea von Schleswig-Holstein. Er wurde unter der Aufsicht seines Stiefbruders Friedrich III. (I.) gut erzogen und hat gewiss durch dessen Hoforchester den Zugang zur Musik gefunden. In Berlin und in seinem Landhaus in Malchow (südlich Berlin) unterhielt er aus seinen guten Einkünften sechs „Kammermusici", mit denen freilich die Brandenburgischen Konzerte nicht aufzuführen waren. In seinem Nachlass fanden sich 170 Opern- und Konzertpartituren, darunter die damals moderne Musik-Literatur wie Opern von Händel.

Unter der Regierung Friedrich Wilhelms I. unterhielt Christian Ludwig das vermutlich einzige Berliner Orchester. Offensichtlich hat der Soldatenkönig für den abgesehen vom musikalischen Bereich unbedeutenden Christian Ludwig eine Schwäche gehabt. Hätte er ihn sonst mit der reichen Pfründe des Magdeburger Dompropstes begabt. Die gleiche Würde genoss übrigens später Prinz Louis Ferdinand, dessen Mutter eine Markgräfin von Schwedt war.

Bach, damals Hofkapellmeister beim Fürsten von Anhalt-Köthen, lernte den Markgrafen 1719 in Berlin kennen. Offenbar fand man Geschmack aneinander: Jedenfalls hat Bach 1721 die eigenhändige Widmungspartitur nach Berlin geschickt. Der große Komponist war später bei Friedrich dem Großen in Potsdam und hat für ihn auf der Grundlage eines vom König gewählten Motivs das „Musikalische Opfer" komponiert.

Zwei Schwedter Markgrafen, Neffen Christian Ludwigs, sind in den Schlesischen Kriegen gefallen: Friedrich bei Mollwitz 1741, Friedrich Wilhelm vor Prag 1744.

König Friedrich Wilhelm I. (14. August 1688 bis 31. Mai 1740).

21. ABSCHNITT

König Friedrich Wilhelm I. (1713 bis 1740)

Als Friedrich Wilhelm seinem Vater nachfolgte, hatte er ein fertiges Reformkonzept, das er unbeirrt und hartnäckig durchsetzte. Traf er auf Widerstand oder vermutete er ihn, griff er hart und unerbittlich durch. Als absoluter Monarch fühlte er sich nur Gott verantwortlich; auf Grund seiner pietistischen Frömmigkeit nahm er es mit dieser Bindung aber bitter ernst. Höfische Repräsentation und Kultur bedeuteten ihm nichts, und so stellte er sich gegen vieles, was seine Eltern hochgehalten hatten. Bei seiner Thronbesteigung reduzierte Friedrich Wilhelm I. den Hof energisch. Viele Würdenträger und Bedienstete wurden entlassen, den anderen die Gehälter drastisch vermindert. Das Ansehen des Militärs in der Rangordnung wurde erhöht, das Heer wesentlich vermehrt. Die Paradetruppen wurden abgeschafft. „In Brandenburg-Preußen hielten Disziplin und Askese, Strenge und Nüchternheit ihren Einzug", so der Historiker Gerhard Oestreich.

Friedrich Wilhelm bemühte sich, seinem gleichnamigen Großvater nachzueifern. Ähnlich wie dieser fühlte er sich von holländischem Wesen angezogen. Potsdam, das von nun an bis 1945 ständiger Wohnsitz der Hohenzollern wurde, verdankt ihm seine – von den Kommunisten teilweise zerstörten – an Holland gemahnenden Eigentümlichkeiten: Kanäle, Brücken, Backsteinhäuser, den hohen Turm der Garnisonkirche mit dem Glockenspiel. Unter Gichtschmerzen malte er in holländischer Manier Ölbilder: meist Porträts seiner Soldaten. Er schrieb darunter: in tormentis pinxit (unter Qualen gemalt).

Schon in seiner Kronprinzenzeit kümmerte er sich um Details und bestand auf genauer Ausführung seiner Befehle. Im Exerzieren seiner Soldaten ging er bereits damals neue Wege der Ausbildung und wurde zum sachkundigen Militär.

Als Achtzehnjähriger heiratete er Prinzessin Sophie Dorothea von Hannover, die ihm 14 Kinder schenkte, darunter als ersten überlebenden Sohn Friedrich den Großen. Auch wenn man nicht den durch Hass auf den Vater getrübten Erinnerungen seiner ältesten Tochter Wilhelmine von Bayreuth folgen kann, wird man doch zugeben müssen, dass es in dieser Ehe bei aller treuen Zuneigung erhebliche Spannungen gab. Die Hofhaltung der Königin im Schloss Monbijou am Rand des damaligen Berlin versuchte den höfischen Stil der Zeit zu pflegen, soweit der König es finanziell zuließ. Er selber lebte puritanisch-bürgerlich und fand sein Hauptvergnügen im Tabakskollegium und auf der Jagd. Das Tabakskollegium war eine Männergesellschaft, die beim Bier kameradschaftliche, lautstarke Geselligkeit pflegte.

Man hat den Soldatenkönig nicht grundlos als Tyrannen geschmäht, dabei aber die wirkliche Tragik des Königs übersehen. Um Brandenburg-Preußen zu einem unabhängigen Staat, zu einer Königsmacht zu erheben, mussten alle Kräfte konzentriert werden.

Die Steigerung der Einkünfte, um das Heer unabhängig von ausländischen Zahlungen zu halten, erschien wichtiger als kulturelle Blüte und persönliches Glück. Der Untertan wurde in den Dienst am Staat gezwungen, wobei der König nicht davor zurückscheute, selbst den Krückstock zu schwingen. Schonungslos wurden individuelle Neigungen unterdrückt, um den Dienst am Staat zu erzwingen. Was er selbst als hervorragender Fachmann in militärischen Dingen, in der Verwaltung und Ökonomie erkannt hatte, was er sich auch als Glück für den Einzelnen in der Tiefe seines reichen Gemüts ersehnte, was er als Christ gläubig erhoffte, vermochte er so gut wie gar nicht an andere Menschen weiterzugeben. Sein kongenialer Sohn war einer der wenigen, der nach schrecklichen Auseinandersetzungen das innere Wollen des Vaters begriff. Was er wünschte, musste pünktlich, exakt und „ohne zu resonieren“ ausgeführt werden. Immer wieder findet sich in seinen Erlassen das Wort „cito“ oder gar „citissime“ – „schnell“, „auf das Allerschnellste“. Es wurde hart kommandiert und durchgegriffen, so dass er zu Lebzeiten mehr gefürchtet als geliebt wurde. Um ihn recht zu verstehen, bedarf es wohl eines einfühlenden Dichters wie Jochen Klepper, der ihm in seinem Roman „Der Vater“ (1937) ein würdiges Denkmal setzte.

Friedrich Wilhelm I. war ganz seiner Aufgabe hingegeben, aus einem rückständigen, armen Land einen modernen Staat zu machen. Dieses Ziel beschäftigte ihn rastlos von früh bis spät, trieb ihn als allgegenwärtigen König auf Dienstreisen durch sein Land.

Er erlaubte es sich nicht, sieht man von seiner Verbindung zu den Stillen im Lande, den Pietisten, ab, sein wahres Wesen anderen zu enthüllen. Friedrich Wilhelm I. litt an seiner Aufgabe, er litt aber auch an körperlicher Überanstrengung sowie an der schmerzhaften Gicht. Unmäßigkeit im Essen und Trinken, ausgedehnte Parforcejagden und in erster Linie Überanstrengung bei der Regierungstätigkeit haben ihn früh verbraucht. Reizbar, von manchen seiner Mitarbeiter bitter enttäuscht, von Schmerzen geplagt, spürte er selbst, wie er wider seinen Willen seinen Nächsten und vielen Untertanen zur Last wurde.

Friedrich Wilhelm I. war ein kindlich-gläubiger Mann. Er kannte die Bibel und lebte mit ihr, er war kein Pharisäer und kein Mucker. Sein Wesen zeigt sich nirgends deutlicher als bei der Begrüßung der um ihres lutherischen Glaubens willen vertriebenen Salzburger im Potsdamer Schlosshof 1732. Der König sang mit ihnen Choräle, befragte sie über ihren Glauben und teilte ihnen seine eigenen Erkenntnisse mit. Er war so bewegt, dass ihm die Tränen die Backen herabrollten, und sagte: „Ihr sollt's gut haben, Kinder, ihr sollt's gut haben." Kaum je ist ein königliches Versprechen mehr gehalten worden als dieses!

Sein Königsamt verstand er als Auftrag Gottes. An Gottes Stelle und in seinem Sinn wollte er regieren und wusste doch, dass er als Sünder irren musste. Er litt unter diesem Zwiespalt und erkannte, dass nur Gottes Gnade ihn retten konnte. Er ordnete an, dass die Geistlichen nach seinem Tode über das Pauluswort: „Ich habe einen guten Kampf gekämpft" predigen sollten. Von modernen Despoten unterscheidet sich Friedrich Wilhelm I. grundlegend. Denn wer da sagt „man muss dem Herrn mit Leib und Leben, mit Hab und Gut dienen und alles dransetzen als die Seligkeit; die ist vor Gott, alles andere muss mein sein", stellt zwar harte Forderungen, grenzt sie aber entscheidend ein. Die Autorität Gottes bricht alle irdische Befehlsgewalt.

Zu Recht trägt Friedrich Wilhelm I. den Beinamen „der Soldatenkönig". Brandenburg-Preußen war zunächst ein Staat wie alle anderen auch. Lediglich die Person und die Leistungen des Großen Kurfürsten hoben es aus der übrigen Staatenwelt heraus. Das spezifisch Preußische bildete sich besonders unter Friedrich Wilhelm I. heraus. Preußens „größter innerer König" – so nannte ihn in der Zeit der preußischen Reformen schon Theodor von Schön – legte die dauernden Grundlagen des preußischen Staates. In der Bilanz, die er bei der Thronbesteigung 1713 zog, musste ihm das preußische Militär als einziger positiver Posten erscheinen. Die Armee war intakt und hochwertig, während die ökonomischen Zustände durch die verheerende Pest in Ostpreußen und die Misswirtschaft darniederlagen.

Auch in den Augen des neuen Königs brauchte Preußen als Land der überall gefährdeten Grenzen eine starke Armee; er sah aber auch die damit verbundenen Übel: Um das Militär zu unterhalten, war die eigene Wirtschaft zu schwach. Es musste deshalb von fremden Mächten bezahlt und gelegentlich sogar mehr zu deren als zum eigenen Nutzen eingesetzt werden. Die Überlegung des Königs ging nun dahin, dass der Wiederaufbau des Staates vom besten Sektor des Staatswesens, der Armee, auszugehen habe und diese auch wirtschaftlich auf eigenen Beinen stehen müsse. Dabei soll nicht übersehen werden, dass sich der König schon als Knabe für das Militär begeisterte und insofern der Neuanfang nicht nur vernunftmäßiger Überlegung, sondern auch persönlicher Neigung entsprach. Um das umfangreiche Heer bezahlen zu können – und die Mittellage Preußens machte ein starkes Heer notwendig, wenn man überhaupt politisch mitsprechen wollte –, war eine wirtschaftliche Umstellung geboten. Einheimische Schafwolle, das wichtigste Exportprodukt, durfte nicht mehr als Rohprodukt exportiert werden, sondern war im Lande zu verarbeiten. Ausländische Tuche durften nicht mehr eingeführt werden. Die heimische Landwirtschaft wurde durch Schutzzölle und ein Einfuhrverbot für fremdes Korn geschützt. Das galt jedenfalls für Jahre mit guten oder ausreichenden Ernteerträgen.

Durch massiven staatlichen Einfluss auf die Wirtschaft wurde die Verarbeitung einheimischer Rohstoffe gefördert. Dabei legte der König besonderen Wert auf die Qualität der Produkte. Unnachgiebig und streng verfolgte er Faulenzerei, Pfuscherei und das damals übliche „Feiern" der Handwerker, Arbeiter und Bauern etwa am „blauen Montag". Damit erhöhte sich die Produktivität der einheimischen Wirtschaft. Darüber hinaus wurden durch Friedrich Wilhelm I. Maßstäbe gesetzt, die uns seitdem als „preußische Tugenden" bekannt geworden sind.

Der Bedarf des Heeres an Tuchen und Nahrung wirkte als Schwungrad der Wirtschaft. Dadurch, dass teure Importe für den Heeresbedarf entfielen, und durch die Reduzierung der prächtigen Paradetruppen seines Vorgängers gelang es dem König, die Kosten für das Heer zu verringern. Schon zu seiner Zeit kreidete man es ihm übel an, dass er das dadurch freigewordene Geld zur Vermehrung der Armee benutzte. Im Gegensatz zu heute waren die Waffen nicht der kostspieligste Teil der Rüstung. Die preußischen Waffen blieben waffentechnisch im ganzen achtzehnten Jahrhundert im Wesentlichen gleich, nur der Verschleiß, besonders in Kriegszeiten, war zu ersetzen. Teuer war die Kleidung, die Verpflegung und die Unterkunft der Soldaten. Dafür jedoch sorgte man nun aus eigener Kraft.

Der Soldatenkönig trug seit 1720 ständig Uniform und wirkte damit stilbildend für die Monarchen bis zum heutigen Tage. 1718 kam es zu einem äußerlich ablesbaren Stilbruch in den Uniformen. Schmückendes Beiwerk wurde nun nicht mehr eingestickt, sondern nur noch aufgesetzt, um den Rock wenden zu können. Prunkröcke und Perücken verschwanden. Die neuen Uniformen benötigten weniger Stoff. Jedes Jahr erhielt die Armee – als einzige in Europa – neue Uniformröcke. Die nur kurze Zeit getragenen Uniformen wurden nach dem Weiterverkauf an die Zivilisten zur Volkstracht. Die Verstärkung des Heeres – 1740 verfügte Preußen über achtzigtausend Mann und damit über das viertstärkste Heer Europas – hatte einschneidende soziale Auswirkungen. Der König führte für nachgeborene Bauernsöhne und Kleinbürger die Wehrpflicht ein; die Erinnerung an die alte Pflicht zur Verteidigung des Landes war noch nicht erloschen. Wenn manche Historiker meinen, dass die Wehrpflicht die Abhängigkeit erhöht hätte, weil der Bauernsohn der von zu Hause gewohnten Junkerherrschaft nunmehr beim Kommiß mit seinen adligen Offizieren wieder begegnete, dann ist eher das Gegenteil richtig. Dadurch,

Evangelische Christuskapelle auf der Burg Hohenzollern mit den Särgen Friedrichs des Großen (links) und Friedrich Wilhelms I. (rechts). Zustand 1952 bis 1991.

dass adlige Untertanen als Wehrpflichtige dem König unterstanden, wurden die Bauern vom Gutsherrn unabhängig. Die Erbuntertänigkeit wurde durchbrochen. Denn nach dem Grundwehrdienst, der ein bis drei Jahre dauerte, blieb der Soldat zehn Monate zu Hause und leistete nur in den zwei Exerziermonaten im Frühjahr seine Reserveübungen ab. Gerichtsstand und Personalbehörde blieb das Regiment, die Männer blieben rechtlich Soldaten. Der Untertan des Adligen wurde zum Mann des Königs. Damit war die Macht des Adels grundlegend erschüttert. Aus der höchst lästigen Werbung im Inland, die im Ausland weiterging, war eine Art von Bauernbefreiung auf Umwegen geworden.

Der Adel wurde für seine nachgeborenen Söhne auf die Offiziersstellen verwiesen. Der preußische Adel rechnete es sich bald als Ehre an, des Königs Rock zu tragen. An kargen Lebensstil war man zumeist derart gewöhnt, dass der geringe Sold kaum jemanden abschreckte. Junkerliche Allüren spielten keine Rolle. Die Offiziersstellen blieben zwar im Allgemeinen dem Adel vorbehalten, aber der Adel stand fest im königlichen Dienst, es war eine königliche, keine Junker-Armee. Die Gründung des Kadettenkorps für den Offiziersnachwuchs bot dem Adel die Möglichkeit einer kostenlosen, standesgemäßen Erziehung mit der Aussicht auf eine Offiziersstelle.

Unter den im Ausland Geworbenen, die dauernd Dienst taten – auch wenn die Wehrpflichtigen daheim waren –, fanden sich überwiegend Gutwillige. Fünf bis zehn Prozent bestanden aber aus Hergelaufenen, die allein mit Methoden zu bezwingen waren, wie man sie heute vergleichsweise noch in der französischen Fremdenlegion findet. Die Zustände im preußischen Heer sind uns einseitig überliefert worden. Das schriftkundige städtische Bürgertum, bei dem die ausländischen Soldaten im Quartier lagen, nahm an jenen oft bedenklichen Elementen Anstoß. Ferner haben zwangsmäßig geworbene Gebildete über ihre Armeezeit nicht ohne Recht geklagt.

Das in jedem Schulbuch abgebildete und verdammte „Spießrutenlaufen“ war eine Strafe der Militärjustiz für Fahnenflucht. In allen vergleichbaren Armeen wurden ergriffene Fahnenflüchtige ohne Federlesen erschossen. Beim Gasselaufen gab es immerhin eine Chance, sein Leben zu retten.

Der Soldatenkönig führte mit Hilfe seines Freundes Fürst Leopold von Anhalt-Dessau ein neues Exerzierreglement ein, das eine wichtige Voraussetzung für den exakten Einsatz des Heeres in der Schlacht war. Große Leute wurden bei der Werbung bevorzugt, weil sie ein weitreichendes Gewehr mit langem Lauf schneller laden konnten. Hier lag auch ein sachlicher Grund für die sonst persönlicher Vorliebe entsprungene Potsdamer Riesengarde (die übrigens alle militärischen Verbesserungen erproben musste). Durch scharfen Drill erreichte man auch, dass die Preußen schneller als Soldaten anderer Armeen schießen konnten. Um all dies kümmerte sich der König persönlich.

Wenn immer wieder betont wird, dass siebzig Prozent des Staatshaushaltes für das Militär ausgegeben wurden, übersieht man meistens, dass zwei Drittel der Einnahmen von den Ständen ausdrücklich für das Heer bewilligt worden waren, und vergisst, dass die Soziallasten von der Kirche, von den Grundherren und Städten getragen werden mussten, dass die Kirchen und Schulen für ihren Unterhalt eigenes Vermögen hatten und die niedere Verwaltung in den Händen der Gemeinden und Gutsbesitzer lag. Bedenkt man diese wesentlich andere Verteilung der Lasten, so stellt man überrascht fest, dass, der preußische Militärstaat lediglich ein Drittel seiner Einnahmen für die Verteidigung ausgab. Dieses Drittel allein kann Vergleichsmaßstab zu den heutigen Verteidigungslasten sein.

Mit dem gleichen Recht, mit dem man Friedrich Wilhelm I. den „Soldatenkönig" nennt, könnte man ihn „Bürgerkönig" nennen. Die Behördenorganisation hat Friedrich Wilhelm I. eigenhändig in seinem Jagdhaus Schönebeck in der Schorfheide, dem beliebten hohenzollernschen Jagdrevier nördlich Berlin, entworfen. Danach entstand eine neue oberste Verwaltungsbehörde, das Generaldirektorium. Es hatte die gesamte innere und finanzielle Verwaltung zu lenken. Selbstverständlich entschied der König alle wichtigen Dinge selbst und behielt die Fäden in der Hand. Preußen wurde aus dem Kabinett des Königs heraus regiert, in dem der König von früh auf emsig und unermüdlich wirkte (mit Ärmelschonern, um die Uniform nicht zu strapazieren). Die Ordnung der Zentrale wurde auch auf die Provinzen übertragen, in denen „Kriegs- und Domänenkammern" entstanden. Sie waren für Steuern und Domänen in Land und Stadt zuständig.

Als wahrer Bürgerkönig verordnete Friedrich Wilhelm I. 1717 die allgemeine Schulpflicht für Mädchen und Jungen. Sie wurde in den nächsten Jahrzehnten konsequent auch in entlegenen, armen Dörfern durchgesetzt. Der König selbst inspizierte beispielsweise bei Arnswalde (Neumark) solche Schulen. Der Staat half bei der Finanzierung. *Preußen wurde der erste bedeutende Flächenstaat, der die allgemeine Schulpflicht* einführte (Frankreich 1880, Großbritannien 1882, Russland 1930). Warum spielt dieser entscheidende Fortschritt in der Debatte über Preußen keine Rolle?

Mit der neuen Organisation und den neuen Beamten, mit denen er sich umgab und von denen er hohe Leistungen erwartete, hatte der König Erfolg. Die auf den umfangreichen Domänen, etwa einem Drittel der landwirtschaftlich genutzten Fläche, lastenden Schulden wurden abgelöst. Durch Ankauf verschuldeter Rittergüter erhöhte er den staatlichen Anteil am Boden als dem damals mit Abstand wichtigsten Produktionsfaktor. Die Einkünfte aus den Domänen stiegen während seiner Regierungszeit von 1,8 auf 3,3 Millionen Taler. Domänen wurden grundsätzlich nur an bürgerliche Pächter vergeben, während die Rittergüter dem Adel vorbehalten wurden. Das Los der Bauern auf den Domänen wurde vom König wesentlich erleichtert. Die Frondienste – die Leistungen der Bauern für die Landwirtschaft der Domänen wurden herabgesetzt, das Prügeln der Bauern verboten.

Der preußische Staatshaushalt unter Friedrich Wilhelm I. vermied Schulden. Hier wie überall galt es, ein „Plus zu machen“. Das war auch damals durchaus ungewöhnlich und erregte in Europa Aufsehen. Der König legte einen Staatsschatz an. Bei seinem Tod 1740 hinterließ er acht Millionen Taler, die im Keller des Berliner Schlosses in Fässern lagerten. Der gesamte Staatshaushalt musste mit sieben Millionen Talern Einnahmen auskommen, davon kam fast die Hälfte aus den Domäneneinkünften. Von den Ausgaben brauchte die Armee fünf Millionen Taler. Der Rest musste für die ganze Staatsverwaltung genügen, der Überschuß kam in den Staatsschatz. Der König selbst beschränkte sich für seine Hofhaltung auf 52.000 Taler.

Auch bei den Beamten bevorzugte Friedrich Wilhelm I. Landeskinder. Um Korruption und Vetternwirtschaft auszumerzen, wurde die Oberrechnungskammer in Potsdam gegründet. Sie ist der freilich mit weit größeren Rechten ausgestattete Vorläufer des heutigen Bundesrechnungshofes. Es gehörte zum Wesen des durch Friedrich Wilhelm I. geschaffenen preußischen Militärstaates, dass militärische Formen und Anschauungen auf den zivilen Bereich übertragen wurden. In die Amtsstuben zog mit ehemaligen Militärbeamten, die in die zivile Verwaltung übernommen wurden, vor allem aber dank des königlichen Kommandostils ein militärischer Ton ein. Disziplin und klare Unterordnung erwiesen sich einerseits bald als ein immenser Vorzug preußischer Verwaltung. Barsche Behandlung der Bürger von oben herab machte andererseits die preußischen Beamten außerhalb der Grenzen des Königreiches vielfach unbeliebt. Strenge Sachlichkeit, Pflichterfüllung, Ordnung, Pünktlichkeit, Sparsamkeit und Bescheidenheit waren durchaus bürgerliche Tugenden, die Friedrich Wilhelm I. seinen Soldaten und Beamten vorlebte und die bis heute als vorbildlich gelten.

Mit Hilfe der Beamten betrieb der Soldaten- und Beamtenkönig sein großzügiges Siedlungswerk. Dabei ist besonders an das „Retablissement", den Wiederaufbau Ostpreußens, zu denken. Hier wurden im Nordosten der durch die Pest entvölkerten Provinz die 20.000 vertriebenen lutherischen Salzburger angesiedelt. Ähnlich wie zur Zeit Herzog Albrechts von Preußen entstand eine ganze Reihe neuer Städte, darunter Gumbinnen. „Preußen (gemeint ist Ostpreußen) frisst mir auf", seufzte der König einmal. Aber seine unermüdliche, aufreibende Arbeit hat sich gelohnt und hat ihm, sieht man vom Kronprinzen und den Salzburgern ab, zwar kaum die Dankbarkeit der Zeitgenossen, aber doch diejenige der Nachgeborenen eingebracht.

Für die gewundenen Wege der Außenpolitik war dieser König ungeeignet. Er konnte dort keine Lorbeeren sammeln. Militärisch knappe Anordnungen fruchteten hier nichts, und sein empfindliches Gewissen verbot ihm, kriegerische Mittel einzusetzen.

Im Politischen Testament von 1722 überließ er es dem Nachfolger, die berechtigten Erbansprüche seines Hauses, er dachte da vor allem an Berg und Jülich, „herbeizuschaffen". Weiter heißt es dort: „Betet zu Gott und fangt nie einen ungerechten Krieg an, aber wozu Ihr ein Recht habt, davon lasset nicht ab, denn gerechte Sachen wird Gott segnen, aber ungerechte Sachen wird Gott verlassen, dessen seid versichert... Aber mein lieber Nachfolger, ich bitte euch, keinen ungerechten Krieg anzufangen, denn Gott hat ungerechte Kriege verboten und Ihr müsst immer Rechenschaft ablegen für jeden Menschen, der in einem ungerechten Krieg gefallen ist. Bedenke, dass Gottes Gericht scharf ist."

Immerhin gewann Friedrich Wilhelm I., als der Stern König Karls XII. von Schweden gesunken war, endlich die pommersche Hauptstadt Stettin, sowie Vorpommern bis zur Peene und die Inseln Usedom und Wollin (1720). Damit war ein Ziel erreicht, das noch auf die askanischen Markgrafen von Brandenburg zurückging. Die Zurückdrängung Schwedens aus Deutschland war aber mehr das Werk der anderen am Nordischen Krieg beteiligten Mächte als dasjenige Preußens.

Während einer Reise durch Süddeutschland versuchte Kronprinz Friedrich am 4. August 1730 dem König und seinem Dienst zu entfliehen. In Steinsfurt bei Sinsheim nahe Heidelberg, wo sich diese Begebenheit zutrug (Heute befindet sich dort ein sehenswertes kleines Museum für Friedrich den Großen: „das Lerchennest".), war damit der Höhepunkt des klassischen Kronprinzendramas erreicht. Während der König zu Österreich neigte und eheliche Verbindungen mit deutschen Fürstenhäusern kaiserlicher Gesinnung wünschte, hatte sich die Königin in den Kopf gesetzt, ihre älteste Tochter Wilhelmine und den Kronprinzen mit englischen Königskindern zu verheiraten. Der Kronprinz litt besonders unter der erniedrigenden Behandlung und dem barschen Wesen des Königs, der in seinem Sohn alles das verkörpert sah, was er bekämpfte. Friedrich Wilhelm I. scheute nach dem Fluchtversuch – wie schon früher – nicht davor zurück, seinen Sohn mit dem Stock zu traktieren und dachte daran, ihn von der Thronfolge auszuschließen. Um Friedrich die ganze Schwere seiner Fahnenflucht, auf der die Todesstrafe stand, deutlich zu machen, ließ er seinen Mitverschworenen, den Garde-Leutnant Hans Hermann v. Katte, unter dem Fenster des Kronprinzen in Küstrin enthaupten. Ganz auf sich allein gestellt, bildete sich in der folgenden Zeit der Bedrängnis bei Friedrich seine Zähigkeit und Beständigkeit heraus. Alles unreife Wesen

Das Tabakskollegium Friedrich Wilhelms I. Die jüngeren Söhne des Königs wünschen gute Nacht. Rechts vom König sitzt der Kronprinz. Gemälde von Daegen. Das Bild hängt im Schloss Königswusterhausen in dem dargestellten Saal.

fiel von ihm ab. Friedrich Wilhelm I. sorgte für eine sorgfältige Ausbildung des Sohnes bei der Kriegs- und Domänenkammer der Neumark, nachdem er einige Monate strenger Haft mit Haltung überstanden hatte. Schließlich nahm er ihn, nachdem der Kronprinz sich 1733 dem Wunsch des Vaters nach der Eheschließung mit der frommen und bescheidenen, aber charaktervollen Prinzessin Elisabeth Christine von BraunschweigBevern gebeugt hatte, wieder in Gnaden an.

Zwei Tage vor seinem Tode ordnete der Soldatenkönig an: „Soll 14 Tage darauf in allen Kirchen meines Landes eine Leichenpredigt gehalten werden, und zwar über den Text: ich habe einen guten Kampf gekämpft etc., über welchen Text des Vormittags gepredigt und das Lied ‚Wer nur den lieben Gott läszt walten...' gesungen wird. Von meinem Leben und Wandel, auch Facta und Personalia soll nicht ein Wort gedacht, dem Volk aber gesagt werden, dasz ich solches expresz verboten hätte, mit

Die Potsdamer Garnisonkirche, erbaut 1731 bis 1735 durch Philipp Gerlach. Hier wurden Friedrich Wilhelm I. und Friedrich der Große beigesetzt. Die Kirche wurde bei dem britischen Bombenangriff auf Potsdam am 14. April 1945 schwer beschädigt. 1968 wurde die Ruine vernichtet. Für den von Gegnern Preußens bekämpften Wiederaufbau stehen Spendengelder bereit.

dem Beyfügen, dasz ich als ein groszer und armer Sünder stürbe, der aber bey Gott und seinem Heiland Gnade gesucht; überhaupt soll man mich in solchen Leichenpredigten zwar nicht verachten, aber auch nicht loben …"

Sein großer Sohn aber schrieb in den „Denkwürdigkeiten zur Geschichte des Hauses Brandenburg" über ihn: „Er arbeitete an der Wiederherstellung der Ordnung in Finanzwirtschaft, Verwaltung, Rechtspflege und Heerwesen. Denn diese Gebiete waren unter der vorangegangenen Regierung gleichermaßen verwahrlost. Er besaß eine arbeitsame Seele in einem kraftvollen Körper. Es hat nie einen Mann gegeben, der für die Behandlung von Einzelheiten so begabt gewesen wäre. Wenn er sich mit den kleinsten Dingen abgab, so tat er das in der Überzeugung, dass ihre Vielheit die großen zuwege bringt. Alles, was er tat, geschah im Hinblick auf das Gesamtbild seiner Politik. Er strebte nach höchster Vervollkommnung der Teile, um das Ganze zu vervollkommnen."

22. ABSCHNITT

König Friedrich (II.) der Große (1740 bis 1786)

Friedrich der Große ist der bedeutendste aller Hohenzollern. Die Auseinandersetzung mit dem genialen König hält seit seinen Lebzeiten an. Das hat seine Ursache in der Widersprüchlichkeit einer Persönlichkeit, die den einen anzieht, den anderen abstößt. Sein Zeitgenosse, der Königsberger Philosoph Immanuel Kant, hat sein Jahrhundert „das Jahrhundert der Aufklärung oder das Jahrhundert Friedrichs" genannt. Friedrich überstrahlte und bestimmte aber nicht nur seine Zeit, sondern er setzte Maßstäbe – Er ist die Verkörperung Preußens wie niemand sonst.

Sein Vater hatte ihm in seinem Politischen Testament 1722 folgendes Vermächtnis hinterlassen: „Der Kurfürst Friedrich Wilhelm hat das rechte Flor und Aufnehmen in unser Haus gebracht, mein Vater hat die königliche Würde erworben, ich habe das Land und die Armee in Stand gesetzt; an euch, mein lieber Sukzessor ist, was Eure Vorfahren angefangen, zu behaupten und die Prätentionen und Länder herbeizuschaffen, die unserem Haus von Gott und Rechts wegen zugehören."

Friedrich Wilhelm I. war von Österreich außerordentlich schlecht behandelt worden, so dass keine besondere Rücksicht auf diese Macht zu nehmen war, als sich dem militärisch starken Preußen – wenige Monate nach dem Regierungsantritt Friedrichs – eine einmalige Chance bot. Kaiser Karl VI. starb unerwartet im Oktober 1740 und seine mit Herzog Franz von Lothringen verheiratete Tochter Maria Theresia musste ihr Erbe sichern. Sie konnte nicht ohne weiteres wie ihre Ahnen auf Preußen Druck ausüben. Weil die Kaiserkrone nicht im Besitz ihres Mannes war, vermochte sie auch nicht wie ihre Ahnen, das Prestige des Reiches für die Interessen ihres Hauses in Anspruch zu nehmen. Friedrich marschierte im Dezember 1740 ohne Kriegserklärung in das seit 1526 zu Österreich gehörende Schlesien ein, ließ sich in Breslau huldigen und annektierte das wertvolle Land. Zwar bestanden für die Fürstentümer Liegnitz, Brieg und Wohlau gewisse Rechte, aber Friedrichs Ruhmbedürfnis und sein skrupelloser Versuch, die günstige Stunde auszunutzen, sind die entscheidenden Gründe für diesen Bruch des Völkerrechts. Man wird nicht, wie es ein englischer Historiker tat, von „einem der sensationellsten Verbrechen in der neueren Geschichte" sprechen dürfen, sind doch derartige Überfälle damals wie heute an der Tagesordnung. „Im 18. Jahrhundert war der unbeteiligte Beobachter an Friedensbrüche und Angriffskriege auf Grund fiktiver Rechtsansprüche viel zu sehr gewöhnt, um in ihnen mehr als alltägliche Auskunftsmittel der Politik zu erblicken" (Stefan Skalweit). Das Aufsehen, das die Annexion Schlesiens damals erregte, erklärt sich aus der Tatsache, dass man Preußen und seinem als Schöngeist und Verfasser einer hochmoralischen Schrift, dem „Antimachiavell", bekannten 28-jährigen König dergleichen nicht zutraute. Ferner hat dazu gewiss auch die unverhüllte Aggression, ohne diplomatische Vorbereitung und ohne wesentliche moralische Rechtfertigungsversuche, beigetragen. Dieser einmalige Vorgang in der preußischen Geschichte (aber keineswegs ohne Beispiel in der Geschichte vergleichbarer Mächte) wird auch nicht dadurch gerechtfertigt, dass die Mehrheit der Schlesier, insbesondere die hart unterdrückten Evangelischen, den Wechsel der Herrschaft begrüßten, und dass Friedrich für seine kecke Tat bitter in drei Kriegen büßen musste, bei denen Preußens Existenz mehr als einmal auf dem Spiel stand.

Am 10. April 1741 gewann Friedrich mit knapper Not und nur dank seinem Feldmarschall Graf Schwerin bei Mollwitz seine erste Schlacht. Friedrichs Angebot, Maria Theresia gegen die Herausgabe von ganz Schlesien bei der Rückgewinnung ihrer übrigen Thronländer gegen Franzosen, Bayern und Sachsen zu helfen, wurde von der jungen Erzherzogin zurückgewiesen. Der antihabsburgischen Koalition kehrte Friedrich aber den Rücken, als er Gelegenheit zu einem zeitweiligen Stillhalteabkommen bekam. Er griff dann aber doch wieder in den Krieg gegen Österreich ein und erhielt nach seinem ersten eigenen Sieg bei Chotusitz einen Sonderfrieden mit dem Wiener Hof. Schon im Ersten Schlesischen Krieg zeigte sich neben seiner Fähigkeit, eine günstige Lage schnell und ohne Skrupel zu nutzen, sein militärisches und politisches Talent.

Hatte er gehofft, ohne große Mühe ein reiches Land zu gewinnen, das die preußischen Staatseinnahmen fast um die Hälfte und die Bevölkerung

Friedrich der Große, 24. Januar 1712 bis 17. August 1786,
wie ihn Adolph von Menzel (1815 bis 1905) darstellte.

Die niederschlesischen Stände huldigen Friedrich dem Großen am 7. November 1742 in Breslau. Gemälde von Wilhelm Camphausen.

um ein Drittel vermehrte, so hatte er sich in Maria Theresia getäuscht. Sie ließ sich nicht von ihm, dem es um schnelle Entscheidungen ging, das Gesetz des Handelns vorschreiben. Als sich die Lage zugunsten Österreichs besserte, glaubte Friedrich 1744 erneut in den österreichischen Erbfolgekrieg eingreifen zu müssen, um Schlesien zu sichern. In einem Präventivschlag rückte er nach Böhmen ein, wurde aber von Prinz Karl von Lothringen durch geschickte Manöver gezwungen, nach Schlesien zurückzukehren. Der missglückte Feldzug und die Schwächung des Heeres durch Desertionen setzten ihm hart zu. Sein trotziges „dennoch“, sein zähes Ausharren in einer misslichen Situation sollten sich hier zum ersten Mal zeigen. Auch als der von ihm unterstützte Wittelsbacher, Karl VII., gestorben war und nur noch Frankreich an seiner Seite stand, verzagte er nicht. Gegen die überlegenen Sachsen und Österreicher wagte er am 4. Juni 1745 die Schlacht von Hohenfriedberg in Schlesien. Der glänzende

Schloss Sanssouci in Potsdam, nach einem Entwurf Friedrichs des Großen durch Georg Wenzeslaus von Knobelsdorff in den Jahren 1745 und 1746 erbaut.

Sieg nach einem anstrengenden Nachtmarsch war insbesondere der preußischen Kavallerie zu danken. Das Dragonerregiment Ansbach-Bayreuth eroberte allein 66 österreichische Fahnen. Die Österreicher zogen aus Schlesien ab. Friedrichs Ruhm als populärer und weltberühmter Kriegsheld begann sich nach Hohenfriedberg bei breiten Volksschichten festzusetzen. Nach einigem Hin und Her sowie nach Kämpfen in Böhmen und Sachsen kam es 1745 zum günstigen Friedensschluss von Dresden.

Bei seiner Rückkehr aus dem Zweiten Schlesischen Krieg, im allgemein anerkannten Besitz der neuen Provinz, wurde Friedrich von seinen Preußen als „der Große“ begrüßt. Dieser Beiname sollte ihm auch heute ohne große Bedenken gewährt werden. Es ist allzu bekannt, dass viele Große der Geschichte, obgleich sie ihn verdient hätten, diesen Ruhmestitel nicht tragen. Friedrich trägt ihn zu Recht. Kleingeister und Kritikaster, die ihm die Größe absprechen, ändern daran nichts.

Das Potsdamer Stadtschloss um 1770. Die Anfänge des Baus gehen auf den Großen Kurfürsten zurück. Das Schloss wurde um 1750 durch Georg Wenzeslaus von Knobelsdorff neugestaltet, der auch die Kolonnaden hinzufügte. Im Hintergrund der Turm der Garnisonkirche. Auch das Potsdamer Stadtschloss wurde nach seiner Beschädigung während des Zweiten Weltkriegs auf Drängen der SED mit Billigung der Sowjets gesprengt. Der Wiederaufbau hat 2001 begonnen.

Bald nach dem Ende des österreichischen Erbfolgekrieges wurde klar, dass Maria Theresia nicht bereit war, den Verlust Schlesiens zu verschmerzen. Unterstützt von Graf Kaunitz, dem späteren Fürsten und Staatskanzler, bemühte sie sich, eine gegen Preußen gerichtete große Koalition zu bilden. Darein verwoben war die weltpolitische Auseinandersetzung zwischen Frankreich und England um die Beherrschung der Meere und um den bestimmenden Einfluss in Indien und Kanada.

War Preußen bisher mit Frankreich, Österreich mit England und Russland verbunden, so kam es am Vorabend des Siebenjährigen Krieges zum großen „Renversement des alliances", zur Umkehr der Allianzen. Friedrich gelang zwar ein überraschendes Bündnis mit Großbritannien, aber die Hoffnung, damit die russische Gefahr zu bannen, trog. Vielmehr blieb Russland an der Seite Österreichs, und Frankreich wandte sich nunmehr Österreich zu. Nur vom fernen England unterstützt, sah sich Friedrich von Österreich, Russland und Frankreich eingekreist. Das bedeutete für Preußen den

Existenzkampf. Friedrichs Gegner hatten die Aufteilung Preußens bereits abgesprochen. Im Falle der nahezu sicheren Niederlage wäre nur eine kleine Markgrafschaft Brandenburg übrig geblieben. Der für 1756 vorgesehene Angriff wurde um ein Jahr verschoben. Da entschloss sich der König, dem geplanten Schlag der Gegner zuvorzukommen, indem er nach Sachsen und Böhmen einrückte. Es war ein Präventivschlag, um einen schon vorbereiteten Präventivkrieg zu verhindern. Er versuchte, durch schnelle Nackenschläge, die Stärke der Gegner zu lähmen. Im Frühjahr 1757 waren diese dann aufmarschiert; Schweden und die Reichsfürsten hatten sich dazugesellt. Bei Prag wurde unter großen Opfern zwar ein Sieg errungen, aber wenige Wochen später musste der König bei Kolin seine erste große Niederlage einstecken. Der König war gezwungen, Böhmen zu räumen und hinfort eher defensiv zu agieren. Das bedeutete aber keineswegs den Verzicht auf schnelle Vorstöße und überraschende Attacken. In der Schlacht von Roßbach, südlich Merseburg, zerschlugen die Preußen die mehr als doppelt so starke Armee von Franzosen und Reichstruppen. Dieser Sieg war vor allem der Kavallerie unter General v. Seydlitz zu verdanken. Rossbach hinterließ in Deutschland großen Eindruck, weil endlich einmal die Franzosen, die so oft in Westdeutschland eingefallen waren, entscheidend geschlagen worden waren. Man reimte:

„Und wenn der große Friedrich kommt
und klopft nur auf die Hosen,
so läuft die ganze Reichsarmee,
Panduren und Franzosen!"

Nach dem Sieg wandte sich Friedrich sofort nach dem bedrohten Schlesien, wo er genau einen Monat nach der Schlacht von Roßbach am 5. Dezember 1757 die Österreicher bei Leuthen unweit Breslau schlug. 35.000 Preußen standen 70.000 Österreichern gegenüber. Vor der Schlacht wandte sich Friedrich an die Generalität: „Ich erkenne die Dienste, die Sie dem Vaterlande und mir geleistet mit der innigsten Rührung meines Herzens! ... Es ist fast keiner unter ihnen, der sich nicht durch eine große, ehrenvolle Handlung ausgezeichnet hätte: ich schmeichle mir daher, Sie werden bei neuer Gelegenheit nichts an dem mangeln lassen, was der Staat von ihrer Tapferkeit fordert... ich werde gegen alle Regeln der Kunst die beinahe dreimal stärkere Armee des Prinzen Karl angreifen, wo ich sie finde. Es ist hier nicht die Frage von der Anzahl der Feinde, noch von der Richtigkeit ihrer Stellung: alles Dieses hoffe ich, wird die Herzhaftigkeit meiner Truppen, wird die richtige Befolgung meiner Dispositionen zu überwinden suchen. Ich muss diesen Schritt wagen oder es ist alles verloren; wir müssen den Feind schlagen oder uns alle von seinen Batterien begraben lassen." Der linke Flügel des Gegners wurde umgangen, der Feind verließ schwer geschlagen das schneebedeckte Schlachtfeld. Als „der Choral von Leuthen" ging das am Abend der Schlacht gesungene Kirchenlied: „Nun danket alle Gott mit Herzen, Mund und Händen" in die Überlieferung ein. Dabei ist nicht vergessen, dass der Gesang von Chorälen beim Marsch, vor und nach der Schlacht in der Morgen- wie der Abendstunde bei den friderizianischen Heeren durchaus üblich war.

Im Jahr 1758 kam es zur Schlacht von Zorndorf (nördlich Küstrin) gegen die Russen. Friedrich setzte sich auch hier in vorderster Linie ein und bezeugte seine persönliche Tapferkeit. Ostpreußen freilich musste der König für vier Jahre den Russen überlassen, die das Land annektierten und sich huldigen ließen. Friedrich hat aus Ärger über die nicht seinen Erwartungen entsprechende Haltung der Ostpreußen diese Provinz nach dem Siebenjährigen Kriege nicht mehr betreten.

Eigene Unvorsichtigkeit trug Friedrich die Niederlage von Hochkirch ein. Unersetzlich waren die Verluste bei Soldaten und Offizieren; unter den Generalen war eine ganze Reihe enger Freunde des Königs gefallen. Das Gesetz des Handelns ging auf die Gegner über. Es zeigte sich im Jahre 1759, dass die letzte Entscheidung bevorstand. Die Hilfsquellen versiegten, die aufgebotenen Ersatztruppen waren von minderem Wert. Russische und österreichische Armeen versammelten sich ostwärts der Oder. Die von ihm unterschätzten Russen versetzten Friedrich bei Kunersdorf, wenige Kilometer östlich von Frankfurt an der Oder, seine schlimmste Niederlage. Mit Mühe entging der König dem Tod auf dem Schlachtfeld und der Gefangennahme. Er hielt den Krieg und Preußen für verloren und dachte an Selbstmord. Der Selbstmord war nur als der wirklich letzte Schritt, um dem Lande einen günstigeren Abschluss des Krieges zu erlauben, gedacht.

Als sich angesichts der Schwierigkeiten, weitere gemeinsame russisch-österreichische militärische Aktionen zustande zu bringen, ein Hoffnungsschimmer ergab, setzte sich bald Friedrichs Zähigkeit durch. Nach wenigen Tagen hatte er wieder die Zügel fest in der Hand. Bei Liegnitz konnte er 1760 erneut einen Sieg erringen. Dass Russen und Österreicher 1760 für wenige Tage Berlin besetzten, blieb eine bloße Episode ohne nachhaltige Wirkung. Wie bei Liegnitz stand der König auch in der letzten großen Schlacht des Siebenjährigen Krieges bei Torgau im November 1760 selbst im Feuer. Im Gegensatz zur heute in Deutschland üblichen Geschichtsbetrachtung werden die kriegerischen Ereignisse hier etwas ausführlicher geschildert. Geschichte ist ohne Kriegsgeschichte unverständlich. Friedrichs Ansehen zu seinen Lebzeiten und bei der Nachwelt beruht international wesentlich auch auf seinen Leistungen als Soldat.

Im Winter 1761/62 rechnete sich der König aus, dass im Frühjahr 1762 Preußen zusammenbrechen müsse, wenn nicht außerordentlich glückliche Umstände zur Hilfe kommen würden. Der Tod der Zarin Elisabeth und die Thronbesteigung des begeisterten Preußen-Freundes -Peter III. können aber nicht allein für den günstigen Ausgang des Völkerringens verantwortlich gemacht werden. Das eigentliche Wunder des Hauses Brandenburg war der König selbst. Allgemeine Kriegsmüdigkeit und Erschöpfung, nicht zuletzt die Erkenntnis der Gegner, dass Friedrich der Große kaum zu schlagen war, führten zu den Friedensverhandlungen. Vorher musste Friedrich noch erleben, dass ihn seine englischen Bundesgenossen, die ihm finanziell wesentlich geholfen und dank seiner Siege ihre Weltmachtstellung ausbauen konnten, im Stich ließen. William Pitt, der, solange er Premier war, Preußen unterstützt hatte, erklärte aber im Oberhaus: „Wir haben Kanada in Deutschland erobert."

Der Friede von Hubertusburg stellte den Zustand von 1756 wieder her. Grenzen wurden nicht verschoben. Preußens Großmachtstellung war nach seiner Bewährung gegen drei europäische Großmächte anerkannt. Insofern stellt der Friedensschluss einen der großen Erfolge Preußens dar. Nicht zufällig haben während des Ersten Weltkrieges viele gemäßigte Deutsche einen „Hubertusburger Frieden", eine Bestätigung des vor dem Kriege bestehenden Zustandes, erstrebt.

Das Neue Palais in Potsdam. Für Friedrich den Großen unmittelbar nach dem Siebenjährigen Krieg nach den Plänen von Johann G. Büring erbaut, um Preußens wirtschaftliche Leistungsfähigkeit zu beweisen und um Handwerker zu beschäftigen. Kaiser Friedrich III., der hier 1831 geboren wurde und 1888 dort starb, und Kaiser Wilhelm II. wohnten im Neuen Palais am Westrand des Parks von Sanssouci besonders gern.

Nach dem Frieden bedurfte Preußen einer Allianz, die Sicherheit vor Österreich bot und das „Retablissement", den Wiederaufbau des schwer geschädigten Landes, ermöglichte. Die mühsam errungene und behauptete, aber nach des Königs Meinung angemessene Großmachtstellung Preußens musste durch die Anlehnung an eine starke Macht gestützt werden. Das Bündnis mit Russland war 1763/64 die einzige Möglichkeit, das Land zu sichern. König Friedrich sah in Russland nie, wie etwa in Österreich, einen grundsätzlichen Opponenten Preußens, bestanden doch zwischen Preußen und Russland keine wesentlichen Gegensätze. Mit Katharina II. von Russland gelang der Abschluss des Bündnisses vor allem auf Grund preußischer Zugeständnisse in Polen; Sie stellten, da dieses Land ohnehin seit Anfang des achtzehnten Jahrhunderts ein russischer Satellit war, in dem ständig russische Truppen standen und der russische Gesandte die Politik lenkte, kein Opfer dar. Schon in den Anfangsjahren der Allianz von 1764 stand Friedrich in einer eigentümlichen Spannung,

Die von Friedrich dem Großen für die katholischen Berliner in den Jahren 1747 bis 1773 erbaute St. Hedwigskirche. Links die 1741 bis 1743 vom gleichen Herrscher durch G. W. von Knobelsdorff erbaute Königliche Oper. In der Mitte Karl Friedrich Schinkels 1824 bis 1830 erbaute FriedrichWerdersche Kirche. Stahlstich des 19. Jahrhunderts.

die sein Verhältnis zu Russland bis zum Ende des Bündnisses 1780 beherrschen sollte: der einzige und notwendige Verbündete Preußens war zugleich ein hochgefährlicher Gegner. Seine Macht musste eines Tages nicht nur für Preußen, sondern für ganz Europa gefährlich werden.

Wie auch sein Politisches Testament von 1768 beweist, plante Friedrich, ein Bündnis mit Österreich gegen Russland abzuschließen. Zwei Begegnungen mit Kaiser Joseph II. in Neiße und Mährisch-Neustadt blieben jedoch erfolglos.

Die Politik des Königs war auch nach dem Siebenjährigen Kriege bewahrend und zurückhaltend, ja friedfertig. Dies wurde vor allem offenkundig im Bayrischen Erbfolgekrieg und im Streit um den Austausch Bayerns gegen die österreichischen Niederlande. Nach diesem Plan sollten die Wittelsbacher Bayern an Österreich geben und dafür von Österreich das spätere Belgien erhalten. Friedrich hat mehrfach mit Erfolg dafür gesorgt, dass Bayern ein selbständiges politisches Gebilde unter den Wittelsbachern blieb. Ohne sein energisches Eingreifen wäre Bayern zweifellos an das Haus Habsburg gefallen.

Der Erwerb Westpreußens, des Bindegliedes zwischen Pommern und Ostpreußen, den er eigentlich seinen Nachfolgern überlassen wollte, erfolgte dank einer vorübergehend günstigen Situation, die Friedrich nach Kräften ausnutzte, im Rahmen der sogenannten Ersten Polnischen Teilung von 1772. Im In- und Ausland bemüht man sich bis heute, die Erste Polnische Teilung (Tatsächlich handelte es sich um die Annexion von Grenzprovinzen, die im preußischen und russischen Anteil mehrheitlich nicht von Polen besiedelt waren.) Friedrich anzulasten und ihn als Verbrecher zu schmähen. Zwar wurde die Gewalttat von 1772 durch Preußen gefördert, aber durch die russische Machtpolitik verursacht und durch österreichische Annexionen in Galizien ausgelöst. Der Teilungsvertrag war ein Ergebnis der Gleichgewichtspolitik. Russland hatte sich in einen Krieg mit den Türken gestürzt; um die Zustimmung Österreichs und Preußens für weite russische Annexionen am Schwarzen Meer zu erhalten, schlug Katharina II. selbst in einem Gespräch mit Prinz Heinrich, dem bedeutenden Bruder Friedrichs, vor, Preußen möge sich wie Österreich Polen gegenüber schadlos halten.

In den folgenden Jahren löste sich Russland langsam von seinen Bindungen an Preußen. Katharina II. verband sich mit Österreich. Die Sorge um Preußens Bestand ließ Friedrich bis zum Lebensende nicht mehr los. Joseph II. sah im Bündnis der Kaisermächte nicht zuletzt auch ein Mittel, um den lästigen preußischen Gegenspieler zu entmachten. Für Preußen ergab sich die existenzbedrohende Situation, dass es in den letzten Jahren Friedrichs des Großen ohne Alliierte war. Der Fürstenbund von 1785 mit einigen Reichsfürsten zur Aufrechterhaltung der Reichsverfassung gegen die Pläne Josephs II. war bestenfalls eine Übergangslösung, bis Russland – wie der König hoffte – wieder zu realpolitischen Grundsätzen zurückgekehrt und das Gleichgewicht Europas wieder hergestellt war. (Irgendwelche Überlegungen in die Richtung auf eine durch Preußen herbeizuführende Einigung Deutschlands haben den König nicht bewegt.) Der König litt unter dem „Alpdruck der Koalitionen“ und befürchtete eine Wiederkehr der Einkreisung von 1756. War Preußen – insbesondere unter einem schwachen Nachfolger – einem solchen Kampf gewachsen?

In der zweiten Hälfte seiner Regierungszeit ging es Friedrich lediglich um die Erhaltung des Errungenen. Entscheidend war dabei das Verhältnis zu Russland. Was die außenpolitische Lage betraf, war das Ende des Königs von tiefen Sorgen überschattet. Er konnte nicht beruhigt sterben, sondern fürchtete um Preußens Großmachtstellung, mithin um das Herzstück seines Lebenswerkes, und darüber hinaus um Preußens weitere Existenz.

Gleich im Anfang seiner Regierung hatte Friedrich angeordnet: „Die Religionen müssen alle tolerieret werden, und muss der Fiskal (Staat) nur das Auge darauf haben, dass keine der anderen Abbruch tue, denn hier muss ein jeder nach seiner Fasson (das heißt im Rahmen seiner Konfession) selig werden.“ Friedrich stellte sich gegen konfessionellen Hass, war aber keineswegs ein gleichgültiger Zyniker. Seine Politik der Religionsfreiheit bewährte sich auch gegenüber den zahlreichen Katholiken in Schlesien und Westpreußen, den neuerworbenen Gebieten (Außerdem wurde unter ihm durch Erbfall 1744 Ostfriesland erworben.), denen naturgemäß seine besondere Aufmerksamkeit galt. Jedes Jahr bereiste er beide Provinzen. In emsiger Arbeit im Kabinett beschäftigte er sich täglich viele Stunden mit Verwaltungsfragen. Die evangelischen Schlesier wurden keineswegs privilegiert, vielmehr blieben, um katholische Empfindlichkeiten zu schonen, manche die Protestanten zurücksetzenden Bestimmungen in Kraft.

In Berlin baute der König den Katholiken von seinem Geld, wie man an dem Gotteshaus noch heute lesen kann, die Hedwigskirche im Mittelpunkt der Stadt – unweit der von Friedrich und seinem Baumeister Knobelsdorff erbauten Königlichen Oper und der prachtvollen Königlichen Bibliothek. Die Kirche wurde 1773 vom Fürstbischof von Ermland Graf Krasicki geweiht (der als Pole für die deutschsprachigen katholischen Ermländer, die seit 1772 Preußen und Ostpreußen zugeteilt worden waren, Verantwortung trug). Als polnischer Dichter gehörte er fortan zur Tafelrunde von Sanssouci. Die nach der heiligen Herzogin Hedwig von Schlesien genannte Kirche ist das würdige Denkmal der friderizianischen

Religionsfreiheit. Keine wichtige europäische Hauptstadt hat eine derart hervorragende Kirche für eine Minderheit in ihrem Zentrum unweit des Residenzschlosses aufzuweisen.

Westpreußen und dem Netzedistrikt, den Erwerbungen von 1772, galt in den letzten Lebensjahren seine besondere Aufmerksamkeit. Ähnlich wie sein Vater sich um Ostpreußens Aufbau gekümmert hatte, bemühte er sich um Westpreußen, das er wegen der primitiven Zustände sein „Canada“ nannte. In dem überwiegend deutsch besiedelten Land wurde ohne konfessionelle oder gar nationale Vorliebe neben den darnieder liegenden meist deutschen Städten auch das Land gefördert. Aus der Leibeigenschaft polnischer Art wurde die weit mildere preußische Erbuntertänigkeit. In fünfzig neuen Dörfern, insbesondere im Bromberger Gebiet, wurden elftausend Menschen angesiedelt. Der bisher steuerfreie Adel musste nunmehr Steuern zahlen, während die bäuerlichen Lasten herabgesetzt wurden. Der Bromberger Kanal, der durch die Brahe das Stromsystem der Weichsel, dem Thorn-Eberswalder Urstromtal folgend, über Netze und Warthe mit der Oder verbindet, erinnert bis heute an die Fürsorge Friedrichs für jene Gegenden.

Seine besondere Sorge galt der Volksbildung, insbesondere dem ländlichen Schulwesen. Dabei ist es ein bloßes Märchen, dass Unteroffiziere zu Volksschullehrern gemacht wurden. Die von seinem Vater dekretierte allgemeine Schulpflicht für Mädchen und Jungen war um 1750 bis in abgelegene und kleinste Dörfer landesweit durchgesetzt worden. Dem Landesausbau, der Aufnahme von Siedlern, die aus vielen Teilen Mitteleuropas nach Preußen kamen, um hier neben materiellem Auskommen eine tolerante Herrschaft zu suchen, galt die Aufmerksamkeit des Königs.

Die Vorfahren des Verfassers kamen aus Böhmen nach Schlesien und halfen bei der Gründung des Dorfes Hussinetz bei Strehlen mit, wo bis 1945 der evangelische Gottesdienst in tschechischer Sprache gefeiert wurde.

Zahlreiche Dörfer entstanden in Brüchen, etwa an der Netze und der Oder, in den Mooren Ostfrieslands sowie in großen Waldgebieten (nicht zuletzt in Oberschlesien). Vom Oderbruch unterhalb Küstrin sagte der König, dass man hier eine Provinz im Frieden erobert habe. Fast 60.000

Menschen kamen zwischen 1740 und 1786 neu nach Preußen. Durch Neuerwerbungen und Bevölkerungsvermehrung verdoppelte sich unter Friedrich dem Großen Preußens Bevölkerung von 2,25 auf 5,5 Millionen.

Die Förderung der Manufakturen, nach heutigem Sprachgebrauch der gewerblichen Wirtschaft, besorgte der König als sein eigener Handelsminister selbst. Bekannt ist seine Förderung der für die Seidenindustrie. Neben dem Bromberger Kanal ließ er den Elbe-Havel-Kanal und den Vorläufer des Hohenzollernkanals zwischen Havel und Oder bauen. An der Odermündung wurde als Vorhafen von Stettin Swinemünde gegründet, nachdem die Odermündung schiffbar gemacht worden war.

Die größte innenpolitische Krise seiner langen Regierungszeit erlebte der König im fernen Neuenburg-Neuchâtel. 1768 wurde sein persönlicher Repräsentant im Fürstentum nach einer Auseinandersetzung über eine Steuerreform von Aufständischen ermordet. Der erzürnte König erwies sich jedoch als ein ungewöhnlich milder Richter der Rebellen.

Das Format seines Vaters als Reformer strebte Friedrich auf dem Gebiet der Wirtschaftsförderung an – weit übertroffen hat er es auf dem Gebiet der Justizreform. Die Folter wurde sofort nach seiner Thronbesteigung abgeschafft. Maria Theresia hat sie in Österreich verschärft, aber Preußen war dank Friedrich das erste Land der Welt ohne Folter.

Die Sorge um eine unparteiische Justiz hat den König in aller Welt bei den Zeitgenossen berühmt gemacht. Das Misstrauen des Königs gegen seine Richter war gewiss nur zum Teil berechtigt, insbesondere hat er ihnen in dem viel besprochenen Müller-Arnold-Prozess unrecht getan; aber Reformen waren mehr als notwendig. Das „Allgemeine Landrecht für die preußischen Staaten“ trat erst 1794 in Kraft, wurde aber unter Friedrich ausgearbeitet. Carl Gottlieb Svarez aus Schweidnitz und Graf Johann Heinrich Kasimir von Carmer aus Kreuznach wird es in erster Linie verdankt.

Friedrichs Grundsatz: „Denn ich will, dass in Meinen Landen einem jeden, er sei vornehm oder gering, prompte Gerechtigkeit widerfahre, und nicht zum faveur (zugunsten) eines Größeren gedrückt, sondern einem jeden ohne Unterschied des Standes und ohne alles Ansehen der Person eine unparteiische Justiz administriert werden soll", wurde rechtlich verbindlich. Preußen wurde dadurch *zum ersten modernen Rechtsstaat.* Auch der König, Oberhaupt des Staates genannt, stand unter dem Recht. Alle Bürger waren vor dem Gesetz gleich. Streitigkeiten zwischen Untertanen und König sollten von den ordentlichen Gerichten entschieden werden. Das Allgemeine Landrecht ist aber auch eine Art von Verfassung, die ähnlich wie die zur gleichen Zeit entstandene amerikanische Verfassung eine Art Grundrechtskatalog enthält. In Paragraph 76 heißt es: „Die Gesetze binden alle Mitglieder des Staates ohne Unterschied des Standes, Ranges und Geschlechtes. Jeder Einwohner des Staates ist Schutz für seine Person und sein Vermögen zu fordern berechtigt." Der preußisch-deutsche Beitrag zur Erklärung der Menschenrechte erhält seinen Rang auch dadurch, dass mit den Rechten stets Pflichten verbunden waren. *Der Staat war verpflichtet, im Dienst des allgemeinen Wohls zu wirken, und nur dieser verpflichtende Dienst legitimierte seine Macht.*

Im Allgemeinen Landrecht heißt es: „Jedem Einwohner im Staat muss eine vollkommene Glaubens- und Gewissensfreiheit gestattet werden."

Diese vorbildliche Toleranz bedeutete keineswegs Gleichgültigkeit oder Ablehnung der Religion, wie man uns heute vielfach vorspiegeln will. Wie der von ihm verehrte römische Kaiser Mark Aurel war Friedrich Monarch und Philosoph in einem. Entschieden wandte er sich gegen die atheistischen und materialistischen Philosophen seiner Zeit, Baron Holbach und de Lametterie. Preußen lebte in der Gottesfurcht. Nach der Niederlage von Kolin schrieb der große König eine Predigt; danach hielt er ein Weltgericht für unbedingt erforderlich. Der Sinn des Weltplans erfordere einen letzten Akt ausgleichender Gerechtigkeit. Er schrieb: „O Gott, wo wäre Deine Gerechtigkeit, wenn unzählige gute Werke, die unbekannt und verloren sind, wenn so viele Taten der Großmut, die ebenso liebend vollbracht wie bescheiden verborgen werden, nie ihren Lohn fänden, wenn so viele Verbrechen, die ebenso ruchlos vollführt wie geschickt verhehlt werden . . . unbestraft blieben?" Der angebliche Rationalist und Voltairianer sagte: „Es gibt einen Weltplan, darauf musst du vertrauen und tapfer handeln, um ihm zu deinem Teil ans Licht zu verhelfen! Gewissen und Pflicht sind die Stimmen, die dich dabei leiten:

Tafelrunde Friedrichs des Großen in Sanssouci nach einer Zeichnung von Adolph von Menzel. Voltaire (links) im Gespräch mit dem König.

Prinzessin Wilhelmine von Preußen, die spätere Markgräfin von Bayreuth, mit ihrem Bruder Kronprinz Friedrich. – Gemälde von Antoine Pesne.

Sommerschloss Eremitage bei Bayreuth. Erbaut 1749 bis 1753 durch St. Pierre für Markgräfin Wilhelmine von Bayreuth, die Lieblingsschwester Friedrichs des Großen.

nicht bloß die rechnende Vernunft." Vor der Majestät Gottes bekannte er: „Der menschliche Geist ist zu schwach, um diese Geheimnisse intellektuell zu durchleuchten." Der Philosoph von Sanssouci, wie er sich in seinen philosophischen Schriften (der auch der Verfasser viel zu wenig bekannter historisch-politischer Werke von Rang war) selbst nannte, war gewiss kein biblisch gläubiger Christ, aber er „ringt mit dem unbekannten Gott, die Vernunft mit dem leidenden Herzen, und das leidende Herz mit der Pflicht" (Eduard Spranger).

Friedrich, der dauernd von seiner Frau getrennt lebte, pflegte Freundschaften wie kaum ein Zweiter und trauerte tief bewegt beim Tod von Freunden und nahen Angehörigen.

Der alte Fritz war ein musischer Mensch. Seine Kompositionen werden bis zum heutigen Tage mit Erfolg aufgeführt. An ihnen kann man staunend ablesen, ein wie brillant virtuoser Flötist der König war. Friedrich II. verfügte über einen erlesenen Geschmack. Seine Schlösser ließ er im feinsten und zartesten Rokoko ausstatten; Sanssouci ist in dieser Hinsicht nicht zu übertreffen.

Die vielen Anekdoten, die man sich auch im 20. Jahrhundert vom König erzählte, beweisen, dass gerade seine schlichten Untertanen und Mitbürger spürten: In diesem äußerlich oft schroffen und harten Mann lebte ein Kern von Güte. Die Vernunft siegte bei ihm über immer wieder aufwallende Emotionen. Seine Menschlichkeit, die aus seinen lebhaften blauen Augen und einer warmen, gefühlvollen Stimme sprachen, blieb stärker als die Schattenseiten. Deshalb wurde er von seinen Preußen verehrt und geliebt – bis zum heutigen Tage!

Das zeigt sich deutlich am Gartengrab des Königs auf der Terrasse von Sanssouci. An welchen Gräbern großer Mitteleuropäer liegen sonst ständig Blumen?

Dank dem „Alten Fritz", wie ihn seine Untertanen liebevoll nannten, wurde Preußen zum *ersten Staat der Religionsfreiheit, zum ersten modernen Rechtsstaat auf dem Kontinent, zum ersten großen Flächenstaat, in dem die allgemeine Schulpflicht durchgesetzt wurde.*

23. ABSCHNITT

Die jüngeren fränkischen Hohenzollern

Nach dem Geraischen Hausvertrag von 1598 (s. S. 62) folgten dem Markgrafen Georg Friedrich von Ansbach und Bayreuth in den fränkischen Besitzungen die Söhne des Kurfürsten Johann Georg aus seiner dritten Ehe: Christian herrschte von 1603 bis 1655 in Bayreuth und Joachim Ernst von 1603 bis 1625 in Ansbach; beide stifteten eine neue Linie.

Der Dreißigjährige Krieg setzte Ansbach und Bayreuth sehr zu. Markgraf Friedrich von Ansbach fiel in der Schlacht bei Nördlingen auf schwedischer Seite. Der Bayreuther Markgraf Christian Ernst war 1683 vor Wien dabei, um die Türken zurückzuschlagen. Er gab sich viel Mühe bei der Aufnahme der Hugenotten und baute für sie in Erlangen einen neuen Stadtteil, Christian-Erlang, der noch heute sein barockes Gepräge bewahrt hat. Er begann, Bayreuth als barocke Residenz zu gestalten.

Markgraf Friedrich von Bayreuth, der 1735 bis 1763 regierte, war mit der Lieblingsschwester Friedrichs des Großen, Wilhelmine (1709 bis 1758), verheiratet. Den geistigen Ansprüchen seiner Frau war er nicht gewachsen. Seine Prachtliebe belastete das Land. Immerhin gehen die Gründung der Erlanger Friedrich-Alexander-Universität und der Ausbau von Bayreuth auf ihn zurück. Nach unglücklicher Kindheit fand Wilhelmine in ihrer unglücklichen Ehe keinen Trost.

Sie beteiligte sich am geistigen und künstlerischen Leben Bayreuths und hinterließ Memoiren, die durch Hass gegen ihren Vater Friedrich Wilhelm I. getrübt sind. Das Markgräfliche Opernhaus, die Innenausstattung des Neuen Schlosses und das Sommerschloss Eremitage bezeugen ihren Geschmack. Ihrem Gemahl folgte als letzter der Bayreuther Linie der 1769 verstorbene unbedeutende Markgraf Friedrich Christian. Ihn beerbte Markgraf Alexander aus der Ansbacher Linie, der nunmehr die gesamte alte Burggrafschaft Nürnberg regierte.

Wilhelm Friedrich von Ansbach (gestorben 1723) prägte Ansbachs Charakter als barocke Residenz. Seine Schwester Markgräfin Karoline von Brandenburg-Ansbach, die unter den Augen der Königin Sophie Charlotte in Berlin heranwuchs, spielte als Gattin König Georgs II. von Großbritannien in England eine bedeutende Rolle. Sie förderte die Künste und trat insbesondere als Beschützerin des Komponisten Georg Friedrich Händel hervor. Ihr Neffe Karl Wilhelm Friedrich führte das ungestüme Leben seines Vaters weiter und wurde wegen seiner zahlreichen Schwächen später „der wilde Markgraf" genannt. „Das Charakterbild dieses Fürsten schwankt zwischen humanitärem Regententum und despotischer zügelloser Willkür" (Günther Schuhmann). Im Siebenjährigen Krieg stellte er sich gegen Preußen. Auch er war mit einer Schwester Friedrichs des Großen, Friederike Luise (1714 bis 1784), in unglücklicher Ehe verheiratet. Beider Sohn war der Markgraf Alexander, der seit 1757 über Ansbach und seit 1769 auch über Bayreuth herrschte.

Alexander hatte offenbar einige Anlagen und Interessen von seiner preußischen Mutter geerbt. Er legte Mustergüter an, um die Landwirtschaft, besonders die Viehzucht, zu verbessern, baute Straßen und herrschte als aufgeklärter Fürst nach dem Vorbild des von ihm verehrten großen Friedrich. Dass er Soldaten nach Amerika vermietete, belastet sein Bild. Die von England dafür gewährten Gelder verwandte er zur Tilgung der Landesschulden. Sein Thronverzicht von 1791 stellt einen ganz ungewöhnlichen Akt dar. Der Rücktritt ging auf eine Resignation vor seinen Aufgaben zurück und geschah unter dem Einfluss seiner späteren Gemahlin Lady Elisa Craven, Tochter des Earl of Berkeley. Beide zogen sich, mit einer preußischen Jahresrente ausgestattet, nach England zurück, wo der letzte fränkische Hohenzoller 1806 nahezu in Vergessenheit starb.

Ansbach und Bayreuth fielen, durch Erbverträge längst vorbereitet, an Preußen. Die fünfzehn Jahre preußischer Herrschaft bis 1806 blieben nur eine Episode. Der spätere Staatskanzler Karl August v. Hardenberg erwarb sich hier seine ersten Verdienste. Von Ansbach-Bayreuth übernahm Preußen den 1705 gestifteten Roten Adlerorden, der im Laufe der Zeit der in vielen Stufen der am häufigsten verliehene preußische Orden wurde. Spätere preußische Überlegungen (insbesondere 1866; damals kehrte nur

Residenzschloss Ansbach, erbaut 1705 bis 1715 für Markgraf Wilhelm Friedrich, Fassade von Gabriel Gabrieli.

die Bayreuther Exklave Kaulsdorf bei Saalfeld in Thüringen zu Preußen zurück), Ansbach-Bayreuth von Bayern zurückzugewinnen, blieben im Ansatz stecken. Die fränkischen Hohenzollern haben aber ihre Besitzungen künstlerisch, geistig und konfessionell bleibend geprägt.

24. ABSCHNITT

König Friedrich Wilhelm II. (1786 bis 1797)

Da Friedrich der Große keine Kinder hatte, folgte ihm sein Neffe Friedrich Wilhelm, Sohn seines nächstälteren Bruders August Wilhelm. August Wilhelm, Vorfahre aller späteren preußischen Herrscher, war zehn Jahre jünger als Friedrich. Der am 9. August 1722 geborene Prinz war das Lieblingskind Friedrich Wilhelms I., der ihn auch gern während der Kronprinzentragödie zu seinem Erben gemacht hätte. Er heiratete die jüngere Schwester der Frau seines königlichen Bruders, Prinzessin Luise Amalie von Braunschweig-Bevern. 1744 wurde der spätere Friedrich Wilhelm II. geboren.

1744 wurde August Wilhelm amtlich zum Thronerben mit dem Titel „Prinz von Preußen" berufen. Insbesondere unter dem Einfluss des 1726 geborenen bedeutenden Prinzen Heinrich begann sich das Verhältnis zwischen den Brüdern zu trüben. Während der Kriege Friedrichs blieb August Wilhelm zunächst ohne Kommando. Erst nach dem Tode des Feldmarschalls Schwerin in der Schlacht bei Prag 1757 wurde ihm eine Armee von 34.000 Mann anvertraut. Er sollte sich in Böhmen möglichst lange behaupten und die Lausitz und Schlesien gegen die Österreicher decken. Dem Prinzen missglückte seine Operation; es fehlte ihm offenbar an Umsicht und Entschlusskraft. Er verlor das wichtige Magazin in Zittau und musste sich unter erheblichen Verlusten nach Bautzen zurückziehen. Friedrich war empört und behandelte seinen Bruder mit einer derartigen Kälte und Schärfe, wie wir sie sonst an ihm nicht kennen. Der Prinz bat um die Enthebung von seinem Kommando, die dringend geboten war und dementsprechend auch vom König genehmigt wurde. Friedrich war immer auf der Hut vor oppositionellen Bestrebungen nachgeborener Prinzen; die damals jammervolle militärische Lage wird seinen Zorn vermehrt haben. August Wilhelm sah seine Schuld nicht im Geringsten ein. Er zog sich schmollend in sein Schloss Oranienburg (nördlich Berlin) zurück, wo er wenig später, am 12. Juni 1758, von einem Schlaganfall dahingerafft wurde. Man hat wohl gefabelt, das Zerwürfnis mit seinem Bruder habe ihm das Herz gebrochen; doch besteht kein Zusammenhang zwischen seinem Tod und dem Streit im Königshaus.

Kurz sei noch auf den genialen Prinzen Heinrich (1726 bis 1802) eingegangen. Er war in der Schar der bedeutenden preußischen Heerführer einer der besten. Es war eine richtige Überlegung, dass Friedrich ihm nach der Katastrophe von Kunersdorf im Falle seines Ausscheidens das militärische Oberkommando übertragen wollte. Die letzte Schlacht des Siebenjährigen Krieges bei Freiberg in Sachsen im Oktober 1762 sah Heinrich, sonst kein Freund von Entscheidungsschlachten, als überlegenen Sieger über die Österreicher. Nach dem Kriege lebte Heinrich in Rheinsberg, das ihm der König geschenkt hatte, und wo er wie dieser einen wahren Musenhof um sich versammelte, und in seinem Berliner Palais, in das 1810 die Friedrich-Wilhelms-Universität einzog. Sein großer Bruder benutzte ihn gern zu diplomatischen Missionen, so 1770 nach Russland. Hier ließ sich Heinrich von Katharina II. überreden, nach österreichischem Vorbild polnisches Land zu annektieren. Nach Potsdam zurückgekehrt, gelang es ihm, den widerstrebenden König in langen Gesprächen für diesen Gedanken zu erwärmen. Seine Anteilnahme am Schicksal der Nordamerikaner war für manche Politiker des jungen amerikanischen Staates Anlass, ihn als ihr Staatsoberhaupt vorzusehen. In Friedrichs des Großen letzten Regierungsjahren war Heinrich der vertrauteste politische Gesprächspartner seines Bruders, der ihm gegenüber offen von seinen politischen Sorgen sprach – wohl in der Hoffnung, dass Heinrich auf die Regierung seines Neffen Einfluss nehmen möge.

Heinrich hatte nicht das Format seines ältesten Bruders, den er ständig heftig kritisierte. Dessen politische Sorgen verstand er nicht (siehe S. 108). Die von ihm – am Vorabend der Revolution von 1789 – empfohlene Anlehnung an Frankreich lehnte Friedrich vernünftigerweise ab. Sein – freilich an einer vergehenden Zeit orientiertes – kulturelles Niveau ist unbestritten.

Friedrich Wilhelm II. * 1744 † 1797

Von allen preußischen Königen genießt Friedrich Wilhelm II. mit Abstand das geringste Ansehen. Man hat sich seiner geradezu geschämt, und erst in jüngster Zeit erheben sich Stimmen zu seiner Verteidigung. Ob eine grundlegende Änderung des Urteils berechtigt ist, erscheint fraglich. Man nannte ihn in Berlin – und dies nicht ohne Ironie – den „Vielgeliebten", den „dicken Wilhelm"" oder den „dicken Lüderjahn". Er war hochgewachsen, eine stattliche Erscheinung, guten Willens und weichherzig. Obgleich ohne Begabung für das Militär, zog er in manche Feldzüge; obwohl er kein politisches Verständnis hatte, führte er die Regierung aus dem Kabinett fort, die seine genialen Vorgänger angefangen hatten. So verlor Preußen an Macht und Ansehen. Dabei wird man zugeben können, dass es für einen durchschnittlichen Menschen immer schwer ist, ein bedeutendes Erbe weiterzuführen, und dass die Zeit der Französischen Revolution die Zeitgenossen vor unerhört neue und schwierige Aufgaben stellte.

Friedrich Wilhelm II., fromm und sinnlich zugleich, ist durch seine zahlreichen skandalösen Liebesaffären berühmt-berüchtigt, aber auch in manchen Kreisen – damals wie heute – volkstümlich. Er hatte als einziger Hohenzoller Mätressen, er lebte in amtlich bestätigter Bigamie. Dennoch ließ er sich durch die Frauen keineswegs politisch beeinflussen. Wilhelmine Encke-Rietz, spätere Gräfin Lichtenau, Tochter eines Waldhornisten, war also gewiss keine preußische Pompadour. Friedrich Wilhelm liebte die gescheite Wilhelmine über dreißig Jahre lang bis zu seinem Tode und hatte fünf Kinder mit ihr. Seine erste Ehe mit seiner Base Elisabeth von Braunschweig-Wolfenbüttel wurde bald aufgrund beiderseitiger Verfehlungen geschieden (auch dies ein unerhörter Vorgang); die ehemalige Kronprinzessin lebte übrigens von 1769 bis 1834 vergessen im Stettiner Schloss. Bald darauf heiratete er Prinzessin Friederike von Hessen-Darmstadt, die manche Wunderlichkeiten an sich hatte. Aus der Ehe gingen sieben Kinder hervor. – Zuerst wurde ihm Julie v. Voß als Gräfin Ingenheim mit dem Segen der Kirche zur linken Hand angetraut, dann, nach deren raschem Tod, Gräfin Sophie Dönhoff, die zur Gräfin von Brandenburg erhoben wurde. Aus dieser Verbindung ging Graf Friedrich Wilhelm v. Brandenburg (1792 bis 1850) hervor, der als Kommandierender General vom 2. November 1848 bis zu seinem Tode preußischer Ministerpräsident war. Unter ihm wurde die bis 1918 gültige preußische Verfassung durchgesetzt und die preußische Politik aus der Unruhe von 1848 herausgesteuert. Vom Werk der Paulskirche distanzierte er sich, musste aber in der Olmützer Punktation (1850) eigene Pläne zur Einigung Deutschlands aufgeben.

So sehr sich der neue König durch einige milde Maßnahmen, nicht zuletzt auf dem Gebiet der Druck und Pressezensur, beliebt gemacht hatte, so sehr befremdete seine Kirchenpolitik. Sie stand unter dem Einfluss der Rosenkreuzer, einer gegen die Aufklärung gerichteten mystischen Ordensgemeinschaft, der der König und manche seiner Ratgeber angehörten. Die lutherischen Geistlichen, die sich unter dem großen Friedrich oft recht weit von den Bekenntnissen der Kirche entfernt hatten, wurden auf die Rechtgläubigkeit festgelegt. War dies gewiss zum Heil der Kirche, so war die kleinkarierte, intolerante Auslegung der Grundsätze – sogar

Immanuel Kant wurde gemaßregelt – von Übel. 1789 lässt uns der König einen erstaunlichen Blick in sein Inneres werfen: „Stets in Gefahr zu stehen durch Sünde die Gnade Gottes zu verlieren, dieses beunruhigt mir ungemein und verbittert mein Leben, besonders da mein weltlicher Posten dem Heil meiner Seele so höchst gefährlich ist" (zitiert bei Gerd Heinrich: Geschichte Preußens).

Unter Friedrich Wilhelm II. hörte die Feindschaft mit Österreich auf; es begann eine Epoche der Verständigung, die lange andauerte, wobei Österreich meist der aktivere Teil war. Gemeinsam stand man gegen die Französische Revolution und wollte den französischen Thron schützen. 1792 nahm der König persönlich an der unglücklichen Kampagne in Frankreich teil, deren Wendepunkt die von Goethe miterlebte Kanonade von Valmy war.

Ludwig XVI. war nicht mehr zu retten und fiel dem Hass der Jakobiner zum Opfer. Nach einigen Erfolgen im Rheingebiet wandte sich Friedrich Wilhelm Polen zu, um hier Entschädigung für seine militärischen Aufwendungen im Westen zu finden. Die alten deutschen Städte Danzig und Thorn sowie das immerhin an seinen Rändern deutsch besiedelte Posener Land, aber auch die rein polnischen Gebiete um Kalisch, Tschenstochau, Petrikau und Plozk wurden 1793 in der Zweiten polnischen Teilung preußisch.

Gegen diese politische Vergewaltigung erhob sich der polnische Adel unter Kościuszko. Russische Streitkräfte (mit geringer preußischer Unterstützung) besiegten die Aufständischen, und nach einigem Hin und Her einigten sich zunächst Russland und Österreich, später trat Preußen hinzu, über die gänzliche Aufteilung Polens. Nunmehr wurde neben Bialystock selbst die polnische Hauptstadt Warschau eine preußische Provinzstadt, freilich nur für elf Jahre. Trotz einiger Erfolge – insbesondere wurde das Allgemeine Landrecht auch in den polnischen Gebieten eingeführt, die Leibeigenschaft durch die mildere preußische Erbuntertänigkeit ersetzt, Volksschulen wurden gegründet und endlich Evangelischen und Juden gleiches Recht wie den Katholiken gewährt – dauerte die preußische Herrschaft nicht lang genug, um tiefe Spuren zu hinterlassen.

1806/07 gingen die Erwerbungen wieder verloren und der für hundert Jahre maßgebliche, durch den Wiener Kongreß 1815 festgelegte Territorialzustand zeigt dann folgende Zahlenrelation: Vom alten Polen in den Grenzen von 1772 waren zwischen 1815 bis 1918 82 Prozent russisch, zehn Prozent österreichisch und nur acht Prozent preußisch. Die völkerrechtswidrige Aufteilung eines ganzen Landes wurde von den Zeitgenossen nicht als ein derartiges Unrecht angesehen, wie wir es heute empfinden. Die Rückständigkeit, haarsträubende konfessionelle Intoleranz, die innere Schwäche und die Käuflichkeit des polnischen Adels, die die Beherrschung durch Russland möglich gemacht hatten, erweckten nur wenig Mitgefühl im aufgeklärten Europa. Preußen wurde durch die Teilungen ein großer geschlossener Landblock, in dem Deutsche wie Polen ungestört in ihrer Sprache und Religion nebeneinander lebten. Diese Episode – damals ein großer Teil der Preußen nunmehr polnisch sprach – wurde im Zeitalter des Nationalismus von vornherein als Übel angesehen. Heute kann man im deutsch-polnischen Miteinander durchaus eine realisierbare Lösung sehen. Damals hatte der verderbliche Nationalismus sein Haupt noch nicht erhoben, heute ist er im Abstieg begriffen. In Preußen sind sich Deutsche und Slawen mit Ausnahme der hundert Jahre nach 1848 stets friedlich-schiedlich ohne nationalen Hass begegnet.

Im Westen schloss Hardenberg 1795 den Sonderfrieden von Basel mit den französischen Revolutionären. Man überließ den Franzosen das linke Rheinufer, einschließlich der preußischen Besitzungen am linken Niederrhein. Im Gegenzug wurde Norddeutschland neutralisiert. Preußen zog sich aus einem verlustreichen Krieg zurück, der nicht nur seine Kassen erschöpft hatte, weil es ihn nicht mehr fortführen konnte. Verrat an einer nicht vorhandenen Nation wird man Preußen nicht vorwerfen können; denn lang genug hatte es die Aggression der Revolutionäre von 1789 energisch bekämpft. Eher muss man das Schwanken, die Schwäche und Unentschlossenheit Friedrich Wilhelms II. und seiner Umgebung tadeln.

Der König war wie so viele seines Geschlechts musikalisch. Er meisterte das Cello, spielte gern im Quartett und hatte die beste Hofkapelle Europas. Gern hätte er Mozart, der nach Berlin kam, dort behalten. Auch Beethoven spielte ihm vor.

Das Brandenburger Tor in Berlin, erbaut 1789 bis 1793 von Carl Gotthart Langhans. Stich um 1830.

Das Brandenburger Tor, als Friedenstor geplant, vom Schlesier Carl Gotthart Langhans erbaut, bezeugt heute noch das Stilempfinden Friedrich Wilhelms II. und die damalige kulturelle Höhe Preußens. Das von 1961 bis 1989 buchstäblich zugemauerte Friedenstor ist heute das Symbol der preußischen und deutschen Hauptstadt, darüber hinaus ein Wahrzeichen des geeinten freiheitlichen Deutschlands und des preußischen Erbes.

25. ABSCHNITT

Prinz Louis Ferdinand (1772 bis 1806)

„Sechs Fuß hoch aufgeschossen,
Ein Kriegsgott anzuschaun,
Der Liebling der Genossen,
Der Abgott schöner Fraun,
Blauäugig, blond, verwegen
Und in der jungen Hand
Den alten Preußendegen –
Prinz Louis Ferdinand."

So sah ihn Theodor Fontane mehr als fünfzig Jahre nach seinem Tode im Vorhutgefecht von Saalfeld in Thüringen 1806. Graf Hugo zu Salm, ein Zeitgenosse, schrieb über die faszinierende Persönlichkeit: „Er schien unruhig, verstört, ein schmerzlicher Ernst verdüsterte sein schönes Gesicht, doch nicht so sehr, um nicht eine liebevolle Freundlichkeit durchschimmern zu lassen, die bei seiner hohen herrlichen Gestalt und freien gebieterischen Haltung um so wirksamer für ihn einnahm. Ich war vom ersten Augenblick bezaubert; einen so günstig ausgestatteten Menschen hatte ich noch nicht gesehen... Solche Heldenfigur gibt in der Tat eine Vorstellung von höherem Geschlecht, Beruf und Geschick, und wirft in das, was uns bisher nur als Dichtung erschien, ein lebendiges Zeugnis von Wirklichkeit."

Beethoven, der ihn als Pianisten schätzte, nannte ihn „den menschlichsten Menschen" und widmete ihm sein Drittes Klavierkonzert in c-Moll. In den eigenen, heute zunehmend gespielten Kompositionen des Prinzen ist das Klavier führend. Robert Schumann bewunderte die Kraft der schwungvollen Kompositionen und nannte ihn den „Romantiker der klassischen Periode".

Schloss Bellevue, erbaut 1785 bis 1789 für Prinz Ferdinand von Preußen, den jüngsten Bruder Friedrichs des Großen, durch Johann Boumann den Jüngeren und Carl Gotthart Langhans. Heute Amtssitz des Bundespräsidenten.

Als Sohn des Prinzen Ferdinand, des jüngsten Bruders Friedrichs des Großen und letzten Herrenmeisters des 1810 aufgehobenen alten Johanniter-Ordens, und der Markgräfin Luise von Brandenburg-Schwedt wuchs Prinz Ludwig (Louis Ferdinand war lediglich sein Rufname.) im Schloss Friedrichsfelde bei Berlin (heute Berliner Tierpark) und im Schloss Bellevue (heute Amtssitz des Bundespräsidenten) auf.

Louis Ferdinand wurde der Tradition des Hauses gemäß Offizier, führte aber ein ganz unkonventionelles Leben. Er war das Haupt der antifranzösischen Partei in Berlin und bereitete durch kühne Stellungnahmen König und Ministern Kopfschmerzen. Dabei war der Prinz durchaus loyal und hat nie an einen Staatsstreich oder dergleichen gedacht. Mit einigen Prinzen und Generälen sowie dem den Freiherrn vom Stein verfasste er 1806 eine Denkschrift an den König, in der energisch gegen die zögernde und franzosenfreundliche Politik der Minister des Königs Front gemacht wurde. Der Prinz als der Urheber dieser Schrift bekam darauf den ungnä-

Prinz Louis Ferdinand von Preußen. Gemälde von Josef Grassi aus dem Jahre 1806.

digen Befehl, sich sofort zur Armee zu begeben. Er zog ohne Hoffnung auf Sieg in den bald ausbrechenden Krieg. Sein Soldatentod im Reitergefecht am 10. Oktober 1806, noch vor der Schlacht von Jena und Auerstedt, ist nach dem Zeugnis des späteren Generals und Militärtheoretikers Carl v. Clausewitz „übrigens gewiss sein eigenes Werk; denn er würde sich habe retten können, weil er erst blessiert wurde, nachdem alles aufgegeben werden musste. Er wollte nicht ohne Sieg zurückkehren".

Der heute weniger beachtete Schriftsteller Ernst v. Wildenbruch (1845 bis 1909) war ein Enkel (aus einer unehelichen Verbindung) des Prinzen Louis Ferdinand.

Betrachtet man die Zahl der literarischen Werke, die sich mit Louis Ferdinand beschäftigen, kann man nur staunen, welche Ausstrahlungskraft der genialische Prinz auf die Mit- und Nachwelt besaß und noch immer besitzt.

26. ABSCHNITT

König Friedrich Wilhelm III. (1797 bis 1840)

Seit 1793 war Friedrich Wilhelm mit der 1776 geborenen Prinzessin Luise von Mecklenburg-Strelitz verheiratet, die ihm schon 1810 entrissen wurde. Luises heitere Art, ihre Schönheit und ihr Charme, ihre Reinheit gewannen ihr alle Herzen. Ihre Aufgabe als Königin war insofern nicht so schwer, als Preußen seit dem Tod Friedrich Wilhelms I. (1740) keine eigentliche Königin gehabt hatte. Friedrich der Große wies seiner Frau eine zu geringe Rolle zu; bei Friedrich Wilhelm II. hingegen spielten Frauen eine zu große Rolle. Luises Wesen wirkte befreiend auf ihre Umgebung „und bildet dadurch einen Ausgleich zum König, dessen Unfrohheit zuweilen etwas Bedrückendes hat". Die Harmonie dieser Ehe strahlte auf die Umgebung aus. Friedrich Wilhelm III. liebte – ebenso wie seine Frau – das schlichte Glück des Familienlebens auf Schloss Paretz im Havelland. Beide waren auch durch ihre persönliche Frömmigkeit einander verbunden.

Friedrich Wilhelm III. hatte die Fähigkeit – bei klarer Erkenntnis der eigenen Grenzen –, bedeutende Männer in die Verantwortung zu ziehen und um sich zu scharen. Beide Seiten machten es sich dabei im politischen Tagesgeschäft nicht leicht; die schwunglose Nüchternheit des Monarchen traf auf den idealistischen Schwung der Reformer. Friedrich Wilhelm III. gehört nicht zu den überragenden Hohenzollern; zu Anfang mangelte es ihm an Selbstvertrauen, er hat später das Versprechen einer Volksvertretung nicht erfüllt und reaktionäre Maßnahmen geduldet; aber er hat durch seine vorsichtige Politik Preußen vor dem drohenden Untergang bewahrt, durch die Reformen Zeichen der Hoffnung gesetzt und während und nach den Umwälzungen sich als Integrationsfigur erwiesen. Ohne den König geschah nichts Wesentliches in Preußen, ohne den König hätte es keine Befreiung von Napoleon 1813/14 gegeben.

Königin Luise. Gemälde von Josef Grassi aus dem Jahre 1802.

Friedrich Wilhelm III. (1770 bis 1840) und Königin Luise (1776 bis 1810).

In den Jahren zwischen seiner Thronbesteigung und dem Krieg gegen Napoleon (1806) hat sich Friedrich Wilhelm III. mit Erfolg bemüht, seinem Land den Frieden zu erhalten. Dabei wurde seine Friedensliebe nicht zuletzt durch die von ihm erkannte Schwäche seines Staates, der nach den Worten der Königin Luise auf den Lorbeeren Friedrichs des Großen eingeschlafen war, aber auch durch eigenen Mangel an Entschlusskraft hervorgerufen. Für die Abtretung des linken Rheinufers an Frankreich erhielt Preußen reiche Entschädigung an geistlichen Territorien in Westfalen, dem Bistum Hildesheim und den mainzischen Besitzungen um Erfurt und im Eichsfeld (1803).

Preußen bemühte sich, im Konflikt zwischen Napoleon und dem übrigen Europa neutral zu bleiben, machte sich aber dadurch beiden Seiten verdächtig. Die von Frankreich drohende Gefahr hat der König lange nicht erkannt. Auch meinte er, nicht aktiv werden zu müssen, solange die Franzosen nicht seine Grenzen verletzten. Immerhin wurde 1805 zwischen Kaiser Alexander I. von Russland und dem König am Sarge Friedrich des Großen in der Potsdamer Garnisonkirche der Grundstein zu der jahrzehntelangen preußisch-russischen Bündnispolitik gelegt. Es blieb immer eine spannungsreiche Allianz, aber ohne sie ist das 19. Jahrhundert für Preußen und seine Dynastie nicht denkbar.

Die preußischen Reformen begannen nicht erst nach der Niederlage von 1806, sondern wurden vielmehr vorher eingeleitet oder doch vorbereitet. Alle wesentlichen Träger der Reformpolitik, meistens keine geborenen Preußen, sondern durch die Modernität und Macht Preußens angezogen, standen bereits vor 1806 in preußischen Diensten – die meisten an einflussreicher Stelle. Eine gelungene Reform im Rahmen der alten Ordnung war die Befreiung der Bauern auf den Domänen, die immerhin ein Drittel der landwirtschaftlichen nutzbaren Fläche bildeten. Fünfzigtausend größere Bauern und viele kleinere wurden zwischen 1799 und 1806 freie Eigentümer.

Als Napoleon Preußen immer stärker demütigte, kam es schließlich 1806 doch zum Krieg, in den Preußen ohne Alliierte allein eintrat. Der Verfall der Regierungsmaschinerie hatte sich stark auf das Heer ausgewirkt. Die Rüstung hatte man aus finanziellen Gründen vernachlässigt: denn man hatte es doch trotz guter wirtschaftlicher Lage versäumt, die Steuern neu festzusetzen, die noch auf dem gleichen Stand wie vor 1740 waren. Aus Mangel an Pensionsmitteln hatte man die überalterten Offiziere bei der aktiven Truppe behalten.

Aufgrund schwerer Führungsfehler und veralteter Taktik endete die Doppelschlacht von Jena und Auerstedt am 14. Oktober 1806 mit einer vernichtenden Niederlage. Die Katastrophe wurde von vielen Preußen nur als Niederlage der Armee empfunden, jedoch war der ganze Staat in seiner Existenz bedroht. Armeen kapitulierten, starke Festungen wurden, ohne dass ein Schuss fiel, dem Feind übergeben. Friedrich Wilhelm III. und Königin Luise mussten nach Ostpreußen fliehen. Der König war aber nicht bereit, den Forderungen Napoleons nach einem Bruch mit Russland zu genügen und entschloss sich, den Krieg fortzusetzen. Luise schrieb ihrem Gemahl: „Nur um Gotteswillen keinen schändlichen Frieden. Der Augenblick ist kostbar, handle, wirke, schaffe, überall wirst du im Land guten Willen und Unterstützung finden.“ In dieser höchsten Not entschloss sich der König, die Regierung aus dem Kabinett abzuschaffen und hinfort mit Ministern zu regieren. Mit der eigenwilligen und selbstbewussten Persönlichkeit des Freiherrn vom Stein kam Friedrich Wilhelm nicht zurecht. Stein war in seinem Verhalten nicht auf Zusammenarbeit angelegt, sondern auf Durchsetzung seiner Vorstellungen. In dem Augenblick, als der preußische Hof von Königsberg nach Memel, dem letzten Winkel Preußens, fliehen musste, wurde er erstmals entlassen.

Trotz des unentschiedenen Ausgangs der Schlacht von Preußisch-Eylau – bisher hatte Napoleon alle Schlachten gewonnen – war der preußisch-russische Winterfeldzug gegen Napoleon in Ostpreußen nicht vom Erfolg gekrönt. Die Verteidigung der Festungen Danzig, Graudenz, Kolberg und Kosel setzte zwar Hoffnungszeichen, dennoch musste man, als Russland sich mit Frankreich über die Teilung Europas verständigen wollte, im Juli 1807 den Frieden von Tilsit eingehen. Die Lage war für Preußen derart verzweifelt, dass der Hof an die Übersiedlung von Memel nach Riga denken musste. Dass Preußen überhaupt erhalten blieb, war der geschickten Politik Karl August von Hardenbergs, der der Nachfolger Steins wurde, zu verdanken. Er hatte im Vertrag von Bartenstein das russisch-preußische Bündnis gefestigt, das jetzt zwar überholt schien, dessen Grundrichtung aber den Zaren veranlasste, für die Weiterexistenz Preußens einzutreten. Auf Wunsch des Königs begab sich Königin Luise zu Napoleon, der sie zuvor voller Hass geschmäht hatte, um für Preußen um Gnade zu bitten. Sie schrieb: „Das ist das schmerzhafteste Opfer, das ich meinem Volke bringe, und nur die Hoffnung, diesem dadurch nützlich zu sein, kann mich dazu bringen." Der Opfergang nach Tilsit war gänzlich vergebens, wenn er auch als Zeichen mutiger Selbstbehauptung in der Niederlage weithin wirkte. Preußen musste auf alle Besitzungen westlich der Elbe verzichten, musste im Osten die Erwerbungen von 1793 und 1795 sowie den Netzedistrikt abtreten, sein Heer reduzieren und blieb vom Feind weithin besetzt, da keine Aussicht bestand, die unerschwinglich hohe Kriegskontribution zu zahlen.

In diesem schwachen Pufferstaat zwischen Frankreich und Russland vollzog sich nun ein erstaunlicher Aufschwung. Hardenberg meinte in seiner Rigaer Denkschrift vom 12. September 1807, jetzt sei der Zeitpunkt für

Napoleon empfängt Königin Luise und Friedrich Wilhelm III. in Tilsit am 6. Juli 1807. Der Bittgang der Königin war vergeblich. Gemälde von F. L. N. Bosse.

eine „gänzliche Wiedergeburt“ gekommen. Er forderte „eine Revolution im guten Sinne“. Wenn er weiter schrieb: „Demokratische Grundsätze in einer monarchischen Regierung: dieses scheint mir die angemessene Form für den gegenwärtigen Zeitgeist“, so galt das nicht nur für die Reformzeit. Unter monarchischer Leitung liberale, ja sogar demokratische Vorstellungen durchzusetzen, war bis 1914 für viele höhere Verwaltungsbeamte und Staatsmänner Leitlinie ihrer Staatstheorie. Die Nation sollte mit der Staatsverwaltung näher vertraut gemacht werden. Im Sinne Hardenbergs war die folgende Zeit dadurch bestimmt, dass man „Charakter“ zeigte, um dem Staat wieder aufzuhelfen. Dabei darf man nicht, wie es weithin üblich ist, den geringen tatsächlichen Erfolg der Reformpolitik unterschlagen.

Stein, der wieder als Minister berufen wurde, leitete in wenigen Monaten eine Reihe wichtiger Reformen ein. Sie sollten Staat und Volk, insbesondere die wirtschaftlich selbständigen und besitzenden Kreise, miteinander

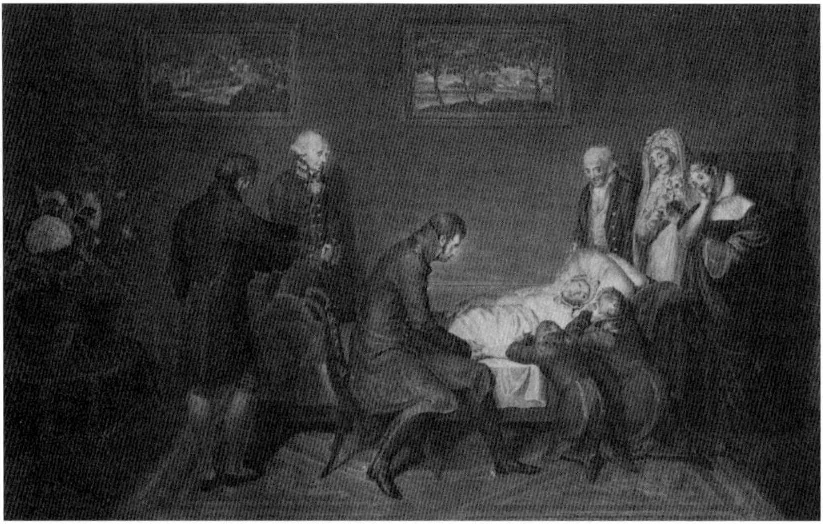

Friedrich Wilhelm III. am Sterbebett seiner Frau im Schloss Hohenzieritz, 19. Juli 1810. Am Bett knien die Söhne Wilhelm (I.) und Friedrich Wilhelm (IV.), Am Fußende steht Luises Vater Großherzog Karl von Mecklenburg-Strelitz, am Kopfende ihre Großmutter Prinzessin Luise von Hessen-Darmstadt, geborene Gräfin von Leiningen.

verflechten. Der Bauer wurde persönlich frei; jedoch blieben die auf seinem Besitz lastenden Verpflichtungen gegenüber den Grundherrn erhalten. Die spätere Gesetzgebung hat die Gutsherren stark bevorzugt, so dass ein großer Teil der ländlichen Bevölkerung die wirtschaftlichen Grundlagen seiner Existenz verlor. Die Vorteile hatte der Adel: denn ein Drittel der bäuerlichen Fläche fiel als Entschädigung an den Gutsherrn.

Die kleinen Bauern sanken zu Knechten herab oder wanderten in die Städte ab, wo sie auf erhebliche wirtschaftliche Schwierigkeiten stießen. Die von Stein in der Städteordnung angestrebte Selbstverwaltung war zu stark an den Besitz gebunden, als dass sie ein Erfolg werden konnte. Neben der Befreiung des ländlichen Gewerbes (Erlaubnis für die außerhalb der Städte auf dem flachen Lande wirkenden Handwerker und Kaufleute, ihrem Beruf nachzugehen.) war nur die Heeresreform, in die sich der König selbst einschaltete, ein voller Erfolg. Dabei rief keine Neuerung mehr Protest hervor als die Einführung der Allgemeinen Wehrpflicht. Die Werbung im Ausland, die harten Strafen und das fast uneingeschränkte Adelsmonopol für die Offiziersstellen (nur zehn Prozent der Offiziere waren bis dahin bürgerlich) wurden abgeschafft. Es gelang Scharnhorst, Altes und Neues zu verbinden. Die moderne Armee ruhte in der bewährten Tradition.

Im Sommer 1807 sagte Friedrich Wilhelm in Memel zu von Napoleon abgesetzten Professoren aus Halle: „Was der Staat an physischen (materiellen) Kräften verloren hat, muss er durch geistige ersetzen". Diese königliche Zusage wurde gehalten. Im Oktober 1810 wurde die Berliner Friedrich-Wilhelms-Universität eröffnet – in der die Einheit und Freiheit von Forschung und Lehre zur Blüte kommen sollte. Sie wurde in dieser Hinsicht zum Vorbild für alle führenden Hochschulen der Welt – bis zum heutigen Tage.

Stein musste schon 1808 entlassen werden, weil Napoleon erfahren hatte, dass er sich mit dem Gedanken eines Volkskrieges gegen die Franzosen beschäftigte. Gegen solche Pläne machte der König entschieden Front. Im Juni 1810 wurde Hardenberg als Staatskanzler der eigentliche Nachfolger Steins. Königin Luise hatte diesen Wechsel noch lebhaft begrüßt, bevor sie am 19. Juli 1810 in Hohenzieritz in Mecklenburg starb. Ihre Unverzagtheit in aller Not hatten König und Volk aufgerichtet, die Zuversicht belebt. Die tiefe Trauer trug Zeichen der Hoffnung in sich. Über ihre letzten Tage hat der König bewegende eigenhändige Aufzeichnungen hinterlassen, ein Zeugnis echter Liebe. Luise ist die Mutter Friedrich Wilhelms IV. und Wilhelms I. Von ihren insgesamt neun Kindern überlebten sieben. Erst 1824 ging der König eine zweite morganatische Ehe mit der 1800 geborenen bildschönen Gräfin Auguste Harach ein. Sie wurde zur Fürstin von Liegnitz und Gräfin von Hohenzollern erhoben. Die Fürstin Liegnitz hielt sich klug zurück und genoss im königlichen Hause ein hohes Ansehen. Das Volk wusste bis zu ihrem Tode 1873 kaum etwas von ihr.

1808, 1809 und 1811 hatte sich der König, anders als Stein, Scharnhorst und Gneisenau, gegen ein vorzeitiges Losbrechen wider Frankreich ausgesprochen. Preußen und sein Königshaus hätten allzu leicht von Napoleon, dessen Truppen in den wichtigsten preußischen Festungen lagen, ausgelöscht werden können. Nationaldeutsche Gesichtspunkte lagen dem König im Gegensatz zu seinen Ratgebern fern. Aber auch eine Erhebung des deutschen Volkes hatte angesichts der Weltlage keine Chancen und wäre auch kaum zustande gekommen, weil das politische Bewusstsein im Allgemeinen auf die gebildeten Kreise beschränkt war. 1813 hatte sich die Weltlage verändert. Erst jetzt bestanden echte Erfolgsaussichten. Widerwillig hatte ein preußisches Hilfskorps Napoleons Zug nach Russland 1812 mitmachen müssen. Glücklicherweise entging es der Katastrophe und hat sich dank dem Mut des Generals Ludwig v. Yorck zur Jahreswende 1812/13 in der mit den Russen abgeschlossenen „Konvention von Tauroggen" für neutral erklärt. Den Feldzug gegen Russland hatten der König und Hardenberg schon zu Rüstungen benutzt. Yorcks Tat, die der König nur nach außen tadelte, um die Franzosen nicht zu reizen, gab dem König die Handlungsfreiheit über einen Teil seiner Armee wieder. Ende Februar 1813 wurde das Bündnis mit Russland abgeschlossen.

Der König ging bald darauf nach Breslau, wo er die Erhebung gegen Napoleon einleitete. Entscheidend war, dass der König dazu aufrief. Ohne ihn wäre es nicht zu einer breiten Volksbewegung gegen Frankreich gekommen. Sehr wohl hatte die Empörung über die Fremdherrschaft, nicht aber das Engagement für innenpolitische Reformen dafür gesorgt, dass die fest in ihrer Königstreue verankerten Preußen sich begeistert hinter den Aufruf Friedrich Wilhelms III. stellten. Zum Appell „An mein Volk" vom 17. Februar 1813 schreibt Otto Hintze: „Zum erstenmal in der preußischen Geschichte kam es zu einem solchen volkstümlichen Akt der Krone: der König gab hier seinem Volke Rechenschaft über die Ursachen des ausbrechenden Krieges, über den Geist, in dem er geführt werden sollte, über die hohen Güter, die dabei auf dem Spiele standen. In bewusster und gewollter Verbindung wurden hier Vaterland und König zusammengestellt und die Preußen immer zugleich als Deutsche bezeichnet und angeredet." Am Geburtstag der Königin Luise, dem 10. März 1813, stiftete der König das Eiserne Kreuz. Diese nach des Königs Entwurf von Schinkel geschaffene Tapferkeitsauszeichnung blieb über alle Brüche des

Das Eiserne Kreuz von 1813. Der Entwurf stammt von Friedrich Wilhelm III. Karl Friedrich Schinkel hat den Orden dann so gestaltet, wie er von 1813 bis heute zum Symbol preußisch-deutschen Soldatentums wurde. Es handelt sich um den ersten Orden, der an Offiziere und Mannschaften gleichermaßen verliehen wurde.

20. Jahrhunderts hinweg bis heute das Symbol preußisch-deutschen Soldatentums.

Die Aufrüstung wurde dadurch möglich, dass eine Welle großen Opfermutes die Preußen ergriff. Anderthalb Millionen Taler, ein Drittel der militärischen Ausrüstungskosten, wurden von den verarmten Menschen gespendet. Entgegen den Erwartungen des skeptischen Königs, der meinte, dass „ja doch keiner kommen" werde, meldeten sich dreißigtausend Freiwillige, immerhin zehn Prozent der neuen Armee. Von diesen Freiwilligen waren nur zwölf Prozent Akademiker, 40 Prozent entstammten aber der Handwerkerschaft. Der literarische Ruhm der Lützowschen Jäger sollte übrigens nicht über die geringen militärischen Leistungen derartiger Verbände hinwegtäuschen. Im Gegensatz zu manchen gelehrten Vorstellungen muss betont werden, dass es ohne den König und ohne seinen Befehl keinen Aufbruch gegen die französische Unterdrückung gegeben hätte. Die Idee einer freiheitlichen Verfassung hat zwar die Gebildeten im Für und Wider bewegt, aber nicht das Volk als Ganzes vorangetrieben.

Ein hartes Ringen setzte ein; die verbündeten Preußen und Russen mussten manche Niederlage einstecken (bei Großgörschen und bei Bautzen), aber der Kampfesmut blieb im Gegensatz zu 1806 ungebrochen. Die Erfolgschancen stiegen, als sich Österreich dem Bündnis anschloss. Trotz der Niederlage bei Dresden errang Blücher den Sieg an der Katzbach und bei Wahlstatt, Friedrich v. Kleist den Sieg bei Nollendorf, Friedrich Wilhelm v. Bülow siegte bei Dennewitz, und Ludwig v. Yorck erzwang den Elbübergang bei Wartenburg. Nach Gneisenaus Plan vereinigten sich die drei verbündeten Heere bei Leipzig und schlugen in der Völkerschlacht, deren Höhepunkt am 18. Oktober 1813 war, 225.000 Mann stark, die 160.000 Mann umfassende französische Armee. Napoleon verlor 37.000 Gefallene. Es sollte nicht vergessen werden, dass neben 16.000 Preußen und 15.000 Österreichern 22.600 Russen ihr Leben für Deutschlands Befreiung lassen mussten. Kaiser Franz von Österreich, Alexander von Russland und Friedrich Wilhelm III. zogen als Sieger in Leipzig ein.

Der König, Blücher und Gneisenau drängten auf einen schnellen Rheinübergang, der doch erst in der Neujahrsnacht 1814 verwirklicht wurde. Blücher ging bei Kaub, der König bei Mannheim über den Rhein. Bei den Kämpfen in Frankreich sah Napoleon offenbar in der preußisch-russischen Armee Blüchers den gefährlichsten Gegner. In der entscheidenden Schlacht von Fère Champenoise bei Paris stand der König selbst in Lebensgefahr. Am 31. März zogen dann die Sieger von Leipzig als Sieger in Paris ein.

Auf dem Wiener Kongress wurde über die Neuordnung Europas entschieden. Bedenkt man bei der Beurteilung seiner Ergebnisse, dass die Wiener Ordnung im Wesentlichen bis 1914 Bestand hatte und Europa Jahrzehnte Friede – abgesehen vom Krimkrieg nur von einigen kurzen Feldzügen unterbrochen – bescherte, kann man dieser Leistung nur höchsten Respekt zollen.

Bei aller landläufigen Kritik an dem Dirigenten des Kongresses, dem österreichischen Staatskanzler Fürst Metternich, sollte das stets bedacht werden.

Friedrich Wilhelm III. erstrebte die Annexion Sachsens, um den jahrhundertealten Rivalen endlich loszuwerden. Mit Ausnahme Russlands fanden Hardenberg und er dafür keine Zustimmung. Die anderen Mächte schlossen sich vielmehr gegen Preußen und Russland zusammen. Preußen

Kaiser Alexander I. von Russland, Kaiser Franz I. von Österreich und Friedrich Wilhelm III. auf dem Schlachtfeld von Leipzig, 18. Oktober 1813.

erhielt schließlich nur den nördlichen Teil Sachsens, dazu die Provinz Posen, die Preußen gern Russland überlassen hätte, wenn es dafür Dresden und Leipzig erlangt hätte. Westlich der Elbe erhielt man nicht nur die alten Besitzungen und die 1803 erworbenen Gebiete zurück, sondern ganz Westfalen, und das Rheinland bis zur Saar und zur Nahe wurden preußisch. Damit erstreckte sich Preußen wieder von der Maas bis an die Memel und hatte in einem noch höheren Maße die Verpflichtung übernommen, Mitteleuropa gegenüber Frankreich und Russland zu schützen. Endlich wurde auch das Ziel des Großen Kurfürsten verwirklicht: Neuvorpommern und Rügen kamen aus schwedischer in preußische Hand. Das neue Königreich Preußen zerfiel in zwei große Blöcke, getrennt durch Hannover und Kurhessen – ein Zustand, der zur Veränderung aufforderte.

Napoleons Rückkehr aus Elba führte zum Feldzug von 1815. Angesichts des neuen Kampfes erklärte der König am 22. Mai 1815, dass er ein Parlament berufen und eine Verfassung erlassen wolle. Damit wurde das angekündigt, was viele im Landes als Vollendung der Reformen erstrebten.

Gewiss versprach man sich auch davon eine Ausstrahlung auf die anderen deutschen Länder. Es ist ein verhängnisvolles Versäumnis, dass dieses königliche Versprechen gebrochen wurde.

Der preußisch-englische Sieg von Belle Alliance, südlich Brüssel (die Engländer sprechen von der Schlacht bei Waterloo), war nur möglich, weil sich die zwei Tage zuvor bei Ligny geschlagene preußische Armee unter Blücher und Gneisenau rechtzeitig zum entscheidenden Schlag auf dem Schlachtfeld einfand. Es sei auch erwähnt, dass sich hannoversche und niederländische Truppen auf englischer Seite hervorragend schlugen. Obwohl die preußische Armee zur Hälfte aus ungeübten Landwehrleuten bestand, übernahm sie die Verfolgung Bonapartes. Sein endgültiger Sturz war damit besiegelt. Am 7. Juli wurde Paris zum zweiten Mal erobert. Um die Herrschaft der Bourbonen nicht allzu stark zu belasten, schonte man Frankreich. Im Zweiten Pariser Frieden wurden nur Saarbrücken und Saarlouis neu für Preußen gewonnen.

Um die Revolution zu bekämpfen und den christlichen Glauben zu verteidigen, wurde auf Anregung Alexanders I. die Heilige Allianz geschaffen. Damit wurde das Bündnis zwischen Russland, Österreich und Preußen, den drei Mächten mit dem schwarzen Adler im Wappen, vertieft und eine Gemeinsamkeit betont, die letzthin erst 1914 verloren ging, obgleich die Heilige Allianz als solche längst untergegangen war.

Für die nächsten Jahrzehnte wurde das Jahr 1819 entscheidend. In diesem Jahr beugte sich Friedrich Wilhelm III. Metternichs Wünschen im Hinblick auf die Demagogenverfolgung, die Kontrolle der Universitäten und der Presse. Mit den „Karlsbader Beschlüssen“ begann eine Zeit der polizeilichen Verfolgung, der politischen Prozesse und der Bevormundung, die mit dem Geist der Aufklärung und der Reformen nichts mehr zu tun hatte. Wenn diese Richtung auch nicht von Preußen ausging, so haben König und Staat diese Tendenzen doch angenommen und gefördert. Preußen beugte sich auch insofern Österreichs Wunsch, als es die Verfassungspläne aufgab. Damit brach der König sein Versprechen, einen allgemeinen Landtag zu berufen. Es kam hinzu, dass Wilhelm v. Humboldt, der das für die Reformen zuständige Ministerium leitete, der Justizminister

v. Beyme und kurz zuvor der Kriegsminister Hermann v. Boyen aus dem Dienst schieden. Damit war die Reformzeit beendet. Das lebhafte Interesse, das alle freien Geister Deutschlands und Europas so lange Zeit nach Preußen blicken ließ, erlahmte. Leider nahm auch Hardenberg, der bis zu seinem Tode 1822 als Staatskanzler im Dienst blieb, diese Entwicklung hin.

Immerhin gab es aber auch in den Jahren nach 1815 neben den Schatten viel Licht. Die Verwaltung wurde zweckmäßig eingerichtet, der Zollverein gegründet, die kulturelle Blüte von staatlicher Seite sorgsam gepflegt. Der damalige Behördenaufbau mit Land und Stadtkreisen, Regierungsbezirken und Oberpräsidien in den Provinzen – mit zugeordneten, damals ständischen, heute demokratischen Vertretungskörperschaften – ist bis heute maßgebend. Die damals eingeführte Einteilung in Fachministerien besteht bis heute. Neben die vorbildliche preußische Universität trat das bleibende Maßstäbe setzende preußische Gymnasium und das voll ausgebaute Volksschulwesen. Im Gegensatz zur staatlichen Haushaltspraxis im 20. Jahrhundert (bis heute) ging man damals mit den Staatseinnahmen sorgfältig um und stärkte so das Vertrauen auf den Staat.

Den Finanzministern Friedrich v. Motz und Karl Georg v. Maaßen ist der preußisch-deutsche *Zollverein von 1834* zu verdanken, der bis auf die Küstenländer im Nordwesten den ganzen Deutschen Bund mit Ausnahme Österreichs umfasste. In diesem Gebiet, das ungefähr dem Umfang des späteren Reiches von 1871 entsprach, wurden alle Binnenzölle abgeschafft. Seit der Neujahrsnacht 1834 bildete sich eine einheitliche deutsche Volkswirtschaft heraus. Der Zollverein war die Grundlage für Deutschlands industrielle Entfaltung, für seine Entwicklung zur modernen Wirtschaftsmacht.

Die klassizistischen Bauten des Märkers Karl Friedrich Schinkel prägen nicht nur Berlin, das zum Spree-Athen wurde, sondern Preußen bis in die entferntesten Teile. Er und seine Schüler haben in Schlössern, Kirchen, Schulen und Verwaltungsbauten aller Art dem Land ihren Stempel aufgesetzt. Das Alte Museum, das Schauspielhaus und die Friedrich-Werdersche-Kirche in Berlin, die Nikolaikirche in Potsdam und Schloss Stolzenfels am Rhein seien hier genannt. Wie man in Friedrich Wilhelms III. Sommerhaus in Charlottenburg, das so ganz seinen klaren und niveauvollen persönlichen Geschmack spiegelt, erkennen kann, hat Schinkel auch einen Höhepunkt des Kunstgewerbes heraufgeführt. Der Märker Schadow und der Waldecker Christian Rauch schufen eine Fülle vorzüglicher Standbilder. Dabei erregen Rauchs Sarkophage der Königin Luise, deren Kammerdiener er einst war, und Friedrich Wilhelms III. im Charlottenburger Mausoleum, sowie sein Denkmal Friedrichs des Großen Unter den Linden nicht nur die Bewunderung der Betrachter, sondern haben stets den patriotischen Sinn belebt. Die Wiederaufstellung des Denkmals Friedrichs des Großen in Ostberlin (Ende 1980) rief in ganz Europa Aufsehen hervor.

Fichte, Hegel, Schelling und Schleiermacher lehrten in Berlin. Wissenschaft und Künste blühten trotz der kleinlichen Demagogenverfolgung. Unter Friedrich Wilhelm III. war Berlin bereits die geistige Hauptstadt Deutschlands.

Alle diese Entwicklungen geschahen nicht ohne Anteilnahme des Königs, aber auf einem speziellen Gebiet wirkte er persönlich in seinen letzten Jahren bahnbrechend. Im 300. Gedenkjahr der Reformation 1817 proklamierte „der Theologe auf dem Thron“ (Bernhard Klaus) die Union der Lutheraner und Reformierten in Preußen. Die Evangelische Kirche der Altpreußischen Union, wie sie später genannt wurde, und die bis 2003 bestand, nahm als die größte Evangelische Kirche der Welt ihren Anfang. Der reformierte König hatte darunter gelitten, dass er mit der lutherischen Königin Luise nicht zum Abendmahl hatte gehen können. Er selber entwarf die Liturgie, und die Agende von 1829 bezeugt seine persönliche Frömmigkeit, sein eifriges Studium der reformatorischen Gottesdienstordnungen und sein Stilempfinden. Der Aufbau der Evangelischen Kirche, ihre Gliederung, der Studiengang der Pfarrer und der Talar der Geistlichen in seiner heute gültigen Form gehen auf diesen König zurück.

Dank seinem persönlichen Einsatz hat der König in jahrelanger Mühe im Schweizer Fürstentum und Kanton Neuenburg eine Justizreform erreicht. Gegen zähen Widerstand wurde auch dort endlich die Folter abgeschafft, die Anwendung der Todesstrafe reduziert und der Strafvollzug humanisiert. Die Bürger von Neuenburg-Neuchâtel hatten 1814 freiwillig und einmütig die 1806 von Napoleon aufgehobene Personalunion mit der preußischen Krone erneuert.

Als Friedrich Wilhelm III. fast siebzigjährig am 7. Juni 1840 im damals noch schlichten Kronprinzenpalais Unter den Linden starb, wo er auch als Regent gewohnt hatte, lag ein bewegtes Leben zwischen Rokoko und Eisenbahnzeitalter hinter ihm. Er hat Preußen vor dem Untergang bewahrt und an dessen Aufstieg entscheidend mitgewirkt. Er hat viele Reformen ermöglicht, die gelungene Reorganisation der Armee als Fachmann wesentlich gestaltet, in Staat und Kirche, Universität und Schule bis heute gültige Maßstäbe durch bedeutende Staatsmänner und Beamte setzen lassen.

27. ABSCHNITT

Die Fürsten von Hohenzollern seit dem Ende des Alten Reiches (1806) bis 1849

Im achtzehnten Jahrhundert befand sich das Fürstentum Hohenzollern-Hechingen in einer misslichen Lage. Ein hundertjähriger Konflikt zwischen den Fürsten und ihren Untertanen, der über Jagdstreitigkeiten ausgebrochen war, brachte das von Natur aus arme Land an den Rand des Ruins. Eine aufwendige Hofhaltung erhöhte die Schwierigkeiten. 1764 bis 1776 wirkte übrigens der preußische Offizier Friedrich Wilhelm v. Steuben, der anschließend in Amerika Ruhm erwarb, in Hechingen als Hofmarschall. Immerhin kam es in den letzten Jahren des achtzehnten Jahrhunderts zu einem Vergleich. Auch wurde die Leibeigenschaft aufgehoben und die Finanzverwaltung hinfort von den Untertanen kontrolliert.

Zwischen Hechingen und Preußen ergaben sich dadurch Beziehungen, dass Friedrich der Große Graf Johann Karl von Hohenzollern-Hechingen 1782 zum Abt von Oliva und sein Nachfolger ihn 1795 zum Fürstbischof von Ermland ernannte. Als erster deutscher Bischof, nachdem mehr als zweihundert Jahre polnische Adlige das Ermland regiert hatten, residierte er in Frauenburg und Heilsberg. Ihm folgte von 1808 bis 1836 sein Neffe Josef als Fürstbischof der katholischen Ostpreußen. Er hat die Belange der katholischen Kirche im Mischehenstreit „ruhig, aber fest" vertreten. Das Hohenzollernwappen beider Fürstbischöfe kann man heute noch in der Heilsberger Burg betrachten. Die beiden Bischöfe hielten sich gern im Schloss neben der Klosterkirche von Oliva bei Danzig auf. Bischof Josephs Erbin Prinzessin Marie von Hohenzollern-Hechingen hat übrigens in ihren letzten Lebensjahren von 1867 bis zu ihrem Tode 1888 im nunmehr im königlichen Besitz befindlichen Schloss Oliva mit seinem prachtvollen Garten gewohnt. Bischof Josephs Bruder Hermann kämpfte bei Preußisch-Eylau 1807 gegen Napoleon, Prinz Franz Xaver bei Aspern und Wagram auf österreichischer Seite. – In den Wirren der Revolutionskriege wandte sich 1795 der Hechinger Fürst Joseph Wilhelm wegen Unterstützung, die auch gern gewährt wurde, an Preußen.

In Sigmaringen waren die wirtschaftlichen Verhältnisse besser als in Hechingen. Dass die beiden Fürstentümer Hohenzollern von Napoleon verschont wurden und ihren Besitz durch die Erwerbung von fürstäbtlichen, reichsritterschaftlichen und anderen Territorien bedeutend erweitern konnten (Die Bevölkerung verdoppelte sich.), war nicht zuletzt der Gemahlin des Sigmaringer Fürsten Anton Alois zu verdanken. Die geborene Prinzessin Amalie Zephyrine zu Salm-Kyrburg hatte Josephine Beauharnais, der späteren ersten Frau Napoleons, in der Zeit der Schreckensherrschaft beigestanden. Diese Verbindung hat sie später ausgebaut und zugunsten des Landes klug genutzt. Daneben gab die preußische Fürsprache und Napoleons Kalkulation auf die Gegnerschaft der Hohenzollern zu Österreich (wegen der Streitigkeiten um den Besitz von Sigmaringen) den Ausschlag. Beide Fürstentümer wurden souveräne Mitglieder des Rheinbundes. Dass deren Soldaten für Napoleon bluten mussten und das Land ausgesogen wurde, war nicht zu vermeiden. Die erneuerte Verbindung mit Preußen sorgte dafür, dass beide Fürsten nach 1815 souveräne Mitglieder des Deutschen Bundes wurden.

Die Fürsten Anton Alois (1785 bis 1831) und Karl (1831 bis 1848) sorgten im Sigmaringer Fürstentum für einen Aufstieg in Kultur und Verwaltung. 1821 wurde in einem Familienstatut der König von Preußen zum Haupt des Gesamthauses Hohenzollern erhoben und damit die Beziehung zwischen Nord und Süd, evangelisch und katholisch, endgültig gefestigt.

Fürst Karl erließ 1833 eine konstitutionelle Verfassung. 1848/49 waren die revolutionären Unruhen im Südwesten Deutschlands besonders radikal. Neben Baden wurde davon auch Hohenzollern ergriffen. Aus Enttäuschung trat Fürst Karl zurück und übergab die Regierung seinem Sohn Karl Anton. Dieser und sein Hechinger Vetter Friedrich Wilhelm Konstantin entschlossen sich, im Interesse der deutschen Einheit und weil sie

Fürst Karl von Hohenzollern-Sigmaringen. Der Fürst lebte von 1785 bis 1853 und regierte von 1831 bis 1848.

die geringen Überlebenschancen ihrer kleinen Länder erkannt hatten, auf die Selbständigkeit zu verzichten. Nachdem zunächst daran gedacht worden war, Hohenzollern unmittelbar der Zentralgewalt in Frankfurt am Main und dem erhofften Kaiser zu unterstellen, knüpfte man dann, als die alten Staaten ihre Festigkeit bewiesen hatten, Verhandlungen mit Preußen an. Durch den Abtretungsvertrag vom 7. Dezember 1849 gaben die Fürsten von Hohenzollern – ein wohl einmaliger Akt in der Geschichte – ohne Zwang ihre Souveränität auf. Es geschah dies, um beispielhaft einen Beitrag zur deutschen Einigung zu leisten. Aus den Fürstentümern wurden die „Hohenzollern'schen Lande", die von einem preußischen Regierungspräsidenten regiert wurden und trotz ihrer geringen Größe eine provinzähnliche Sonderstellung genossen. Preußen hat in Hohenzollern viel investiert, und es entwickelte sich rasch eine Anhänglichkeit an Preußen, die sich in Krisen wie 1866 und nach dem Ersten Weltkrieg bewährte.

Fürst Karl Anton von Hohenzollern (Sigmaringen). Der Fürst lebte von 1811 bis 1885. Er ist hier dargestellt mit dem Orden Pour le mérite, dem österreichischen Orden vom Goldenen Vließ und dem Schwarzen Adlerorden.

Am 23. August 1851 ließ sich Friedrich Wilhelm IV. unter der Linde im Hof der Burg Hohenzollern huldigen. Dieser König hatte sich schon als Kronprinz lebhaft für die Stammburg, die er erstmals am 16. Juli 1819 besucht hatte, interessiert. 1822 begann man, preußisches Geld für die Erhaltung der Burg zu investieren. Das gemeinsame Interesse an der Stammburg hat die Entscheidung von 1849 vorbereitet. Schon 1846 wandte sich Friedrich Wilhelm IV. mit dem Vorschlag an die Fürsten, die Burg Hohenzollern neu zu bauen. Im Vertrag darüber vom 18. November 1846 übernahm der König zwei Drittel, die Fürsten ein Drittel der Kosten für den Neubau. Es wurden – abgesehen von den Befestigungen – ausschließlich private Mittel verwandt. Der Bau selbst wurde Rudolph v. Stillfried-Rattonitz (später Graf) und dem Schinkelschüler August Stüler anvertraut.

Stüler schuf ein bedeutendes Kunstwerk, wobei er die historischen Forschungen Stillfrieds berücksichtigte. Angelehnt an den Grundriss der spätmittelalterlichen Anlage ist die Zollernburg, deren Wert die Kunsthistoriker erst spät erkannten, obgleich vom Historismus beeinflusst, noch

Erbhuldigung der Hohenzollern'schen Lande am 23. August 1851 auf der Burg Hohenzollern. Friedrich Wilhelm IV. wird durch seinen Bruder, den Prinzen von Preußen, vertreten. Nach dem Verzicht der Fürsten von Hohenzollern-Sigmaringen und Hohenzollern-Hechingen – sie stehen links und rechts vom Prinzen von Preußen (später Wilhelm I.) unter dem Baldachin – wurde Hohenzollern preußisch.

vom Geist Schinkelscher Romantik geprägt. Die Bastionen und die Zufahrt gehen auf den Festungsbaumeister M. v. Prittwitz und Gaffron zurück. In Krisen sollte die Burg den hohenzollernschen Behörden Zuflucht gewähren und verteidigt werden. Der Aufbau der heutigen Burg umfasste die Jahre 1846 bis 1867, und viele Einheimische fanden dabei Arbeit und Brot. Bei der Huldigung von 1851 übernahm der König den 1841 gestifteten Hohenzollern'schen Hausorden auch für die preußische Linie und versah ihn mit der Devise „Vom Fels zum Meer". Bei der Einweihung der Burg 1867 erschien eine Delegation des demokratisch gewählten Norddeutschen Reichstages, um Wilhelm I. den Wunsch nach einem Zusammenschluss mit den süddeutschen Staaten vorzutragen.

Fürst Friedrich Wilhelm Konstantin von Hohenzollern-Hechingen, der meist auf seinen schlesischen Besitzungen lebte, starb 1869. Da seine

Linie mit ihm im Mannesstamm erlosch, nannten sich die Sigmaringer Fürsten hinfort „Fürsten von Hohenzollern".

Fürst Karl Anton diente als General im preußischen Heer und fühlte sich als Divisionskommandeur in Düsseldorf besonders wohl. Von 1858 bis 1862 war er unter dem Regenten und späteren König Wilhelm I. im Zeichen der gemäßigt liberalen neuen Ära preußischer Ministerpräsident und Bismarcks Vorgänger, dessen Amtsübernahme er lebhaft begrüßte.

Friedrich Wilhelm IV., 1795 bis 1861.
Gemälde von Franz Krüger.

28. ABSCHNITT

König Friedrich Wilhelm IV. (1840 bis 1861)

Man nennt ihn vordergründig den „Romantiker auf dem Thron". Richtiger beurteilt man ihn wohl, wenn man von seinen religiösen Überzeugungen her einen Zugang zu diesem reichbegabten und komplizierten König zu finden versucht. „Der Erweckungschrist auf dem Thron" (Hans Joachim Schoeps) hatte eine besondere Überzeugung vom Gottesgnadentum. König „von Gottes Gnaden" bedeutete für ihn nicht wie für seine Vorgän-

Huldigung anlässlich der Thronbesteigung Friedrich Wilhelms IV. am 15. Oktober 1840 auf dem Lustgarten vor dem Berliner Schloss. Nach einem Gemälde von Franz Krüger.

ger und Nachfolger eine besonders schwere Verpflichtung, das hohe Amt verantwortlich und demütig als Christ zu führen, sondern „dass Gott den König mit überirdischen Kräften ausstattet". So äußerte er: „Es gibt Dinge, die man nur als König weiß, die ich selbst als Kronprinz nicht gewusst und erst als König erfahren habe." Diese Haltung gab ihm einerseits eine gewisse Würde, machte ihn aber andererseits uneinsichtig und verhinderte notwendige Veränderungen. So sind die politischen Ansichten des 1795 geborenen Kronprinzen schon früh die gleichen wie in seinen Altersjahren. Die Revolution von 1848 nahm er als Gottes Fügung hin, die zu erdulden sei.

Friedrich Wilhelm IV. war der erste regierende preußische Herrscher, der deutsch im nationalen Sinn empfand. Hatte er sich insofern den Zeitströmungen angeschlossen und versucht, auf seine Weise der deutschen Einigung zu dienen, so hatte er doch kein Verständnis für das Streben der Bürger nach politischer Mitsprache. Er blieb zeitlebens ein Feind jeglicher geschriebenen Verfassung. So sagte er bei der Eröffnung des Vereinigten

Landtags 1847 (vereinigt aus den Provinzialständen der acht Provinzen), er könne es nicht zugeben, „dass sich zwischen unsern Herrn Gott im Himmel und dieses Land ein beschriebenes Blatt gleichsam als eine zweite Vorsehung eindränge, um uns mit seinen Paragraphen zu regieren und durch sie die alte heilige Treue zu ersetzen". Auch die mit der mächtig einsetzenden Industrialisierung herandrängenden Probleme sah er nicht. Als letzter preußischer König nahm Friedrich Wilhelm IV. die traditionelle Erbhuldigung entgegen. Vom Berliner Schloss aus hielt er an die versammelte Menge eine schwungvolle und begeisternde Ansprache. Er ergriff jede sich bietende Gelegenheit zu derartigen Reden. Da dergleichen noch nie vorgekommen und buchstäblich unerhört war, wurden zunächst viele Erwartungen geweckt. Doch handelte es sich kaum um politische Stellungnahmen, eher um Predigten oder Appelle, bei denen er nicht selten, wie schon seine Mutter beobachtet hatte, der „Raub des mächtigen Augenblicks" wurde. Viele wandten sich enttäuscht ab, und in einem kaum vorstellbaren Maße wurde der Monarch zum Gegenstand beißenden Spotts. Schriftsteller wie Heinrich Heine taten sich hier in vorderster Front hervor. Dabei hatte der König 1840, in den „frohen Tagen der Erwartung", politisch Verfolgten wieder zu ihren Ämtern verholfen, zurückgesetzte in seine Umgebung berufen.

Dem Drängen nach Erfüllung des väterlichen Versprechens auf eine Volksvertretung konnte sich Friedrich Wilhelm IV. nicht ganz entziehen. Der Vereinigte Landtag von 1847 war ein Fehlschlag und befriedigte niemanden.

Am 1. März 1848 ging dem König das Fürstentum Neuenburg in der Schweiz verloren.
1707 durch das Votum der Bewohner gewonnen, hatte es Napoleon Preußen abgenommen. 1815 wurde das Ländchen zwar Kanton der Eidgenossenschaft, blieb aber – auf eigenen Wunsch – Fürstentum unter der preußischen Krone. Trotz großzügiger Verwaltung kam es im Zusammenhang der Revolution von 1848 zu einem von außen angezettelten republikanischen Umsturz. Zeitweilig trug sich der König sogar mit dem Gedanken einer militärischen Aktion gegen die Schweiz. Nachdem 1856 ein royalistischer Aufstand in Neuchâtel scheiterte, kam es nach beidersei-

tigen Kriegsvorbereitungen aufgrund internationalen Drucks zum preußischen Nachgeben. Schweren Herzens entschloss sich der König zum Verzicht.

Als sich im März 1848 die revolutionären Wogen Berlin näherten, versprach Friedrich Wilhelm IV. in einem Patent vom 18. März eine Verfassung und Pressefreiheit für Preußen; Außerdem wollte er sich für einen deutschen Bundesstaat einsetzen. Das waren erhebliche Zugeständnisse, die freilich nicht auf einem Meinungswandel fußten, sondern taktisch bedingt waren. Vor dem Schloss fanden Dankkundgebungen statt. Doch bald kamen aus der von teilweise ausländischen Agitatoren aufgehetzten Menge hasserfüllte Parolen gegen das Militär. Als die Soldaten den Platz räumen wollten, lösten sich versehentlich zwei Schüsse, die zwar niemanden trafen, aber das Signal für heftige Barrikadenkämpfe in den Straßen Berlins bildeten. Sie dauerten die ganze Nacht hindurch an und waren – wie es bei Straßenkämpfen in bürgerkriegsähnlichen Auseinandersetzungen zu sein pflegt – erbittert. 216 Barrikadenkämpfer fielen. Obgleich das loyale Heer eindeutig Sieger geblieben war, ordnete der König am nächsten Tag den Rückzug der Truppen an: „Eine allgemeine Nervenkrise im Schloss, unbegründete Zweifel an der Zuverlässigkeit der Truppe, unangebrachtes Vertrauen auf die Zusicherungen der Bürgerabordnungen, uneinheitliche Befehlsgebung und unklare Befehlsübermittlung, Missmut der militärischen Führung über die ihr zugemuteten Halbheiten, all das hat dann daraus einen bedingungslosen Abzug der Truppen gemacht, zuerst aus den Straßen, dann fort vom Schloss und zuletzt auch noch aus den Kasernen; der König sah sich den Aufständischen preisgegeben, ehe er seinen Truppen folgen konnte. So erlebte das preußische Königtum seine bis dahin dunkelste Stunde: von allen Seiten wurden die Leichen gefallener Barrikadenkämpfer in den Schlosshof getragen, und das Königspaar wurde gezwungen, ihnen seine Achtung zu bezeigen (Anton Ritthaler)."

Bis Ende 1850 bemühte sich Friedrich Wilhelm IV. aktiv, unter preußischer Führung die Einigung der Deutschen voranzutreiben. Dieses schon am 18. März 1848 verkündete Programm veranlasste ihn, am 21. März 1848 mit schwarzrotgoldener Schärpe über der Uniform durch Berlin zu reiten. An mehreren Stellen hielt er schwungvolle Ansprachen, deren Grundgedanke „Preußen geht fortan in Deutschland auf" lautete. Allerdings führte die Entwicklung in Deutschland zunächst an den bisherigen Staaten vorbei. Preußen nahm keinen bestimmenden Einfluss auf die frei gewählte Nationalversammlung in der Paulskirche.

Auch die liberal gesinnte neue preußische Regierung konnte es nicht verhindern, dass es in Stadt und Provinz Posen zu heftigen nationalistischen Zusammenstößen und Blutvergießen kam. Das Jahr 1848 brachte im östlichen Mitteleuropa den Durchbruch des Nationalismus. Zum ersten Mal nach mehr als acht Jahrhunderten schiedlich-friedlicher Nachbarschaft und gelegentlichen Auseinandersetzungen im üblichen Rahmen stand man sich nunmehr hasserfüllt als Deutscher und Pole gegenüber. Im April 1848 kam es in der Stadt Posen zum ersten Blutvergießen zwischen Polen und Deutschen im Zeichen der Nation.

Nachdem eine Zusammenfassung aller Deutschen an Österreich gescheitert war, beschloss eine wenig überzeugende Mehrheit der Nationalversammlung (290 Stimmen bei 248 Enthaltungen), dem preußischen König die erbliche Kaiserkrone anzubieten. Friedrich Wilhelm lehnte ab. Schon im November 1848 hatte er erklärt, eine solche Krone könne er nur von den deutschen Fürsten entgegennehmen. Eine vom Parlament als Ausdruck der Volkssouveränität verliehene Krone betrachtete er als revolutionär. Der preußische König versuchte aber durchaus, für eine Mitwirkung der Fürsten und auch für eine Zusammenarbeit mit Österreich den Boden zu bereiten.

Da Österreich entschieden Widerstand gegen das Kaisertum der Hohenzollern leistete, hätte eine Annahme der Krone einen scharfen Konflikt zwischen Deutschen hervorgerufen. Auch die Könige von Sachsen, Hannover und Bayern hätten eine solche Lösung bekämpft. Insbesondere aber hätten die anderen europäischen Mächte damals eine deutsche Einigung unter Preußen nicht hingenommen; ein großer Krieg, in dem Preußen keine Erfolgsaussichten hatte, wäre in einem solchen Falle kaum vermeidbar gewesen. Am 3. April 1849 war die Deputation der Nationalversammlung mit dem aus Königsberg stammenden Präsidenten Eduard Simson an der Spitze beim König; sie wurde dahingehend beschieden, er könne nur dann annehmen, wenn alle deutschen Regierungen zustimmten. Da daran nicht zu denken war, lehnte er Ende April 1849 endgültig ab. Man wird ihn dafür nicht tadeln dürfen, höchstens einiger überflüssiger sarkastischer Redensarten wegen. Die Kaiserkrone konnte nur dann Anerkennung finden, wenn sie die alten Kräfte der Einzelstaaten mit den neuen parlamentarischen Bestrebungen versöhnte. Zu diesem Zeitpunkt hatte übrigens die Agonie der Paulskirchen-Versammlung bereits begonnen.

Im Mai 1848 war in Berlin für Preußen eine allgemein, gleich, geheim und indirekt gewählte Nationalversammlung zusammengetreten, in der es viele Radikale gab. Nach lebhaften Auseinandersetzungen mit dem Parlament und Versuchen mit liberalen Ministerien begann Friedrich Wilhelm im Spätjahr 1848 einen konservativen Kurs zu steuern. Sein Onkel Graf Brandenburg wurde Ministerpräsident, löste die preußische Nationalversammlung auf und oktroyierte im Dezember 1848 eine preußische Verfassung. Friedrich Wilhelm IV. blieb ein Gegner der geschriebenen Verfassung und hat sie erst 1850 widerwillig anerkannt. Die Verfassung, die den längsten Grundrechtskatalog aller deutschen Konstitutionen enthält, wurde nach der Einfügung des damals auch anderswo ähnlich zu findenden kapitalistischen Dreiklassenwahlrechts am 6. Februar 1850 vom König beschworen und blieb, im Wesentlichen leider unrevidiert, bis 1918 in Kraft. Das Dreiklassenwahlrecht verteilte den politischen Einfluss nach dem Einkommen. 1849/50 stellte die Verfassung einen echten Kompromiss zwischen den wiedererstarkten alten Mächten und dem liberalen Zeitgeist dar.

Preußen machte nun seinerseits einen Versuch, Deutschland zu einen. Eine Reihe deutscher Länder konnte dafür gewonnen werden. Als parlamentarisches Organ trat in Erfurt ein Parlament zur Beratung der Union zusammen. Der engere Bundesstaat unter preußischer Führung, verknüpft mit einem größeren Bund, dem Österreich angehören sollte, scheiterte an Österreich und Russland. Nachdem in Kurhessen mit knapper Not ein bewaffneter Zusammenstoß zwischen preußischen und bayerisch-österreichischen Truppen verhindert worden war, kam es auf massivem russischen Druck hin zur „Punktation von Olmütz“ am 28. November

Friedensklasse des Ordens Pour le mérite. Gestiftet 1842 von Friedrich Wilhelm IV., erneuert 1952.

1850. Gegen die Kriegsdrohungen seines Schwagers Zar Nikolaus I. (der mit der Schwester Friedrich Wilhelms IV. Charlotte verheiratet war) und gegen Österreich hatte Preußens Macht keine Chancen – weder militärisch noch politisch. Friedrich Wilhelm hatte den Mut zum Rückzug. Die Aufgabe, Deutschland zu einen, überließ er anderen, die die Ereignisse miterlebten und daraus lernten: Bismarck und dem Prinzen von Preußen, später Wilhelm I.

Der Deutsche Bund von 1815 mit der starken Stellung Österreichs lebte wieder auf. In Schleswig-Holstein, wo preußische Truppen nach dem Aufstand gegen die Dänen mitgekämpft hatten, setzte sich die dänische Seite noch einmal durch. Auch hier trat Preußen den Rückzug an. In der Innenpolitik machten sich konservative und reaktionäre Kräfte breit. Um den König bildete sich aus seinen Vertrauten eine Art Nebenregierung.

Die große europäische Auseinandersetzung des Krimkrieges (1853 bis 1856) forderte von Preußen eine Entscheidung. Gegen die öffentliche Meinung, die einen Anschluss an die Westmächte wünschte, und gegen die Konservativen, die auf Russlands Seite in den Krieg eintreten wollten, setzte der König Preußens Neutralität durch. Da Österreich eher zu den

Westmächten neigte, blieb Preußen als einzige Großmacht gegenüber Russland wohlwollend neutral, was die getrübten Beziehungen mit Russland festigte.

Diese weitere unpopuläre Maßnahme, die gewiss auch mit dem Schwanken und der Unentschiedenheit des Königs zusammenhing, hat die gegenüber 1848 bis 1850 so unterschiedliche Haltung Russlands zur Bismarck'schen Reichseinigung beeinflusst.

Trotz der dumpfen innenpolitischen Situation erlebte die Wirtschaft in den fünfziger und sechziger Jahren einen Aufschwung, blühten Wissenschaft und Künste. Schon 1842 hatte Friedrich Wilhelm IV. die heute noch hochangesehene und begehrte Friedensklasse des Ordens „Pour le mérite" zur Auszeichnung wissenschaftlicher und künstlerischer Verdienste gestiftet. Sein Freund Alexander v. Humboldt wurde erster Ordenskanzler.

Neben Friedrich dem Großen ist Friedrich Wilhelm IV. der wichtigste Schöpfer der Potsdamer Schlösser und Gärten. Charlottenhof, das Orangerie-Schloss, das pittoreske Belvedere auf dem Pfringstberg und andere Bauten gehen auf ihn zurück, ebenso die Vollendung der zum Weltkulturerbe zählenden zusammenhängenden Landschaft der Potsdamer Gärten, Seen, Schlösser und Kirchen. Der König selbst entwarf unentwegt Architektur-Skizzen.

Im Oktober 1857 (nach dem Verzicht auf das ihm in seiner Verbindung von Monarchie, Aristokratie und Demokratie besonders ans Herz gewachsene Neuenburg) erlitt der König einen Schlaganfall, der ihn regierungsunfähig machte. Treu umsorgt von seiner Gemahlin, der ursprünglich katholischen Prinzessin Elisabeth von Bayern, Tochter König Max I. Joseph, starb er am 2. Januar 1861 in Sanssouci, wo er sich besonders gern aufhielt. Er und Königin Elisabeth wurden nahebei in der von ihm erbauten Friedenskirche beigesetzt, die so recht seinen künstlerischen Neigungen entsprach.

29. ABSCHNITT

König Wilhelm I. (1861 bis 1888), Deutscher Kaiser (1871 bis 1888)

In der Geschichte des preußischen Königshauses nimmt Kaiser Wilhelm I. schon äußerlich eine hervorragende Stellung ein, war er doch der erste Kaiser des am 18. Januar 1871 proklamierten Deutschen Reiches, der erste König von Preußen, der auch „Deutscher Kaiser" war.

Wenn auch die Begründung des Deutschen Reiches nicht durch Wilhelm I. erfolgte, so wirkte er doch bei Bismarcks Werk an derart hervorragender Stelle mit, dass sein Name aufs innigste mit der Einheit Deutschlands verbunden bleibt. Das 1989/90 entstandene neue Deutschland ist, stärker als vielen bewusst ist, die Fortsetzung des Reiches von 1871. Als Residenz Wilhelms I. wurde Berlin 1871 deutsche Hauptstadt.

Wilhelm I., der mit fast einundneunzig Jahren das höchste Lebensalter aller Regenten aus dem Hohenzollernhause erreichte und unendlich viel erlebte, war – niemand erkannte das besser als er selbst – kein genialer Herrscher. Aber nach den drei großen Hohenzollern, dem Großen Kurfürsten, Friedrich Wilhelm I. und Friedrich dem Großen, wird man seinen Namen nennen müssen, wenn man von den Monarchen spricht, die Preußen und Deutschland geprägt haben. In einer bemerkenswerten Hinsicht übertrifft er aber die Genannten: Er ist derjenige Hohenzoller, der im deutschen Volk am meisten geliebt und herzlich verehrt wurde. Der Schriftsteller Rudolf Binding bezeichnet ihn als einen Menschen, „der sich mehr Liebe in der Welt gewonnen hatte als je ein Lebender, von dem wir wissen".

Kaiser Wilhelm I. im neunzigsten Lebensjahr.
Zeichnung Anton von Werners am 15.10.1887 in Baden-Baden.

Der am 22. März 1797 (noch zu Lebzeiten König Friedrich Wilhelms II.) als zweiter Sohn des nachmaligen Königs Friedrich Wilhelm III. und der Königin Luise aus dem Hause Mecklenburg-Strelitz geborene Prinz Wilhelm hatte keine sorglose Kindheit.

Nach der unglücklichen Schlacht von Jena und Auerstedt 1806 floh er mit seiner Mutter und den Geschwistern nach Königsberg und von dort, als sich die Truppen Napoleons der Stadt näherten, über die winterliche Kurische Nehrung bis nach Memel in den äußersten nordöstlichen Zipfel des Königreiches. Man lebte in denkbar beschränkten Verhältnissen. Am 1. Januar 1807 wurde Prinz Wilhelm in Memel in das Gardebataillon des vernichtend geschlagenen preußischen Heeres eingestellt. Als er einundachtzig Jahre später starb, war das preußische Heer zur stärksten Landmacht Europas geworden; treulich aber bewahrte der alte Monarch die Erinnerung an die Notzeit und die herzlich geliebten Eltern. Seit jenen Tagen hat Wilhelm die Uniform nicht mehr abgelegt und sich stets als Soldat gefühlt und soldatisch empfunden und gedacht. Als am 19. Juli 1810 die unvergessene Königin Luise auf Schloss Hohenzieritz starb, weilte mit seinem Vater und dem Kronprinzen auch Prinz Wilhelm am Sterbelager der Mutter. Dies erschütternde Ereignis hinterließ in der Seele des Prinzen tiefe Spuren.

An der Seite des Vaters machte er die Feldzüge von 1814 und 1815 gegen Napoleon mit, erlebte anlässlich des Rheinübergangs der Hauptarmee bei Mannheim am 1. Januar 1814 sein erstes Gefecht und erhielt in der Schlacht von Bar-sur-Aube die Feuertaufe. Für einen Adjutantenritt wurde er mit dem Eisernen Kreuz ausgezeichnet. Dicht hinter den verbündeten Monarchen zog der Prinz 1814 und 1815 in das eroberte Paris ein.

Am 11. Juni 1829, heiratete Prinz Wilhelm die vierzehn Jahre jüngere Prinzessin Augusta von Sachsen-Weimar-Eisenach, Enkelin von Goethes Gönner Großherzog Karl August und Tochter der Großfürstin Maria Pavlovna, Großherzogin von Weimar. Augusta war vom Geist der Weimarer Klassik und den zeitgenössischen liberalen Ideen erfüllt. Aus der Ehe gingen zwei Kinder hervor: der 1831 geborene spätere König und Kaiser Friedrich III. und die Großherzogin Luise von Baden (1838 bis

1923), Gattin des um die deutsche Einigung hochverdienten Großherzogs Friedrich I. von Baden.

1840 wurde Wilhelm präsumtiver Nachfolger seines kinderlosen Bruders Friedrich Wilhelm IV. Der „Prinz von Preußen", wie sein amtlicher Titel jetzt lautete, rechnete nicht mit seiner eigenen Thronbesteigung, sondern verstand sich lediglich als Sachwalter der Interessen seines Sohnes.

In den revolutionären Berliner Märztagen 1848 war Prinz Wilhelm ohne jede militärische Kommandogewalt und ohne jeden Einfluss. An den verhängnisvollen Schüssen, die das Blutvergießen auslösten und die ihm, dem „Kartätschenprinzen", wie man ihn taufte, von den Demagogen angelastet wurden, war er unschuldig. In der Hetze gegen ihn wollte man Preußen und sein Königshaus treffen; sein von Langhans erbautes schlichtes Palais Unter den Linden entging, zum „Volkseigentum" deklariert, nur mit Mühe der Plünderung. Unter unwürdigen Verhältnissen war Wilhelm auf Befehl des Königs gezwungen, Berlin zu verlassen und sich zu verbergen. Wilhelm erklärte sich sogar zum Verzicht auf den Thronanspruch zugunsten seines Sohnes bereit, falls der König es wünsche. Sein vom König gebilligtes zweimonatiges freiwilliges Exil in London sollte der Entlastung des Bruders dienen. Noch 1848 wurde der Prinz in Wirsitz (Provinz Posen) in die verfassungsgebende preußische Nationalversammlung gewählt und nahm das Mandat auch wahr. Seine antirevolutionäre Haltung bewies er im Sommer 1849 im Kampf gegen Republikaner und Anarchisten in der Pfalz und in Baden. Der Prinz befehligte die vorwiegend aus Preußen bestehende Armee bis zum Fall der Festung Rastatt.

Am 23. Oktober 1857 trat der Sechzigjährige an die Spitze Preußens, zunächst als Stellvertreter des erkrankten Bruders, dann, am 7. Oktober 1858, als Regent. Nach dem Tode Friedrich Wilhelms IV. bestieg der Prinz von Preußen schließlich am 2. Januar 1861 als König Wilhelm I. den preußischen Thron. Er selbst hatte nicht mehr mit seiner Thronfolge gerechnet, sondern seine politische Arbeit als im Interesse seines Sohnes liegend verstanden. Als einziger König nach der Krönung Friedrichs I. 1701 setzte sich Wilhelm I. am 18. Oktober 1861, dem Jahrestag der Schlacht von Leipzig, gleichzeitig dem dreißigsten Geburtstag des Kron-

Krönung Wilhelms I. in der Schlosskirche von Königsberg am 18.10.1861 (Jahrestag der Schlacht von Leipzig, dreißigster Geburtstag des Kronprinzen). Der König hat das auf Herzog Albrecht von Preußen (1525 bis 1568) zurückgehende Reichsschwert gezückt. Im Vordergrund steht der Kronprinz, unter dem Baldachin Königin Augusta. Gemälde von Adolph v. Menzel.

prinzen, selbst die Königskrone in der Schlosskirche zu Königsberg aufs Haupt. Die hergebrachte Erbhuldigung der Stände, die der König anfangs wünschte, war durch die preußische Verfassung obsolet geworden. Die Rechte wollte die Huldigung, die Linke keinerlei Zeremonie; die Minister sträubten sich gegen die Krönung, bis der König die Kosten übernahm. In einer Ansprache an die versammelten Parlamentarier bekannte sich der nüchterne und spröde König zum Gottesgnadentum. Die Krönung eines Königs war nicht zeitgemäß, betonte den Abstand zu den liberalen Ideen, wurde aber in Preußen weithin verstanden. Ende 1866 schrieb Wilhelm I. in einer letztwilligen Aufzeichnung: „Gegen meine Neigung schritt ich zur Krönung in tiefster Demut, um Preußen mit seinen neuen

Institutionen die irdische Macht zu vergegenwärtigen, die zu dessen Heil fest bestehen müsse." Ohne ein starkes Königtum war für ihn ein Funktionieren der Verfassung, eine größere Beteiligung der Bürger am Staatsleben undenkbar.

Von 1857 bis zur Berufung Otto v. Bismarcks zum preußischen Ministerpräsidenten am 22. September 1862 hat der König versucht, selbst den Gang der Politik zu bestimmen. Das von Wilhelm 1858 berufene Ministerium der „Neuen Ära" wurde von den Liberalen lebhaft begrüßt – zu Unrecht, lag doch der Schwerpunkt des Ministeriums eher auf der konservativen Seite, wenn man sich auch auf den Boden der Verfassung stellte und reaktionäre Bestrebungen ablehnte. Unter dem Präsidium des Fürsten Karl Anton von Hohenzollern war keine bedeutende Regierung zusammengekommen; Johannes Schultze hat gesagt, dass der Regent „inmitten seines ersten Ministeriums die einzige charaktervolle klar umrissene Persönlichkeit" war. Seine programmatische Ansprache an die Minister vom 8. November 1858 rief ein begeistertes Echo hervor: „In Deutschland muss Preußen moralische Eroberungen machen, durch eine weise Gesetzgebung bei sich, durch Hebung aller sittlichen Elemente und durch Ergreifung von Einigungselementen, wie der Zollverband es ist, der indes einer Reform wird unterworfen werden müssen. „Die Liberalen überhörten, dass sich der Prinzregent gegen „absichtlich überspannte Ideen" wandte und interpretierten das Eintreten für den Rechtsgedanken falsch („die Welt muss wissen, dass Preußen überall das Recht zu schützen bereit ist.").

Eine schwere Krise sollte das Ende der Neuen Ära herbeiführen und durch die Berufung Bismarcks die preußische Politik einer tiefgreifenden Wandlung unterwerfen, wodurch nicht zuletzt die Rolle Wilhelms I. eine neue Qualität erhielt. Es handelte sich um die Auseinandersetzung über die Reform des preußischen Heeres zwischen Krone und Parlament. Die Reorganisationskommission arbeitete „unter der drängenden und fachmänischen Anteilnahme des Prinzregenten sowie dem maßgeblichen Einfluss Roons und Edwin von Manteuffels" einen Plan aus, der die Realisierung der gesetzlich bestehenden dreijährigen Militärdienstpflicht, die Beseitigung der Selbständigkeit der Landwehr neben den Linientruppen und vermehrte Rekrutenaushebung vorsah. Der Streit mit dem Abgeordnetenhaus entzündete sich an der Frage der dreijährigen Dienstzeit. Dass an ihr festgehalten wurde, ist ausschließlich das Verdienst Wilhelms I.; selbst Kriegsminister Albrecht v. Roon war hier zum Entgegenkommen bereit. Der preußischen Tradition und eigenen Überzeugung folgend, war der König nicht bereit, auf die volle Kommandogewalt über das Heer zu verzichten. Die Wahlen fielen im Dezember 1861 zugunsten der Gegner der Reform aus, die bei aller Königstreue für die kürzere Dienstzeit und die Erhaltung der Landwehr eintraten. Im März 1862 kam es zum offenen Konflikt im Parlament. Der Landtag wurde aufgelöst, und mit der Entlassung der liberal eingestellten Minister war der Blütentraum der Neuen Ära nach einer Serie von Misserfolgen endgültig zerstoben.

Mitte September brach das Kabinett auseinander, da es nicht bereit war, ohne ein parlamentarisch genehmigtes Budget zu regieren. Der König zog eine mögliche Abdankung zugunsten des Kronprinzen in Erwägung. Als er am 22. September 1862 den preußischen Botschafter in Paris Otto von Bismarck-Schönhausen in seinem (von ihm nach Plänen Schinkels erbauten) Sommerschloss Babelsberg bei Potsdam empfing, hatte sich seine Haltung schon wieder gefestigt.

Bismarck erklärte sich bereit, ohne Budget gegen die Parlamentsmehrheit zu regieren und die Heeresreform einschließlich der dreijährigen Dienstzeit zu verwirklichen. Daraufhin soll der König nach Bismarcks späterer Darstellung in „Erinnerung und Gedanke“ gesagt haben: „Dann ist es meine Pflicht, mit Ihnen die Weiterführung des Kampfes zu versuchen, und ich abdiziere nicht.“

An die Königin schrieb er am 23. September: „Da in den sechs Monaten mir niemand genannt worden ist und ich selbst niemand anders als ihn selbst fand“, habe er sich für Bismarck entschieden. „Dazu kommt, dass das ganze Ministerium, inclusive der ausscheidenden ihn wünscht, und so habe ich, nach Gebeth und ernster Prüfung meiner selbst und nach einer zweieinhalbstündigen Unterredung gestern mit ihm, den Entschluß gefaßt.“

Die Berufung Bismarcks war das entscheidende Datum in der Regierungszeit Wilhelms I.; denn hinfort bestimmte dieser Mann den Gang der

Politik. Die vier Jahre selbständiger Regierung hatten dem König eine Kette von Enttäuschungen und einen hochgefährlichen Konflikt beschert, die Berufung Bismarcks bedeutete für den Vierundsechzigjährigen Abschluss und Neubeginn. Er wurde in der Zusammenarbeit mit Bismarck, in der beide Seiten Konflikten nicht aus dem Wege gingen, vor völlig neue Probleme gestellt. Wilhelm I. löste sie in einer Weise, die erst seine eigentliche Bedeutung unter Beweis stellte. Gerade im Greisenalter leistete Wilhelm I. das Größte, indem er mit Bismarck zusammenarbeitete, ohne sich dessen Führung blind anzuvertrauen. Wilhelm I. blieb immer der König, der überzeugt sein wollte. Die Last der Taten hat er durchaus mitgetragen, und so ist die Zeit Bismarcks – wenn auch in einem eingeschränkten Sinne – doch auch seine Zeit. Dabei bleibt noch unberücksichtigt, welche integrierende Kraft gerade von diesem Monarchen auf Preußen und Deutschland ausging.

In der Schleswig-Holsteinischen Frage wollte sich der König nicht auf den Boden des Londoner Protokolls von 1852 stellen, sondern neigte dazu, einen neuen Mittelstaat unter dem Herzog von Augustenburg zu errichten. Bismarck legte ihm dar, dass das preußische Interesse eine andere Haltung erforderlich machte. Am preußisch-österreichischen Feldzug gegen Dänemark 1864 nahm der König selbst nicht teil, freute sich aber herzlich der Siege, die die reorganisierte Armee errang. Nach dem Kriege neigte dann der König dem Gedanken zu, die Elbherzogtümer für Preußen zu annektieren, war sich aber darüber klar, dass dies den bewaffneten Konflikt mit Österreich bedeutete. Der Entschluss zum Krieg gegen Österreich fiel dem König dennoch schwer, obgleich er in Österreich den alten Rivalen sah. Der hin und herwogende Streit um die Regelung der Schleswig-Holsteinischen Frage hatte ihn erbittert. Die Reform des Deutschen Bundes im preußischen Sinne war stets von ihm gefordert worden. Ein letzter Vermittlungsversuch scheiterte an der Haltung der Wiener Verantwortlichen; nun war auch der König von Österreichs Kriegswillen überzeugt.

Im Felde (1866) war der König (wie später im Kriege 1870/71) nicht nur der nominelle Oberkommandierende, sondern beriet mit großem Sachverstand alle Entscheidungen mit und gab den letztgültigen Ausschlag, indem

Ein Familienbild aus den sechziger Jahren des 19. Jahrhunderts. Von links nach rechts stehend: Kronprinz Friedrich Wilhelm (später Kaiser Friedrich III.) mit seiner Gattin Victoria, Prinzessin von Großbritannien, Großherzogin Luise von Baden (Tochter Wilhelms I.), Prinzessin und Prinz Friedrich Karl von Preußen. Am Tisch König Wilhelm I. mit Königin Augusta. Im Vordergrund Prinzessin Charlotte, spätere Herzogin von Sachsen-Meiningen, und Prinz Wilhelm, später Kaiser Wilhelm II.

er sich gewöhnlich dem Generalstabschef Helmuth v. Moltke anschloss. Die Zusammenarbeit mit Moltke war ausgesprochen harmonisch. Auch aus seinen Briefen an die Königin spricht die sichere und frische Tatkraft, die ihn in den Feldzügen meist bestimmte. In der Schlacht von Königgrätz scheute er wie seine Vorväter das Feuer nicht und ermunterte die Soldaten durch seine Anwesenheit und Zuspruch. Nach dem Sieg wurde der König von den Truppen enthusiastisch gefeiert; herzlich empfing und beglückwünschte er seinen Sohn, den Kronprinzen, dessen Eingreifen die Schlacht entschieden hatte. Wie fern ihm jeder Überschwang lag, beweist seine

Mahnung an die Feldprediger: „Wenn Sie heimkommen, predigen Sie Demut."

Es folgten die Verhandlungen um den Präliminarfrieden in Nikolsburg. Gern wäre Wilhelm I. als Sieger in Wien eingezogen und hätte Österreich als „Züchtigung" Land weggenommen. Auch war er nicht bereit, den alten sächsischen Rivalen, der tapfer auf österreichischer Seite gekämpft hatte, zu verschonen. Die Schilderung, die Bismarck in „Erinnerung und Gedanke" von den Disputen zwischen König und Minister in Nikolsburg gibt, ist unhistorisch. Richtig ist aber, dass der König sich nur schwer den politischen Argumenten Bismarcks beugte und die Vermittlung des Kronprinzen ausschlaggebend war. Der König schrieb an den Rand einer Bismarck'schen Denkschrift: „Wenn... vom Besiegten nicht das zu erlangen ist, was Armee und Land zu erwarten berechtigt sind, ... so muss der Sieger an den Thoren Wiens in diesen sauren Apfel beißen und der Nachwelt das Gericht dieserhalb überlassen."

Die „Macht der Verhältnisse", „unablässige Anfeindungen meiner angeblichen Bundesgenossen" und verpflichtende Eigeninteressen Preußens, kurzum die alte Erkenntnis, dass der „überwiegende Einfluss in Deutschland... Preußens Lebenselement" sei, wie er sich gegenüber einer Deputation aus Hannover am 17. August 1866 aussprach, bewogen den König, den Annexionen in Norddeutschland zuzustimmen. Auch hier wollte er sich ursprünglich mit Landabtretungen begnügen, dachte aber nicht daran, wie Bismarck es forderte, den König von Hannover, den Kurfürsten von Hessen-Kassel und den Herzog von Nassau zu entthronen. Die Entthronung legitimer Fürsten war – gerade für den konservativen König – ein Akt des Unrechts, wenn damit auch die entscheidende territoriale Basis für den Norddeutschen Bund gelegt wurde. König Wilhelm I. übernahm das Präsidium dieses Bundes.

Es spricht für das Rechtsempfinden des Königs, dass er sorgfältig darauf bedacht war, die Empfindungen und Eigentümlichkeiten der Bewohner der neugewonnenen Provinzen zu schonen. Er äußerte sogar sein Verständnis für welfische Gefühle. Bei seinem ersten Besuch als Landesherr in der ehemaligen nassauischen Residenzstadt Wiesbaden meinte er, als man ihn herzlich begrüßte: „Jedes Hurra, was mir gebracht wird, ist mir ein Stich ins Herz; denn es liegt darin eine Untreue gegen den früheren Herrscher."

Auch Sachsen musste sich in den Norddeutschen Bund und seine Heeresorganisation einfügen. 1867 spielte sich bei einer Parade in Dresden folgende Szene ab: der zum Chef eines neuen sächsischen Regiments ernannte Wilhelm I. meldete mit gesenktem Degen dem König von Sachsen sein Regiment. Aus dieser Ehrenbezeigung spricht eine heute kaum vorstellbare vornehme, ritterliche Haltung. Eine jahrhundertealte Feindschaft war beendet.

Seit dem Sommer 1869 war von der Kandidatur des Erbprinzen Leopold von Hohenzollern-Sigmaringen für den spanischen Königsthron die Rede. Wilhelm I. war nicht nur als Monarch einer europäischen Großmacht mit dieser Frage befasst, sondern auch als Chef des Gesamthauses Hohenzollern; ferner diente der Erbprinz als Offizier in der preußischen Armee. Von Bismarcks „kunstvoller Aktion" in dieser Frage hielt sich der König bewusst fern, fürchtete er doch von Anfang an, es könne darüber ein Krieg ausbrechen; er vermied es, sich festzulegen. Schon die von Napoleon III. veranlasste Wahl des jüngeren Bruders des Erbprinzen, Prinz Karl, zum Fürsten von Rumänien hatte er mit Sorge beobachtet. Als der Plan der hohenzollernschen Kandidatur in Frankreich bekannt wurde, bemächtigte sich der Regierung und der Deputiertenkammer in Paris eine große Aufregung, man sprach von einer Wiederherstellung des Reiches Karls V. Diese Erregung hatte natürlich Auswirkungen auf Deutschland und ließ besonders im Süden die nationalen Wogen hochgehen.

Der französische Botschafter in Berlin, Graf Benedetti, begab sich nach Bad Ems, wo König Wilhelm zur Kur weilte, um ihn zum Verzicht auf die Kandidatur zu bewegen. Der König war dazu bereit, wenn das Fürstliche Haus Hohenzollern verzichten würde; diesen Schritt suchte er durch die Entsendung eines Offiziers zu beschleunigen.

Zwischen dem 9. und 13. Juli wurde der König ständig von Benedetti bedrängt. Als der Verzicht des Erbprinzen bekannt wurde, verlangte der

Franzose auf Grund seiner Instruktion eine Garantie dafür, dass die Hohenzollern nie wieder auf die spanische Thronkandidatur zurückkommen; auch forderte er eine ausdrückliche Billigung des Verzichts durch Preußen. Das Garantieverlangen wies der König „zuletzt etwas ernst zurück". Dennoch brachte Benedetti noch einmal seine Forderung vor. Wilhelm entschloss sich, mit dem Franzosen nicht weiter über das Garantieverlangen zu verhandeln und ließ Bismarck diese Vorgänge mitteilen, indem er anheim stellte, sie den norddeutschen diplomatischen Vertretungen und der Presse mitzuteilen. Das geschah in der Form der von Bismarck redigierten „Emser Depesche".

Der Schweizer Historiker Leonhard v. Muralt urteilte 1970: „Die ‚Emser Depesche' war die notwendige Abwehr der unzulässigen und unnützen Anmaßung Frankreichs vom 13. Juli 1870." Es verdient festgehalten zu werden, dass der König vor der Abreise von Ems nach Berlin sich in vornehmer Weise von Benedetti verabschiedete.

Und wieder zog Wilhelm I. in den Krieg, es war sein fünfter Feldzug. Adolph v. Menzel hat die Volksbegeisterung der Berliner bei der Abfahrt des Königs in einem bewegten Gemälde festgehalten. Den noch vor wenigen Jahren verfemten Kartätschenprinzen, den im Konflikt mit der Parlamentsmehrheit regierenden König, trug die allgemeine Zustimmung der Deutschen, die sich von ihm und Bismarck endlich die Lösung der deutschen Frage erhofften.

Auf dem Schlachtfeld und in den Diskussionen des Hauptquartiers bewährte sich wiederum die Charakterstärke und integrierende Kraft des Königs. Es soll dabei aber nicht übersehen werden, dass Befehle des Königs Moltkes schwierige Aufgabe bei Gravelotte-St. Privat erschwerten, wie es auch ihm und dem Kronprinzen nicht gelang, die schweren Auseinandersetzungen um die Beschießung von Paris, die nicht nur zwischen Bismarck und Moltke hin und herwogten, beizulegen. Voll menschlichen Verständnisses trat er dem geschlagenen Kaiser Napoleon III. bei Sedan entgegen – eine Szene, die im 20. Jahrhundert undenkbar gewesen wäre.

In die letzten Monate des Jahres 1870 fallen die Verhandlungen mit den süddeutschen Ländern um die Einigung des Deutschen Reiches. Man hat das Widerstreben Wilhelms I. gegen den Kaisertitel oft hervorgehoben, dabei aber nicht genügend beachtet, in wie starkem Maße er bei allem Schmerz, „den preußischen Titel verdrängt zu sehen", doch auch stolze Befriedigung darüber empfand, dass Deutschland nun durch Preußens König und Preußens Heer geeint wurde. Das Angebot der Krone durch die Fürsten entsprach völlig dem, was der damalige Prinz von Preußen schon 1849 aus politischen und rechtlichen Gründen für notwendig gehalten hatte. Immer wieder wird heute der militärische Charakter der Kaiserproklamation kritisiert und die angeblich mangelnde Legitimation durch das gesamte Volk beklagt. Gerade aber König Wilhelm, auf dessen Vorstellungen nicht zuletzt der Akt der Kaiserproklamation abgestimmt war, begrüßte lebhaft die Zustimmung des demokratisch gewählten norddeutschen Reichstages. Am 18. Dezember 1870 empfing er die Kaiserdeputation unter Führung jenes Eduard (v.) Simson, eines preußischen Juden aus Königsberg, der auch an der Spitze der Deputation der Paulskirche 1849 stand, die Friedrich Wilhelm IV. die Kaiserkrone anbot.

Wilhelm I. war so bewegt, dass er der Delegation kaum antworten konnte. Es war weit mehr als eine fein empfundene Geste, dass er dem norddeutschen Bundeskanzler Graf Bismarck das Eiserne Kreuz I. Klasse „aus dankbarster Anerkennung des 18. Dezember 1870" verlieh.

Auch die süddeutschen Landtage in München, Stuttgart, Karlsruhe und Darmstadt stimmten mit überwältigender Mehrheit der Reichseinigung zu. Es war eine Reichsgründung von „oben" und von „unten". Es gibt (ebenso wie 1989/90) keinerlei demokratisches Defizit zu beklagen. – Die Großmächte haben 1871 wie 1990 (mit rühmlicher Ausnahme der Vereinigten Staaten von Amerika) die Einigung dank meisterhafter deutscher Politik – wenn auch nur widerstrebend – akzeptieren müssen.

In Anknüpfung an das Datum der Krönung des ersten preußischen Königs 1701 wurde der 18. Januar 1871 zum Tag der Kaiserproklamation bestimmt. Die Form der gottesdienstlichen Feier und der soldatische Charakter der Proklamation entsprachen nicht nur dem Ernst der Stunde und dem Empfinden des Kaisers, der die Feier im Spiegelsaal des Versailler Schlosses als „sehr würdig“ charakterisierte, sondern war auch dem historischen Ursprung des neuen Kaisertums angemessen. Dennoch befand sich Kaiser Wilhelm I., wie er noch am 18. Januar 1871 an die Kaiserin Augusta schrieb, in „moroser Emotion“. „Erst nachdem ich in inbrünstigem Gebet mich an Gott gewendet habe, habe ich Fassung und Kraft gewonnen.“ Wilhelm I. war darüber besonders erregt, dass der neue Titel den preußischen von der ersten Stelle verdrängen sollte, aber er empfand auch die „hohe Verantwortung“, mit der er belastet wurde. Wilhelm I. hätte den Titel „Kaiser von Deutschland“ dem „Deutschen Kaiser“ vorgezogen, den Bismarck mit Rücksicht auf die Bundesfürsten empfahl, der dem Kaiser jedoch zu konstruiert erschien. Es gefiel ihm auch nicht, dass das preußische Fest des Schwarzen Adlerordens durch die Proklamation verdrängt wurde. Des Kaisers Schwiegersohn Großherzog Friedrich I. von Baden umging die Titelfrage, indem er nach Verlesen der Kaiserproklamation durch Bismarck ein „Hoch auf Kaiser Wilhelm“ ausbrachte.

Die im ersten Entwurf vom Kronprinzen stammende, in der letzten Fassung vom Kaiser gebilligte Proklamation verdient eine nähere Betrachtung, stellt sie doch sozusagen das Programm des neuen Reiches dar, an dessen Spitze Kaiser Wilhelm I. stand. Der Text verdient es, der Vergessenheit entrissen zu werden.

„An das deutsche Volk.
Wir, Wilhelm, von Gottes Gnaden König von Preußen, nachdem die deutschen Fürsten und freien Städte den einmütigen Ruf an uns gerichtet haben, mit Herstellung des Deutschen Reiches, die seit mehr denn sechzig Jahren ruhende deutsche Kaiserwürde zu erneuern und zu übernehmen; und nachdem in der Verfassung des Deutschen Bundes die entsprechenden Bestimmungen vorgesehen sind, bekunden hiermit, dass wir es als eine Pflicht gegen das gemeinsame Vaterland betrachtet haben, diesem Rufe der verbündeten deutschen Fürsten und Städte Folge zu leisten, und die deutsche Kaiserwürde anzunehmen. Demgemäß werden wir und Unsere Nachfolger an der Krone Preußens fortan den Kaiserlichen Titel in allen Unseren Beziehungen und Angelegenheiten des Deutschen Reiches führen und hoffen zu Gott, dass es der Deutschen Nation gegeben sein werde,

Kaiserproklamation im Spiegelsaal des Schlosses von Versailles.
Großherzog Friedrich I. von Baden bringt das Kaiserhoch aus.
Zu Füßen der Estrade (von links nach rechts): Albrecht von Roon, Otto von Bismarck, Helmuth von Moltke. Gemälde von Anton von Werner.

Einzug der Truppen und des Kaisers in Berlin nach dem Sieg über Frankreich. Von rechts: Generalfeldmarschall Graf Friedrich von Wrangel (genannt Papa Wrangel), Moltke, Bismarck, Roon, Prinz Friedrich Karl von Preußen, Wilhelm I. Links hinter dem Kaiser Kronprinz Friedrich Wilhelm (Friedrich III.).

unter dem Wahrzeichen ihrer alten Herrlichkeit das Vaterland einer segensreichen Zukunft entgegenzuführen.

Wir übernehmen die Kaiserliche Würde in dem Bewusstsein der Pflicht, in deutscher Treue die Rechte des Reichs und seiner Glieder zu schützen, den Frieden zu wahren, die Unabhängigkeit Deutschlands, gestützt auf die geeinte Kraft seines Volkes, zu verteidigen. Wir nehmen sie an in der Hoffnung, dass dem deutschen Volk vergönnt sein wird, den Lohn seiner heißen und opfermutigen Kämpfe in dauerndem Frieden und innerhalb der Grenzen zu genießen, welche dem Vaterland die seit Jahrhunderten entbehrte Sicherung gegen erneute Angriffe Frankreichs gewähren.
Uns aber und Unseren Nachfolgern an der Kaiserkrone wolle Gott verleihen, allzeit Mehrer des Deutschen Reiches zu sein, nicht an kriegerischen Eroberungen, sondern an den Gütern und Gaben des Friedens auf dem Gebiete nationaler Wohlfahrt, Freiheit und Gesittung."

Der Jurist Ernst Rudolf Huber urteilt: „Es gibt nicht viele Worte des amtlichen Deutschland im vergangenen 19. Jahrhundert, die mit vergleichbarer Würde und innerer Kraft ein Bekenntnis zu unvergänglichen Werten ausgedrückt haben.“

Vom dreiundsiebzigsten bis zum fast vollendeten einundneunzigsten Jahr seines Lebens herrschte Kaiser Wilhelm I. über das Deutsche Reich. Er hat dieses Bismarckreich mitgeprägt als einen freiheitlichen Rechtsstaat, als eine Macht, die Europa für mehr als vierzig Jahre einen wirklichen Frieden garantierte. Das Deutsche Reich war *der erste Großstaat mit einem freiheitlich-demokratischen Wahlrecht und das erste Land der Welt mit einer vorbildlichen Sozialgesetzgebung.* Diese Tatsachen müssen heute, wo man sich bemüht, dieses Bismarckreich als autoritär und reaktionär abzuwerten, herausgestellt werden. Der einzelne Staatsbürger erfreute sich bei wachsendem Wohlstand und stabiler Währung einer für die damalige Zeit denkbar großen Freiheit und völligen Rechtssicherheit. Der Kaiser bemühte sich, allen Untertanen gegenüber ein gerechter Herrscher zu sein. Man wird das stark betonen müssen, auch wenn man repressive Maßnahmen gegen Sozialisten, Katholiken und nationale Minderheiten beklagt. In der Außenpolitik bemühte sich der Kaiser nach 1871, die Stellung des Deutschen Reiches, insbesondere durch ein gedeihliches Verhältnis zu Russland, zu konsolidieren, wobei er durchaus eigene Wege einschlug.

Der aufwendige Luxus, der nach 1870 aufkam – wobei es ist nicht statthaft ist, schon hier von der „wilhelminischen Zeit“ zu sprechen; dieser Ausdruck passt für die Zeit nach 1890 –, gefiel dem Kaiser ganz und gar nicht. War es notwendig, verstand er es durchaus zu repräsentieren – Menzels Gemälde „Cercle bei Kaiser Wilhelm I.“ kann das belegen –, versuchte aber durch sein persönliches Beispiel, die altpreußische Einfachheit hochzuhalten. 1874 erließ er an die preußischen Offiziere eine Verordnung über die Ehrengerichte, in der es heißt: „Je mehr anderwärts Luxus und Wohlleben um sich greifen, um so ernster tritt an den Offiziersstand die Pflicht heran, nie zu vergessen, dass es nicht materielle Güter sind, welche ihm die hochgeehrte Stellung im Staat erworben haben und erhalten werden. Nicht nur, dass die kriegerische Tüchtigkeit des Offiziers

Otto von Bismarck, * 1815 † 1898,
preußischer Ministerpräsident 1862 bis 1890,
Reichskanzler 1871 bis 1890,
seit 1871 Fürst von Bismarck.

durch eine verweichlichende Lebensweise beeinträchtigt werden könnte, sondern völlige Erschütterung des Grund und Bodens, worauf der Offiziersstand steht, ist die Gefahr, welche das Streben nach Gewinn und Wohlleben mit sich bringen würde."

Zu seiner inneren Befriedigung erlebte Kaiser Wilhelm I. noch die Abkehr vom liberalen Kurs der Innenpolitik nach 1871 und das Zurücklenken in konservative Bahnen. Er empfand den von Bismarck eingeleiteten Prozess als Bestätigung seines eigenen Widerstrebens. Die energische Bekämpfung der Sozialdemokratie wurde erst möglich, als ein neu gewählter Reichstag die Sozialistengesetze billigte.

Der alte Reichstag wurde nach dem Nobiling´schen Attentat auf den Kaiser vom 2. Juni 1878 unter dem Eindruck dieses Verbrechens, das man fälschlicherweise der Sozialdemokratischen Partei anlastete, aufgelöst; im neuen Reichtag war die Zahl der Liberalen derart zurückgegangen, dass das repressive Gesetz passieren konnte. Der Kaiser hatte neben manchem anderen körperlichen Ungeschick insgesamt vier Attentate erdulden müssen. 1849 wurde während des Feldzuges bei der Durchfahrt durch Ingelheim auf ihn geschossen, 1861 zielte ein Student auf der Kurpromenade von Baden-Baden auf ihn, im Mai 1878 versuchte Hödel ihn niederzustrecken, am Schlimmsten wurde er durch das Nobiling´sche Attentat verwundet, das den Einundachtzigjährigen für lange Monate aufs Krankenlager bannte. 1883 versuchten schließlich Anarchisten ihn, die übrigen Bundesfürsten und die versammelten Paladine bei der Einweihung des Niederwalddenkmals in die Luft zu sprengen. Trost war dem verwundeten Kaiser die starke Woge des Mitgefühls, die ihm vom ganzen deutschen Volk entgegengebracht wurde. Bei der feierlichen Rückkehr nach Berlin im Dezember 1878 erklärte er in einer Ansprache – wobei er nicht versäumte, die Üppigkeit der Dekorationen als übertrieben zu tadeln, – er hätte gern geblutet, wenn daraus nach seiner Ansicht heilsame Folgen wie das Sozialistengesetz erwüchsen; die größten Sorgen bereite ihm jetzt noch die Lage in der evangelischen Kirche.

Wie alle preußischen Könige, mit Ausnahme Friedrichs des Großen, war Wilhelm I. tief im christlichen Glauben verwurzelt. Nicht nur als Summus

Episcopus (= oberster Bischof) über die unierte Evangelische Kirche Preußens, sondern auch als frommes Glied seiner Kirche beobachtete der Kaiser mit wacher Aufmerksamkeit die theologische Diskussion, in der die Gottessohnschaft Christi in Frage gestellt wurde und Theologen auf Abschaffung des Apostolischen Glaubensbekenntnisses drängten. Bei jeder sich bietenden Gelegenheit nahm er öffentlich hierzu Stellung.

Durch die Sozialgesetzgebung wurde das Deutschland Wilhelms I. „in diesem Bereich des gesellschaftlichen Lebens zum fortschrittlichsten Staat der Welt". Als Anfang 1881 der Entwurf einer staatlichen Unfallversicherung am Reichstag gescheitert war, ließ Bismarck sein sozialpolitisches Programm durch die Kaiserliche Botschaft vom 17. November 1881 dem Reichstag mitteilen. Er machte dadurch Wilhelm I. zum Träger seiner sozialen Pläne, die zunächst auf die Versicherung gegen Unfall, Krankheit, Alter und Invalidität abzielten.

Wer heutzutage das unheilvolle Sozialistengesetz zu Recht tadelt, wird nicht übersehen dürfen, dass die damalige Sozialdemokratie – zumindest in ihrer Programmatik – einen Umsturz der staatlichen und gesellschaftlichen Ordnung erstrebte. Die Sozialgesetzgebung als Zuckerbrot zur Peitsche des Sozialistengesetzes zu diffamieren, heißt, die christlichen und preußischen Wurzeln des Reformwerts, zu übersehen.

Viel einschneidender als das Sozialistengesetz, das übrigens dreimal vom demokratisch gewählten Reichstag zum Schutz der Verfassung verlängert wurde, waren die gegen die Katholische Kirche gerichteten Kulturkampfgesetze. Durch die im Geist des Liberalismus nach süddeutschen und italienischen Vorbildern gestalteten Gesetze wurde die Seelsorge in den katholischen Pfarrgemeinden ernsthaft gestört. Die Mehrzahl der katholischen Bischöfe Preußens war amtsentoben – etlichen wurde die Staatsbürgerschaft aberkannt. So weit ging man bei sozialdemokratischen Agitatoren niemals. Dementsprechend ist die Wirkung dieser nur zögernd aufgehobenen, nicht durch irgendwelche Maßnahmen, die den Sozialgesetzen vergleichbar sind, abgefederten Gesetze in katholischen kirchlichen Kreisen bis heute zu spüren. Der sogenannte „Kulturkampf" trübte hier das Bild Preußens, obgleich er liberaler Import aus Süddeutschland und Italien war und mit dem preußischen Staatsgedanken nichts zu tun hatte.

Kaiserin Augusta bekämpfte die kurzsichtige Politik. Wilhelm I. schwankte zwischen ihrem Einfluss und Bismarcks Persönlichkeit. – Die katholische Kirche behauptete sich siegreich, der Staat gab im Wesentlichen nach.

Noch während seiner letzten Jahre hat sich der Kaiser in innenpolitische Sachbereiche eingearbeitet, in denen ihm die nötige Kenntnis fehlte, um Entscheidungen beurteilen zu können. Er ließ sich Vortrag halten und machte Notizen. Bis zuletzt entschied er selbständig und entwarf Erklärungen und Reden eigenhändig. Auch im Verhältnis zu Bismarck zeigen sich kaum Folgen des hohen Alters. 1877 wies er ein Entlassungsgesuch Bismarcks mit den Worten zurück: „Soll ich mich in meinen alten Tagen blamieren? Es ist eine Untreue, wenn Sie mich verlassen."

Die letzte Lebenszeit des Kaisers wurde überschattet durch die Sorge um den todkranken Sohn. Wie stets in der preußischen Geschichte war auch bei Wilhelm I. das Verhältnis zwischen König und Kronprinz gespannt. Allzu viel trennte den preußisch-schlichten Vater von seinem durch ein starkes fürstliches Selbstbewusstsein geprägten, liberal gesinnten, oft opponierenden Sohn. Es soll aber nicht übersehen werden, dass der Kronprinz bei wichtigen Weichenstellungen nicht selten zwischen seinem Vater und Bismarck vermittelte.

Am 9. März 1888 starb wenige Tage vor Vollendung seines einundneunzigsten Lebensjahres der Kaiser. Er hatte sich bei der Grundsteinlegung des Kaiser-Wilhelm-Kanals (Heutzutage ist man würdelos genug, diesen Namen ängstlich zu vermeiden.) im Sommer 1887 erkältet, weil er es vorzog, auf dem Verdeck des Schiffes stehen zu bleiben, damit die Matrosen der Kaiserlichen Marine ihn auch einmal sehen konnten, und erholte sich nicht mehr. Er starb, von seinen Angehörigen umgeben, alt und lebenssatt in frommer Ergebenheit. Es ist nicht ohne Symbolkraft, dass er zu Bismarck sagte, wohl in der Annahme, der Enkel und spätere Kaiser Wilhelm II. stehe vor ihm: „Mit dem russischen Kaiser musst du immer Fühlung halten, da ist kein Streit notwendig." An der Seite seiner Eltern wurde er im Charlottenburger Mausoleum beigesetzt.

Kaiser Wilhelm I. war hoch und kräftig gewachsen, hatte lebhafte blaue Augen und blondes, später weißes Haar. Eine vornehme, militärische Erscheinung, so erschien er den Unzähligen, die ihn jeden Mittag am Eckfenster seines Palais Unter den Linden grüßten, wenn er den Aufzug der Wache beobachtete.

Die Regierungszeit Wilhelms I., dessen Jugend in die Zeit tiefer Erniedrigung fiel, bildet einen Höhepunkt der preußischen Geschichte. Nicht nur, weil Preußen den Gipfel seiner Macht und den größten Umfang erreichte, sondern weil es in die größere freiheitlich-rechtsstaatliche deutsche Ordnung überging und Europa den Frieden garantierte. Kaiser Wilhelm II. wollte seinen Großvater gern „Wilhelm den Großen" genannt haben; das war gewiss falsch. Wilhelm I. war freilich darin groß, dass er Große ohne Neid, bei dankbarer Anerkennung ihrer Fähigkeiten, in seine Nähe zog und mit ihnen unermüdlich arbeitete, ohne sich kampflos deren Ansichten zu beugen. Er verkörperte die besten Seiten des Preußentums.

Für das junge Deutsche Reich, dessen prägende Kraft uns noch heute beeinflusst, war Kaiser Wilhelm I. entscheidend wichtig, strahlte er doch eine integrierende Wirkung aus und wurde, was im politischen Alltag von nicht zu unterschätzender Bedeutung ist, aufrichtig geliebt und geachtet.

30. ABSCHNITT

Kaiser und König Friedrich III. (9. 3. bis 15. 6. 1888)

Der 1831 geborene Prinz und spätere Kronprinz Friedrich Wilhelm – den verkürzten Namen Friedrich wählte er erst bei der Thronbesteigung – hatte 1858 in London die älteste Tochter der Königin Victoria und des Prinzgemahls Albert, Prinzessin Victoria, geheiratet. Die politisch engagierte, hochintelligente und komplizierte spätere Kaiserin Friedrich (sie wurde 1840 geboren und starb 1901 an Krebs) blieb England eng verbunden, wenn sie sich auch in Preußen stärker eingelebt hatte als ihre Kritiker meinen. Mit ihrem Mann traf sie sich in der Sympathie für liberale Politiker und in der Begeisterung für eine starke Stellung der deutschen Nation. – Kaiser Friedrich III. verstand sich im Gegensatz zu seinem preußischen Vater vorwiegend als Deutscher. 1863 nahm er in öffentlicher Rede im Danziger Rathaus auf dem Höhepunkt der Konfliktzeit gegen die Politik seines Vaters und Bismarcks Stellung. Es kam zu keinem offenen Bruch, aber zu erheblichen Spannungen. Das Kronprinzenpaar opponierte weiter, und der Kronprinz stimmte bis 1866 bei Beratungen gegen Bismarcks Kurs.

Kaiser Friedrichs große Popularität beruhte in erster Linie auf seinen Erfolgen als Soldat. Bei Königgrätz führte er die Entscheidung herbei; 1870 befehligte er vor allem süddeutsche Truppen in den Siegen bei Weißenburg, Wörth und Sedan. Der hochgewachsene, blendend aussehende Kronprinz bewies bei den Verhandlungen von Nikolsburg sein politisches Geschick als Vermittler. Im Hauptquartier von Versailles 1870 stellte er sich ganz auf den Boden des neuen Kaisertums. Er wollte dem Kaiserreich mehr Glanz verleihen und nicht nur in der Symbolik an das mittelalterliche Kaisertum der Deutschen anknüpfen. Für ihn lebte der Kaiser aus eigenem Recht; die deutschen Fürsten verstand er als ihm untergeordnet, weshalb er die Vorrechte der Einzelstaaten tadelte. Der Kronprinz freute sich auf die neue Aufgabe, doch hat er sie nie erfüllen können. Eine unvermutet lange Wartezeit wurde durch die grausame Erkrankung des Thronfolgers an Kehlkopfkrebs kurz vor dem Tod des Vaters beendet. Die Geschichte dieser im Januar 1887 auftretenden Krankheit und der damit verbundenen Auseinandersetzungen ist hier nicht zu schreiben. Dass die unglückliche Kronprinzessin in ihrer Verzweiflung nicht immer richtig reagierte, ist begreiflich. Bewunderungswürdig ist die Haltung des Kranken, der in einer wahrhaft königlichen Haltung das Martyrium durchstand. Wer einmal einen der Zettel in der Hand hielt, mit deren Hilfe er sich nach dem Verlust seiner Sprache verständlich machte, kann sich der Erschütterung auch heute nicht entziehen.

In San Remo an der Riviera, wo er dem rauen Winter entgehen wollte, erreichte ihn die Nachricht vom Tode seines Vaters. Der stumme Kaiser, immer noch eine majestätische Erscheinung, brach sofort nach Deutschland auf, wo er anfangs im Charlottenburger Schloss und dann im Potsdamer Neuen Palais lebte, wo er auch gestorben ist. In den 99 Tagen seiner Regierungszeit konnte Friedrich die langgehegten Erwartungen seiner liberalen Freunde selbstverständlich nicht erfüllen. Einen außenpolitischen Kurswechsel und eine offene Parlamentarisierung des Reiches hätte er auch bei längerer Regierung kaum angestrebt. Immerhin hat er die Entlassung des Innenministers Robert v. Puttkamer wegen amtlicher Wahlbeeinflussungen und eines rückschrittlichen Kurses gegen Bismarck durchgesetzt. Bismarck hat sich auf Kaiser Friedrich III. schnell eingestellt, was ihm aufgrund der begrenzten Lebensaussichten des Monarchen nicht schwer fiel. Auch bei längerem Leben des Kaisers wäre eine Trennung von Bismarck vermutlich nicht so schnell erfolgt.

Manche Züge, die bei seinem ältesten Sohn Wilhelm II. befremden, finden sich schon bei Friedrich III. – so seine Freude an Repräsentation und wechselnden Uniformen, sein übertriebenes fürstliches Geltungsbedürfnis – andererseits erfreut aber auch die Förderung von Kunst und Wissenschaften bei beiden.

Die letzte Freude des Todgeweihten war ein Vorbeimarsch der Brigade seines ältesten Sohnes. Der soldatische Charakter der preußischen Dynastie wurde auch von Friedrich III. betont. Den Glanz des Kaisertums, wie ihn Wilhelm II. repräsentierte, hätte auch Friedrich III. herausgestellt. – Vielfach meint man, er hätte einen liberalen Kurs gesteuert. Gewiss hätte er liberale Männer bevorzugt, aber Friedrich III. hätte keine Abstriche an seiner kaiserlichen Autorität und Würde geduldet. In die deutsche und preußische Geschichte ist Friedrich III. als Truppenführer der deutschen Einigungskriege, als Vertreter gemäßigt liberaler Anschauungen, als Exempel für nicht zum Zuge gekommene Möglichkeiten und insbesondere als Beispiel von Pflichterfüllung bis zum Tode eingegangen.

31. ABSCHNITT

Prinz Friedrich Karl von Preußen (1828 bis 1885)

Der bedeutende Heerführer der Kriege 1864, 1866 und 1870/71 wurde als Sohn des Prinzen Karl von Preußen, Bruder Friedrich Wilhelms IV. und Wilhelms I., dem ersten Herrenmeister des wiederhergestellten Johanniterordens, geboren. Trotz überwiegender militärischer Neigungen studierte Prinz Friedrich Karl auf Veranlassung seines Lehrers Albrecht v. Roon (des späteren Kriegsministers) als erster preußischer Prinz an der von Friedrich Wilhelm III. gegründeten Rheinischen Friedrich-Wilhelms-Universität zu Bonn. 1848 erhielt er am Dannewerk die Feuertaufe und bei Schleswig den Orden „Pour le mérite". Im badischen Aufstand 1849 wurde er verwundet. Sich selbst und seinen Vorgesetzten machte er das Leben im Dienst bei den Gardehusaren und Gardedragonern nicht leicht. Allzu hart wandte er sich gegen das Paradewesen und die Überbetonung der Formen. Moltke beobachtete schon damals, dass er „durch seine strenge Moralität und ein etwas schroffes Wesen" viele abstieß. Eine Sammlung militärwissenschaftlicher Aufsätze, in denen besonders die Lehren des Krimkrieges bedacht wurden, trug dem damals 27-jährigen Prinzen zwar die Anerkennung der jüngeren, nicht aber der attackierten höheren Offiziere ein. Im Mai 1858 stiegen die Spannungen zwischen dem Prinzen, der damals die 1. Gardedivision in Berlin kommandierte, und einigen Kameraden stark an. Insbesondere fühlte er sich von Friedrich Wilhelm IV. derart ungerecht behandelt, dass er darum bat, aus dem aktiven Dienst entlassen zu werden. – Die Möglichkeit einer preußischen Beteiligung am Krieg in Italien bewog den Prinzen dann, schon vor Ablauf eines Jahres in den aktiven Dienst zurückzukehren.

Als Fachmann für die Kavallerie beteiligte er sich an der Heeresreform Wilhelms I. Am 18. April 1864 wurden unter seinem Kommando die Düppeler Schanzen erstürmt, der erste preußische Sieg von Bedeutung nach der Schlacht von Belle Alliance. Der Übergang nach der Insel Alsen war die letzte Waffentat des Dänischen Krieges. 1866 war er Oberbefehlshaber der 1. Armee und hielt auf dem Schlachtfeld von Königgrätz im schweren Kampf unverzagt stand, bis die Armee seines Vetters, des Kronprinzen, Entlastung brachte. Er wurde dann Inspekteur der Kavallerie, 1870 wurden unter seinem Kommando westlich Metz die letzten großen Kavallerieschlachten der preußisch-deutschen Geschichte geschlagen. Danach übernahm er die Belagerung von Metz, bis die 173.000 Mann starke, dort eingeschlossene Armee kapitulierte. Der Prinz wurde mit dem höchsten militärischen Rang geehrt und zum Generalfeldmarschall ernannt. Nie haben die Linden und das Brandenburger Tor ein prächtigeres Bild gesehen als am 16. Juni 1871: Der Kaiser führte seine siegreichen Truppen zum ersten Mal in die neue Kaiserstadt. Hinter Wilhelm I. ritten der Kronprinz und Prinz Friedrich Karl (in roter Husarenuniform).

Seine größten Leistungen vollbrachte der Prinz aber im Frieden als Erzieher seiner Truppen, insbesondere der Kavallerie. „Der Soldat muss auf den Standpunkt gebracht werden, dass er tapfer ist, weil sein Herz nicht anders kann", lautete ein bezeichnender Ausspruch. Freiherr Colmar von der Goltz-Pascha urteilte: „Ein tragischer Zug lag in seinem Leben, die Sorge, von denjenigen Männern verkannt zu werden, auf deren Urteil er Wert legte, und sein wahres Verdienst von ihnen unterschätzt zu sehen." Erst spätere Generationen haben die Bedeutung eines weisen Ausspruchs Friedrich Karls voll erfassen können: „Herr, dazu hat Sie der König zum Stabsoffizier gemacht, dass Sie wissen müssen, wann Sie nicht zu gehorchen haben."

Prinz Friedrich Karl wurde in der Peter-Pauls-Kirche zu Nikolskoe an der Havel beigesetzt, nicht weit von Schloss Klein Glienicke, das sich sein Vater zwischen Berlin und Potsdam in schönster märkischer Seenlandschaft von Schinkels Meisterhand bauen ließ.

32. ABSCHNITT

Kaiser und König Wilhelm II. (1888 bis 1918)

Der am 27. Januar 1859 in Berlin geborene und am 4. Juni 1941 in Haus Doorn im niederländischen Exil verstorbene letztregierende Deutsche Kaiser ist der am meisten umstrittene und kritisierte Hohenzoller. Über ihn ein gerechtes Urteil zu fällen, erscheint kaum möglich.

Selbst diejenigen, die in ihm kaum aus wissenschaftlichen, sondern eher aus ideologischen Gründen einen Vorläufer Hitlers sehen wollen, die ihn als Kriegstreiber und Verderber Deutschlands richten, müssen zugeben, dass ihm bei seinem fünfundzwanzigjährigen Regierungsjubiläum 1913 alle Deutschen zujubelten. Unabhängig von politischer und gesellschaftlicher Stellung erschien der Kaiser als Symbol des modernen und doch traditionsbewussten Deutschen Reiches. Mit Walther Rathenau kann man sagen: „Niemals mehr hat so vollkommen ein sinnbildlicher Mensch in der Epoche, eine Epoche sich im Menschen gespiegelt." Insofern scheint es gerechtfertigt, von der Wilhelminischen Zeit zu sprechen.

Wäre der Kaiser 1913 gestorben, so wäre er zweifellos als einer der bedeutenden deutschen Monarchen, insbesondere als ein steter Wahrer des Friedens in die Geschichte eingegangen. Nach der weltgeschichtlichen Katastrophe vom August 1914, nach dem Weltkrieg als der wahren Weltrevolution (die trotz gelegentlicher Waffenstillstände über den Zweiten Weltkrieg und den Kalten Krieg bis zur friedlichen Revolution 1989/90 anhielt), nach dem schmählichen 9. November 1918, nach dem Schuldspruch über den Kaiser durch das Versailler Friedensdiktat, erscheint die oben genannte Beurteilung von 1913 schier unglaublich.

Kaiser Wilhelm II.
im Alter von etwa 35 Jahren.

Prinz Wilhelm hatte eine schwere Jugend. Seine Mutter brachte für den Erstgeborenen kaum Liebe auf, wozu sicher beitrug, dass der Sohn der stolzen Britin Victoria mit einem verkrüppelten linken Arm geboren wurde. Diese auf Fehler der Geburtshelfer zurückgehende Behinderung war weit schlimmer, als man gemeinhin annimmt. Es bezeugt eine harte Erziehung und Selbstbeherrschung, dass der Kaiser ein guter Reiter und Jäger wurde. Nach heutiger medizinischer Erkenntnis litt der Kaiser zeitlebens unter dem (seiner Zeit unbekannten) hyperkinetischem Syndrom, einer Stoffwechselerkrankung des Zentralnervensystems, die man heute mit Tabletten erfolgreich bekämpft. Seine Überbeweglichkeit und mangelnde Konzentration, seine innere Unruhe, sein ständiger Orts- und Themenwechsel, seine Schwierigkeiten im menschlichen Umgang, so dass er seiner Umgebung zur Last fiel, gehen auf diese Erkrankung zurück.

Seine Bildung war gemäß der Tradition vorwiegend militärisch. Trotz mangelnder gründlicher Vorbereitung für die zivile Seite der Regententätigkeit hat er sich stets an die Verfassung gehalten und dank seiner schnellen Auffassungsgabe die jeweiligen Probleme erfasst.

Nach der kurzen Regierung des Vaters kam Wilhelm II. mit 29 Jahren auf den Thron, keineswegs zu jung, wenn man an andere Regenten denkt. Bald ergaben sich Konflikte mit Bismarck. Bismarck wurde 1890 entlassen, nicht zu früh, sondern zu spät. Im Grunde hätte er wegen seiner verhärteten, die Zukunft belastenden Innenpolitik längst zurücktreten müssen. Die Reichstagswahlen von 1890 brachten eine deutliche Niederlage für Bismarcks Anhänger. Bismarck wollte darauf mit einem Umbau der Verfassung und mit harter Unterdrückung der Sozialdemokraten antworten. Dazu war der Kaiser – aus politischer Vernunft – nicht bereit. Es verdient hervorgehoben zu werden, dass die Entlassung der verschiedenen Kanzler durch Kaiser Wilhelm II. stets dann erfolgte, wenn sie den Rückhalt im Parlament verloren. Mehr als ihm selbst bewusst war, befand sich Deutschland im Übergang zum parlamentarischen Staat. Nicht genug zu tadeln ist auch von dem, der die Entlassung Bismarcks begrüßt, die unerträgliche Form, in der sich der Kaiser vom eigentlichen Begründer des „Bismarckreiches" trennte. Bismarck wurde nicht müde in seinen letzten acht Lebensjahren, den Kaiser zu kritisieren. Bismarcks Anhänger in den bürgerlichen Mittelschichten, die längst die öffentliche Meinung bestimmten, nahmen das auf. Die Kritik am Kaiser wurde intellektuelle Mode. Sie war durch Bismarck legitimiert. Das blieb nicht ohne Folgen für das monarchische Bewusstsein, um so mehr, als sich der angegriffene Herrscher in seinen Reden und Handlungen ständig auf den monarchischen Gedanken berief. Wilhelm II. ließ Dankbarkeit und Respekt gegenüber dem Reichsgründer durchaus vermissen. Geschickt gewählte höfliche Gesten änderten nichts an dieser Unterlassung.

Die Abkehr von Bismarcks Kurs in der Innenpolitik führte zu einer Reihe von Sozialgesetzen zugunsten der Sonntagsruhe und der Frauen in Lohnarbeit. Leider verlor der Kaiser bald das Interesse an der so vorbildlichen Sozialpolitik und überließ anderen die Initiative.

Lange Zeit ist die Nichterneuerung des Rückversicherungsvertrages mit Russland im Jahre 1890 als Ursünde betrachtet worden. Heute bedauert man zwar, dass Wilhelm II. entgegen seiner ursprünglichen Absicht den konstitutionell Verantwortlichen in ihrer Gegnerschaft gegen die Verlängerung zustimmte, man weiß aber auch um die Zerbrechlichkeit dieses dünnen Drahtes mit Russland. Die russisch-französische Annäherung war ohnehin kaum zu vermeiden gewesen.

Im Volk sagte man, dem greisen Kaiser sei der Reisekaiser gefolgt. Zwischen Korfu und Norwegens Fjorden, Petersburg und London sowie in allen Teilen des Deutschen Reiches war der Kaiser ständig unterwegs. Er hat damit nicht nur heutige Gewohnheiten vorweggenommen, sondern versuchte auf diese Weise, den Deutschen ihren Herrscher und das Reich nahezubringen und im Ausland bei Monarchen und Politikern für das Deutsche Reich zu werben. Dieses ständige Repräsentieren war harte Arbeit und keineswegs nur Freude an der Darstellung und Befriedigung der Eitelkeit. Wenn man behauptet, der Kaiser habe nicht richtig gearbeitet, sollte man immerhin anerkennen, dass er auch auf den Reisen ständig Akten las und mündliche Berichte entgegennahm. Seine zahlreichen Reden bezeugen seinen auch sonst bei ihm auftretenden Mangel an Fingerspitzengefühl, gründlicher Überlegung und Selbstkontrolle. Seine Reden spiegeln den Geist seiner Zeit wider. Manche Formulierungen erschrecken uns heute. Festzuhalten bleibt, dass damals in ganz Europa „ein überhebliches Zutrauen zur eigenen Gestaltungskraft“ (Anton Ritthaler) bestand. Bei Wilhelm II. trat es oft grell zutage. Viele seiner Zeitgenossen bezeugt seine Vielseitigkeit, sein breites Interesse für Technik und Wissenschaft, Geschichte und Kunst. Es mangelte ihm aber an Tiefe und Stetigkeit.

1884 hatte Deutschland seine afrikanischen Kolonien Togo, Kamerun und Südwestafrika, bald darauf Ostafrika erworben, außerdem das Kaiser-Wilhelm-Land in Neuguinea. Unter Wilhelm II. kamen einige Inselgruppen in der Südsee sowie der Marinestützpunkt Tsingtau in China hinzu. Aus dem Deutschen Reich war eine Weltmacht geworden. Dabei träumte der Kaiser keineswegs davon, die Herrschaft über die ganze Welt anzutreten, sondern forderte für Deutschland lediglich die gleiche geachtete Stellung im System der verschiedenen Weltmächte, die es im alten europäischen System längst besaß. Das Deutsche Reich, das sich verspätet zu Wort meldete, hat die anderen Mächte durch schrille Töne unnötig verärgert. Da ältere, fremde Interessen in Überschätzung eigener Möglichkeiten durchkreuzt wurden, zog man sich allenthalben Gegnerschaften zu. Dass

Deutschland an einer offenen Tür für seine Wirtschaftsexpansion existentiell interessiert sein musste, wird schon aus der Tatsache seines jährlichen Geburtenüberschusses von fast einer Million Menschen ersichtlich. Um Deutschlands Handel und seine Kolonien zu schützen, brauchte man eine so starke Schlachtflotte, „dass ein Krieg auch für den seemächtigsten Gegner mit derartigen Gefahren verbunden ist, dass seine eigene Machtstellung infrage gestellt wird“ (Begründung des Entwurfs zum Flottengesetz von 1898). Diese „Risikoflotte“ war defensiv gedacht.

Kaiser Wilhelm II. war nach dem Großen Kurfürsten und dem Prinzen Adalbert (1811 bis 1873, Sohn des Prinzen Wilhelm, Bruder Friedrich Wilhelms III., als Vorsitzender der Marinekommission der Paulskirche) für die deutsche Flotte verantwortlich. Adalberts wohldurchdachter Flottengründungsplan von 1848 wies der deutschen Flotte Aufgaben in Ost- und Nordsee zu. Nach 1849 stand er – seit 1854 als „Admiral der preußischen Küsten“ – an der Spitze der jungen preußischen Marine. Auf seine Initiative wurde ein Stützpunkt an der Nordsee, das spätere Wilhelmshaven, angelegt. Er war der erste maritim denkende Hohenzoller. Der Kaiserlichen Marine galt seine Liebe, sein technisches Verständnis und sein künstlerisches Interesse; er betrachtete es als seine politische Aufgabe, Deutschland Seegeltung zu verschaffen. Alfred v. Tirpitz mit seinem hohen technokratischen Sachverstand und seinen propagandistischen Fähigkeiten unterstützte ihn dabei. Leider schadete Tirpitz' politische Blindheit Deutschlands Außenpolitik. Der zeitweilig vertretenen These, die Flotte habe dazu gedient, die reformerisch gesinnten Kräfte vom Einsatz für Parlamentarismus und Demokratie abzulenken, kann nicht zugestimmt werden. Der Flottenbau hat vielen Menschen Arbeit und Brot gebracht, anderen war der Einsatz für die Marine eine lohnende Aufgabe; aber der allmähliche Übergang zum parlamentarischen Staat wurde dadurch nicht blockiert. In dieser Hinsicht war es viel entscheidender, dass das Parlament den Flottengesetzen und allen Schiffsneubauten zustimmen musste und dadurch seinen Einfluss erhöhen konnte. Kaiser und Reichsleitung hatten das zu berücksichtigen. Was die Notwendigkeit des inneren Wandels betrifft, so ist zu berücksichtigen, dass die verschiedenen innenpolitischen Gruppierungen zu sehr um ihre eigenen Interessen kreisten, als dass sie verantwortlich das allgemeine Wohl hätten gestalten wollen. Die verschiedenen Kräfte blockierten sich gegenseitig und fanden nicht zu gemeinsamer Aktion. Die Notwendigkeit einer stärkeren Parlamentarisierung, um das Reich innerlich und äußerlich zu festigen, wurde vom Kaiser nicht erkannt.

Kaiser Wilhelm II. hat sich in all den verschiedenen, im höchsten Maße friedensbedrohenden außenpolitischen Krisen stets gegen den Krieg ausgesprochen. Nach der Schwächung Russlands durch die Revolution von 1905 und dessen Niederlage gegen Japan dachte er nicht an einen Präventivkrieg, sondern versuchte aus richtiger politischer Erkenntnis, Russland vom Bündnis mit dem republikanischen Frankreich abzuziehen. Dass an den Absprachen von Björkoe vieles dilettantisch war, so dass die Kabinette in Berlin und Petersburg davon nichts wissen wollten, vermindert nicht die Erkenntnis, dass hier vom Kaiser persönlich ein vernünftiger Versuch gemacht wurde, die Einkreisung, die man in Deutschland zu beobachten glaubte, zu durchbrechen. Deutschland hatte sich verhängnisvoll eng mit Österreich-Ungarn verbunden. Zwar wurde dadurch eine Verbindung aller Deutschen geschaffen, aber eine „Nibelungentreue", von der Reichskanzler Fürst Bülow sprach, eine Treue bis zum gemeinsamen Untergang, durfte es nicht sein.

Das gleiche übersteigerte Sicherheitsbedürfnis, das den Monarchen und die politisch Verantwortlichen bestimmte, gab es auch in England und bei den übrigen Mächten. Das allseitige Machtstreben verhinderte in Europa und überall wesentliche Konzessionen und damit eine Auflockerung der starren Bündnisse. Wilhelm II. teilte das übertriebene Vertrauen der Deutschen in ihre eigene Macht. Die deutsche Halbhegemonie auf dem Festland verhinderte die Einsicht in die Schwäche der eigenen Basis, wenn man vom Weltmaßstab ausging.

Als 1908 aufgrund der Nachlässigkeit des Reichskanzlers Bülow ein unglückseliges Interview Wilhelms II. so gut wie ungeprüft von der Reichskanzlei zur Veröffentlichung im „Daily Telegraph" freigegeben wurde, erhob sich ein Sturm der Entrüstung im Reichstag und im Volk bis weit in konservative Kreise hinein. Man konnte dem Kaiser nicht im Ernst vorwerfen, „durch autoritäre Handlungen der Willkür die Verfassung

Kaiser Wilhelm II mit seinen Söhnen: (von links nach rechts) Kronprinz Wilhelm, Prinz Eitel Friedrich, Prinz Adalbert, Prinz August Wilhelm, Prinz Oskar, Prinz Joachim. Die Aufnahme entstand am 1. Januar 1914 auf der Schlossbrücke vor dem Berliner Schloss auf dem Weg zur Ausgabe der Parolen.

verletzt zu haben. Es war vielmehr die persönliche impulsive Begleitmusik, die das Gleichgewicht im öffentlichen Leben störte... Diese bewegliche Lebhaftigkeit verdarb die Nuancen, entzündete die Mißstimmungen, erschwerte den laufenden Dienst" (Hermann Oncken). Seine Reden und impulsiven Randbemerkungen zu Aktenstücken wurden übrigens im praktischen Vollzug der Politik nicht wirklich beachtet. – Der Sturm der Kritik im Jahre 1908 ließ Wilhelm II. zeitweilig an den Thronverzicht denken und versetzte seinem Selbstbewusstsein einen nachhaltigen Schlag. Auch wo er hätte handeln müssen, überließ er die Initiative zu stark anderen, wie es sich während des Ersten Weltkriegs zeigte.

Bevor darauf eingegangen wird, sei noch des Kaisers Interesse an einer modernen Jugenderziehung erwähnt, sein Engagement für die Technischen Hochschulen und die Gründung der „Kaiser-Wilhelm-Gesellschaft zur Förderung der Wissenschaften" im Jahre 1911. Ohne ihn wäre diese Einrichtung großzügiger wissenschaftlicher Forschung, insbesondere auf dem Gebiet der Naturwissenschaften, nicht zustande gekommen. Wider den Willen Max Plancks musste nach dessen Tod auf Druck der amerikanischen Besatzungsmacht die Kaiser-Wilhelm-Gesellschaft in Max-Planck-Gesellschaft umbenannt werden.

Deutschland ist am Ausbruch des Ersten Weltkrieges nicht so unschuldig, wie man in unserem Lande lange geglaubt hat. Es ist aber weder allein schuldig, noch mit größerer Schuld als die anderen Mächte belastet, sondern mitschuldig. Der Krieg war kein deutscher „Griff nach der Weltmacht". Leider haben Kaiser und Reichsregierung Österreich-Ungarn zu einer harten Haltung gegen das durch die Ermordung des österreichischen Thronfolgers schwer belastete Serbien, den engen Verbündeten Russlands, ermuntert. Nach mehreren tatsächlichen oder eingebildeten Prestigeverlusten in schweren außenpolitischen Krisen, in Überschätzung der eigenen Macht war man nicht bereit nachzugeben. Auch die anderen Mächte waren entschlossen, diesmal die Krise nicht beizulegen. Deutschland wollte im Juli 1914 die bedrohliche „Einkreisung", das Bündnis zwischen Russland, Frankreich und Großbritannien testen und hat dabei die britische Bereitschaft zum Kriege falsch eingeschätzt. Gewiss hat kein verantwortlicher deutscher Staatsmann den Krieg als eine Befreiung von einem lange lastenden Druck, als ein reinigendes Gewitter in einer stickigen Atmosphäre empfunden. So empfanden dies aber viele Europäer im August 1914.

Der Historiker Hermann Oncken beurteilt wohl Kaiser Wilhelm II. in der Julikrise von 1914 richtig, wenn er schreibt: „Man fühlt den inneren Zusammenbruch eines Herrschers, der im Grunde seiner Seele zu jeder Zeit ein Friedensfürst hatte sein wollen – trotz aller kriegerischen Worte und Gesten – und der sich weltgeschichtlich als Besiegter empfindet, als er sein Volk in das Ungeheure dieses Krieges führen muss. Weiter als er kann man nicht von den Phantasien der Welteroberung entfernt sein, die ein Teil der Welt ihm zuschreibt."

Vom Balkon des Berliner Schlosses rief der Kaiser „Ich kenne keine Parteien mehr, ich kenne nur noch Deutsche". Diese Parole trug bis in den Herbst 1918, durch vier Kriegsjahre, dazu bei, dass die Deutschen gegen eine Welt von Feinden zusammenstanden. Noch wichtiger war es, dass der

Rede Kaiser Wilhelms II. vom Balkon des Berliner Schlosses am 1. August 1914: „Ich kenne keine Parteien mehr, ich kenne nur noch Deutsche!“ Hinter dem Monarchen: Kronprinz Wilhelm, Kaiserin Auguste Viktoria, Prinz Adalbert und Prinz August Wilhelm. Nach einem Gemälde von Fritz Genutat.

Kaiser am 4. August 1914 nach seiner Thronrede zur Eröffnung der ersten Sitzungsperiode des Reichstages während des Krieges neben den übrigen führenden Parlamentariern gerade auch den sozialdemokratischen Führern vor aller Augen die Hand zur Versöhnung reichte.

Die ausgleichende Rolle zwischen Politik und Militär, die sein Großvater gespielt hatte, vermochte Wilhelm II. nicht auszufüllen. Der Reichskanzler und die Minister in Berlin, erst recht die Generale im Hauptquartier, nahmen auf den Kaiser keine Rücksicht, und er selbst verhielt sich in Konflikten passiv. Man hat richtig seine Scheu vor der Verantwortung beobachtet. Es zeigte sich, dass er, der auch im Frieden die Politik nicht wirklich gelenkt hatte, sondern nur den verantwortlichen Staatsmännern gefolgt war, sich auch jetzt ähnlich verhielt.

Im Ringen zwischen der Dritten Obersten Heeresleitung unter Hindenburg und Ludendorff mit Reichskanzler v. Bethmann Hollweg und dessen Nachfolgern versagte er. Um in der ungeheuren Belastung des modernen Völkerringens einen eigenen Weg einzuschlagen, hätte es schier übermenschlicher Kräfte bedurft.

Die dringend notwendige Reform des Staates in Richtung auf eine Parlamentarisierung, insbesondere die Abschaffung des preußischen Dreiklassenwahlrechts, wurde vom Kaiser vernachlässigt. Auch hier gab er zu stark Hindenburgs und Ludendorffs Einflüssen nach, auf deren militärische und politische Einsicht er wie Millionen von Deutschen fälschlich vertraute. Als die Reform im Oktober 1918 kam und das Bismarckreich mit Zustimmung des Monarchen eine parlamentarische Monarchie wurde, erschien sie als ein Ausfluss der militärischen Niederlage. Sie wurde von den überanstrengten und ausgelaugten Menschen im fünften Kriegsjahr kaum wahrgenommen.

In der Debatte um die Kriegsziele verhielt sich der Kaiser wie die meisten Deutschen. Aus dem militärischen Frontverlauf heraus kam es zu Gebietsforderungen; publizistische Heißsporne wagten sich allzu weit hervor. Wilhelm II. gab sich zuweilen dynastischen Träumereien hin. Vergleicht man die alliierten Kriegsziele und Friedensschlüsse mit den deutschen Zielen und dem Frieden von Brest-Litowsk, der auch im Namen Wilhelms II. geschlossen wurde, so stellt man fest, dass die deutsche Seite nicht daran dachte, ganze Mächte auszulöschen, wie es die Alliierten mit Österreich-Ungarn und dem Osmanischen Reich taten oder fast erreichten, beziehungsweise in ihrer Substanz zu schwächen und zu zersplittern, wie sie es für Deutschland planten. Auch hielt man sich auf der Seite der Mittelmächte stärker an das Selbstbestimmungsrecht der Völker. Für den Kaiser persönlich war aller Glanz erloschen; die Lichter waren ausgegangen. Er schränkte sich wie alle Deutschen ein. Häufig war er an der Front und erlebte das Elend der Verwundeten und Sterbenden. Am Wiederaufbau des von den Russen verwüsteten Ostpreußen nahm er Anteil. Er besuchte bis zuletzt die kämpfende Truppe, Lazarette und Rüstungswerke. Am 18. Oktober 1915 nahm er an der Einweihung des auf seinen persönlichen Wunsch hin errichteten Kriegerfriedhofs von St. Quentin teil. Hier ruhen englische, französische und deutsche Gefallene nebeneinander. Deutsche und französische Geistliche beteten, der französische Bürgermeister übernahm den Friedhof in die Obhut der Stadt.

Mehrere seiner Söhne wurden verwundet. Prinz Friedrich Karl von Preußen, genannt nach seinem Großvater, erlag 1917 den im Luftkampf erlittenen schweren Verwundungen.

Im August 1918 zeigte sich nach vierjährigem Kampf, dass die Westfront nicht mehr standhalten konnte. Der Kaiser erkannte, dass der Krieg verloren war. Am 29. September forderten Hindenburg und Ludendorff den sofortigen Waffenstillstand. Auch Deutschlands Verbündete waren am Ende ihrer Kräfte; am 3. Oktober 1918 verzichtete der kluge König Ferdinand I. von Bulgarien zugunsten seines Sohnes Boris auf den Thron. Es wäre das beste für das Reich und Preußen gewesen, wenn Wilhelm II. das gleiche getan hätte (und zwar vor der Note des amerikanischen Präsidenten vom 23. Oktober). Selbstverständlich entsprach das nicht preußischer Tradition, aber alles, was an Demütigung folgte, entsprach dem noch weniger. Insbesondere wäre auf diesem Wege vielleicht das einigende Band der Krone, die Kontinuität der monarchischen Staatsform, in den Stürmen des Jahrhunderts erhalten geblieben.

Was folgte, ist der Tiefpunkt deutscher Geschichte, von dem alle weiteren Irrwege ausgingen.

Ausgerechnet vom amerikanischen Präsidenten Woodrow Wilson ließ man sich in Deutschland nach seiner Note vom 23. Oktober einreden, ohne den Kaiser erhielte man einen günstigeren Frieden auf der Basis des Selbstbestimmungsrechtes. Dabei hatte ein erzwungenes Ende der Monarchie mit Selbstbestimmung nichts zu tun. Auf diese Hoffnung hin und aus allgemeiner Erschöpfung, die der Überanstrengung folgte, ließen breite Kreise den Kaiser fallen.

Der Aufruhr begann ausgerechnet bei des Kaisers Lieblingskind, der Schlachtflotte. Sie war aufgrund der alliierten Fernblockade (wobei die Unterseebootwaffe und die leichteren Einheiten, ebenso wie die Fronttruppen des Heeres von der roten Propaganda nicht infiziert worden waren) bis auf den Achtungserfolg vor dem Skagerrak zur Untätigkeit verbannt worden. Es hat dabei durchaus bewaffneten Widerstand gegen die Revolutionäre unter der roten Fahne gegeben. Zum Beispiel wurde auf dem Linienschiff „König" die Reichskriegsflagge unter Blutopfern verteidigt. Aber es fehlte der feste Wille, die Treuen und Zuverlässigen zusammenzufassen. Das gleiche beobachtete man bei den Vorgängen in der Heimat und in der Etappe hinter den kämpfenden Verbänden. Aber auch für die Oberste Heeresleitung, das heißt für Paul v. Hindenburg, Erich Ludendorffs Nachfolger Wilhelm Groener und fast alle übrigen im Hauptquartier von Spa Versammelten, traf das zu. Hindenburg meinte, anstatt alle Kräfte so einzusetzen, wie es seiner oft beschworenen preußischen Königstreue entsprochen hätte, durch eine an revolutionäre Praktiken gemahnende suggestive Befragung von übermüdeten Frontoffizieren über die Treue der Truppe den Kaiser zur Abdankung veranlassen zu können. Bis auf den herbeigerufenen Kronprinzen und den Generalstabschef seiner Heeresgruppe, General Graf Friedrich v. der Schulenburg, stimmten alle Hindenburgs und Groeners Auffassung zu, dass man auf die Niederwerfung der Revolution verzichten müsse. Dabei hätte der bevorstehende Waffenstillstand zuverlässige Truppen für den Kampf gegen die Revolutionäre freigestellt, wenn ein Führungswille vorhanden gewesen wäre. Es hätte vom Kaiser übermenschliche Kräfte erfordert, wenn er gegen diese Phalanx, die alle Hebel und Informationen in der Hand hielt, hätte Front machen sollen.

Die in Berlin seit Anfang Oktober Verantwortlichen, Reichskanzler Prinz Max von Baden und Politiker der Mitte und der Linken, deren Parteien später die Weimarer Republik trugen, drängten den Kaiser schon länger zur Abdankung zugunsten einem der Söhne des Kronprinzen. Ein Teil von ihnen erstrebte die Republik. Als am 9. November bei Demonstrationen der Linken die Republik gefordert wurde, als man dem Reichskanzler von Spa aus sagte, der Rücktritt des Kaisers stünde bevor, verkündete Prinz Max von Baden eigenmächtig den Thronverzicht des Kaisers und des Kronprinzen, um die Monarchie zu retten. Doch Philipp Scheidemann rief am Reichstag eine eher sozialistische und Karl Liebknecht am Schloss eine eher kommunistische Republik aus. Hindenburg und

Kaiserin Auguste Viktoria, geborene Prinzessin von Schleswig-Holstein (1858 bis 1921).

Groener waren nicht bereit, für den Kaiser einzutreten, obwohl er das verlangte. Sie wollten mit den neuen Machthabern zusammenarbeiten und empfahlen dem Kaiser zu seiner persönlichen Sicherheit die Abreise in das neutrale Königreich der Niederlande. Der Kaiser dachte aber nicht an seine persönliche Sicherheit, als er nach langem Schwanken die Abfahrt zur niederländischen Grenze befahl. Sonst wäre der Übertritt ins neutrale Ausland tatsächlich so etwas wie eine Flucht gewesen. Vielmehr wollte er bewaffnete Konflikte zwischen Republikanern und Königstreuen verhindern. Nach dem verlorenen Weltkrieg sollte es keine Kämpfe im Inneren geben. Wilhelm II. hat im Spätherbst 1918 keine erfreuliche Rolle gespielt. Er wollte selbständig handeln, konnte es aber nicht, weil sich ihm die nächst Verantwortlichen, insbesondere Hindenburg, verweigerten. Ein letztes energisches Aufbäumen unterblieb. Die allgemeine Erschöpfung hatte auch den Kaiser zermürbt.

Ausgeschlossen blieb für den Christen Wilhelm II. der von General Groener empfohlene Weg des Todes an der Front. Ein solcher, dem Selbstmord nahekommender Akt wäre sinnlos gewesen und hätte eine Flucht aus der Verantwortung bedeutet.

Unter den gegebenen Umständen blieb Wilhelm II. am 9. November 1918 kaum ein anderer Weg als der, den er eingeschlagen hat. Es war ein königlicher Opfergang. Er wurde nur von wenigen verstanden.

In Amerongen, wo er zunächst Zuflucht gefunden hatte, unterzeichnete er am 28. November 1918 die Abdankung. Er verzichtete „auf die Rechte an der Krone Preußens und die damit verbundenen Rechte an der deutschen Kaiserkrone“. Soldaten und Beamte wurden ihres Eides entbunden. „Ich erwarte von ihnen, dass sie bis zur Neuordnung des Deutschen Reiches den Inhabern der tatsächlichen Gewalt in Deutschland helfen, das deutsche Volk gegen die drohenden Gefahren der Anarchie, Hungersnot und Fremdherrschaft zu schützen.“

Seit 1881 war der spätere Kaiser in vorbildlicher Ehe und treuer Gemeinschaft mit Prinzessin Auguste Viktoria von Schleswig-Holstein (Sonderburg-Augustenburg) verbunden. Sie war eine Tochter des 1864 durch Preußen an der Sukzession in Schleswig-Holstein gehinderten damaligen Erbprinzen von Augustenburg. Sechs Söhne und die Tochter Viktoria Luise (1892 bis 1980; sie heiratete 1913 den Enkel des 1866 entthronten Königs von Hannover, Herzog Ernst August von Braunschweig) gingen aus der Ehe hervor. Kaiserin Auguste Viktoria, die sich echter Volkstümlichkeit erfreute, hat sich immer bemüht, dem Kaiser den Rücken zu stärken und ihn zu einer festen Haltung zu ermuntern. Wie selbstverständlich folgte sie, die während der Tage des Umsturzes unverzagt in Potsdam ausgehalten hatte, dem Kaiser ins Exil. Als die Siegermächte seine Auslieferung verlangten, um ihn „wegen schwerster Verletzung der internationalen Moral und der Heiligkeit der Verträge“ abzuurteilen, hat sie unter dieser massiven Bedrohung schwer gelitten. Königin Wilhelmina der Niederlande und ihre Regierung haben trotz des Drucks der Entente-Mächte das Ansinnen mutig abgelehnt. In dem Wasserschloss Haus Doorn (zwischen Arnheim und Utrecht), das der Kaiser 1920 erworben hatte, ist die Kaiserin am 11. April 1921 einem Herzleiden erlegen. Die Überführung des Sarges im Sonderzug nach Potsdam und die Beisetzung im Antiken Tempel unweit des Neuen Palais' in Potsdam erregten die überwältigende Anteilnahme der Getreuen, deren Zahl größer war als die Republikaner annahmen. 200.000 Menschen aus allen Schichten gaben ihr in Potsdam das letzte Geleit.

Kaiser Wilhelm II. hat sein länger als 22 Jahre dauerndes Exil würdig bestanden. Er, dessen Feld die Welt gewesen war, war nun auf einen kleinen Umkreis beschränkt. Verständlicherweise hat er die Hoffnung auf eine erneute Thronbesteigung nicht aufgegeben und für diesen Gedanken geworben. Mehrere von ihm verfasste Bücher dienten diesem Zweck. Zahlreiche Besucher wurden empfangen, Anhängern unzählige Briefe geschrieben. Dass er seine Haltung nicht immer leicht bewahren konnte, versteht sich von selbst. Die Tagebücher seines nervlich belasteten Adjutanten vermitteln kein objektives Bild.

Vom Nationalsozialismus blieb er unbeeindruckt. Seine zweite Frau Prinzessin Hermine Reuß Ältere Linie, verwitwete Prinzessin v. Schönaich-Carolath (1887 bis 1947), die er anderthalb Jahre nach dem Tode der Kaiserin Auguste Viktoria geheiratet hatte und die sich um die Verbindung zwischen Doorn und Deutschland eifrig bemühte, hatte anfangs gehofft, ausgerechnet den Republikaner Hitler für die Monarchie gewinnen zu können.

1940 lehnte der Kaiser die ihm angebotene Übersiedlung nach England ab und konnte im Mai deutsche Truppen in Doorn begrüßen. Das Glückwunschtelegramm an Hitler zum Sieg über Frankreich kann man verstehen, wenn man bedenkt, wie sehr Frankreich ihn gedemütigt hatte. Das Telegramm schließt: „In allen deutschen Herzen erklingt der Choral von Leuthen... Nun danket alle Gott." Deutlicher konnte man sich von Hitlers Feindschaft gegenüber dem christlichen Glauben nicht distanzieren. So wie er die beim „Tag von Potsdam" (1933) von Hitler und Goebbels inszenierte, nur der Verschleierung der wahren Absichten dienende angebliche Verbindung des Nationalsozialismus mit Preußen als hohle Phrase durchschaut hatte, verbot der Kaiser auch seine Beisetzung in Potsdam, solange Hitler über Deutschland herrsche. Der am 4. Juni 1941, kurz vor dem Beginn des kriegsentscheidenden Russlandfeldzuges, Verstorbene wurde im Park von Doorn mit dem einem Generalfeldmarschall zustehenden Zeremoniell vorläufig beigesetzt.

Bei der Trauerfeier wurde ebenso wie bei der Ansprache anlässlich der Einweihung der Erlöserkirche in Jerusalem 1898 sowie bei den von ihm selbst gehaltenen Andachten auf der kaiserliche Yacht „Hohenzollern“ und in Doorn seine Demut vor Gott deutlich. Eine Reihe von ihm selbst ausgesuchter Bibelstellen bestimmte die schlichte Abschiedsstunde.

33. ABSCHNITT

Wilhelm Kronprinz des Deutschen Reiches und Kronprinz von Preußen (1882 bis 1951)

Der Kronprinz stand zeitlebens im Schatten des Vaters. Als der Vater tot war, hatte der Zweite Weltkrieg seinen Höhepunkt erreicht. Zusammenbruch, Vertreibung aus der Heimat und Not der Nachkriegszeit ließen keinerlei Entfaltungsmöglichkeit.

Der Kronprinz verfügte über einen kritischen Verstand und war bei aller Anhänglichkeit an die Tradition durchaus neuen Ideen aufgeschlossen. Seit 1905 verheiratet mit der bildschönen Herzogin Cecilie zu Mecklenburg, erlebte er seine glücklichste Zeit als Regimentskommandeur bei den Leibhusaren in Danzig-Langfuhr. In die Danziger Jahre 1911 bis 1913 fallen die ersten, wenig bedachten politischen Äußerungen des Thronfolgers. Er wandte sich gegen die Politik des Reichskanzlers Bethmann Hollweg und unterstützte nationalistische Kritiker der amtlichen Politik. Darüber kam es zu manchen Spannungen mit dem Vater. So kann es nicht verwundern, dass er im Ersten Weltkrieg ein beliebtes Ziel der alliierten Propaganda wurde. Man stempelte ihn als Kriegshetzer und Scharfmacher ab.

Dem Kronprinzen wurde eine Heeresgruppe an der Westfront anvertraut. Dabei war es keineswegs so, dass er nur auf die Anweisungen seiner Stabschefs hörte. Nach Ludendorffs Zeugnis widmete er sich „ernst und mit Eifer seinen Aufgaben und zeigte gleichzeitig gutes militärisches Verständnis und Blick für große Lagen“. Da die ihm unterstellten Truppen Verdun erobern sollten und bei den furchtbaren Kämpfen ausbluteten, machte man ihn vielfach dafür verantwortlich – obwohl er ein entschiedener Gegner dieser Kriegsführung war! Zwar blieb er ein Opponent Bethmanns und trug zu dessen Sturz 1917 bei, war aber seit 1916 ein nachdenklich gewordener Vertreter eines Ausgleichsfriedens auf der Grundlage des Status quo von 1914. Er begrüßte die Parlamentarisierung. Zum einfachen Soldaten fand der Kronprinz guten Kontakt, aber eine kritisch gewordene Öffentlichkeit bemängelte den allzu unbesorgten Stil seiner Zerstreuungen. Niemand konnte ihm gerade in entscheidungsschwerer Zeit gelegentliche Entspannung im Ernst missgönnen, um neue Tatenfrische zu gewinnen, aber hier sollte die Kritik an dem Thronerben auch die Staatsform treffen. Im November 1918 zeigte sich, wie sehr er dem oft von ihm kritisierten Vater eng verbunden war. Im Grunde waren er und sein Stabschef die einzigen im Hauptquartier, die zu energischem Widerstand gegen die Revolution aufriefen. Dabei wusste er, dass alle, die die Abdankung des Kaisers wünschten, seine Thronbesteigung genauso ablehnten und höchstens eine Regentschaft einer seiner noch im Kindesalter stehenden Söhne wünschten. Er war auch gegen den Übertritt des Vaters in die Niederlande – und hat ihn doch wenig später nachvollzogen. Der Kronprinz wollte seine Pflicht auch in dieser bitteren Stunde erfüllen und mit seinen Truppen nach Hause marschieren. Die neuen Machthaber lehnten jedoch einen weiteren Dienst des Thronfolgers ab.

Erst nach langem Ringen entschloss er sich, dem Beispiel des Vaters zu folgen und in die Niederlande zu gehen. Selbst seine Umgebung, zu der die späteren Generalobersten Werner v. Fritsch und Ludwig Beck gehörten, glaubte nicht, dass er damals etwas für die Wiederbegründung der Monarchie hätte unternehmen können. Für den monarchischen Gedanken wäre es vermutlich besser gewesen, der Kronprinz hätte es auf sich genommen, in Deutschland für Preußen und die Monarchie zu wirken. Dabei trieb auch ihn nicht die Furcht vor Demütigungen, sonst hätte er sich nicht freiwillig den Alliierten als Sühneopfer für die geforderten 896 Kriegsverbrecher zur Verfügung gestellt. Fünf Jahre blieb der Kronprinz auf der damals öden Zuidersee Insel Wieringen interniert. Dort verzichtete er am 1. Dezember 1918 auf seine Thronrechte. Er hat in dieser Zeit an der Einsamkeit und Verfemung gelitten und sehnte sich nach der Heimat und nach Wirkungsmöglichkeiten. Ende 1923 ermöglichte ihm Gustav Stresemann die Rückkehr nach Deutschland. Er lebte hinfort auf dem schlesischen Kronprinzenschloss Oels und im von ihm erbauten Schloss

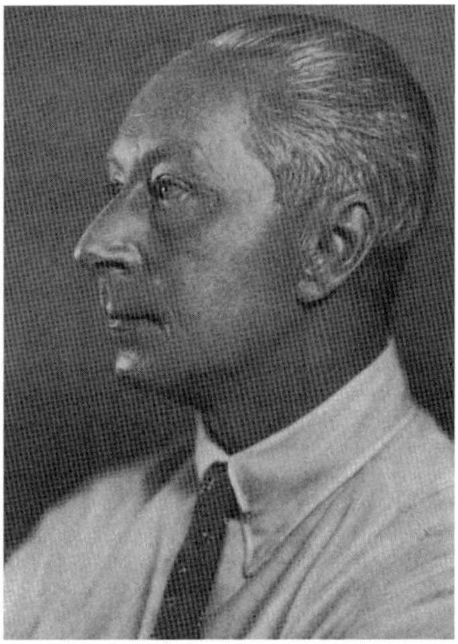

Kronprinz Wilhelm (1882 bis 1951).

Cecilienhof in Potsdam. Die Rückkehr war insofern nicht ganz einfach, weil es im „Gesetz zum Schutz der Republik" (1922) vom Kaiser und Kronprinzen hieß: „Ihnen kann im Interesse der Sicherheit das Betreten des Reiches verboten werden."

Der aktive Einsatz für die Monarchie war bis 1932 verboten. Die führenden Politiker der Linken wurden nicht müde, ständig das alte Deutschland und die Hohenzollern zu schmähen. Dadurch wurden sie mit dafür verantwortlich, dass die Mehrheit der Wähler bei allen Reichstagswahlen seit 1920 in zunehmender Weise Parteien wählten, die die Weimarer Verfassung ablehnten. Kommunisten und Sozialdemokraten strengten 1926 ein Volksbegehren für die Enteignung des Privatvermögens der vormals regierenden Häuser an. Da sich 12,5 Millionen Deutsche (31,8 Prozent der Stimmberechtigten) für die Vorlage aussprachen, musste sie zum Volksentscheid gestellt werden. Statt der erforderlichen 50 Prozent sprachen sich nur 36,4 Prozent aller Wahlberechtigten oder 14,5 Millionen Stimmen für die Fürstenenteignung aus; mithin blieb den vormals regierenden Häusern ihr Privatvermögen erhalten. Einen vergleichsweise günstigen Vertrag schloss das preußische Königshaus mit der Regierung des „Freistaats Preußen" kurz darauf 1926.

Die vom Kronprinzen erbetene Teilnahme seines ältesten Sohnes Wilhelm an einer Reichswehrübung war Anlass für die Entlassung des Chefs der Heeresleitung Generaloberst Hans v. Seeckt, der dies ohne Wissen des Reichswehrministers genehmigt hatte.

1932 kam es zu dem Versuch einer Kandidatur des Kronprinzen bei den Reichspräsidentenwahlen. Der Gedanke, die schwierige Wahl des Staatsoberhauptes durch das Volk auf lange Sicht abzuschaffen und den von der Mehrheit der Deutschen vermutlich ohnehin gewünschten Übergang zur monarchischen Staatsform einzuleiten, drängte sich vielen Verantwortlichen auf. Hindenburg, diesmal Kandidat der Mitte und der Linken, erreichte im ersten Wahlgang nicht die erforderliche absolute Mehrheit. Einige Freunde des Kronprinzen planten seine Kandidatur im zweiten Wahlgang, um ein Duell Hindenburg – Hitler zu vermeiden. Der Kronprinz hätte dann nur dem Kommunisten Thälmann gegenüber gestanden. Nach der Wahl, die den Übergang zur Monarchie einleiten sollte, war an die Bildung einer „nationalen" Regierung unter Einschluss der Nationalsozialisten gedacht. Der Kronprinz wollte seine Genehmigung nur geben, wenn Wilhelm II. zustimmte. Der Kaiser lehnte den Plan seines Sohnes entschieden ab. Vermutlich war es aber nicht nur Gehorsam gegenüber dem Vater, sondern auch die Erkenntnis, dass die Chance zu gering war, Hindenburg und Hitler zum Verzicht auf die Kandidatur zu bewegen, die den Kronprinzen resignieren ließ. Der Kronprinz erklärte, er werde im zweiten Wahlgang Hitler wählen. Dass er nach den Vorgängen am 9. November 1918 nicht Hindenburg wählen mochte, kann man verstehen. Er erhoffte – von heute her gesehen überraschend naiv – von den Nationalsozialisten, dass sie die Wiederherstellung der Monarchie fördern würden.

Wie erst nach dem Tode des Reichskanzlers Heinrich Brüning deutlich wurde, war es dessen Ziel, nach Hindenburgs Wiederwahl den Übergang zur Hohenzoller-Monarchie einzuleiten, um Deutschland zu stabilisieren. Hindenburg verweigerte sich diesem Vorhaben. Die Chance, Hitlers Machtanstieg mit Hilfe der Reichswehr unter monarchischer Spitze zu verhindern oder ihn zumindest „einzurahmen", seine totale Machtübernahme zu blockieren, wurde vertan. Der Kronprinz nahm beim Staatsakt in der Garnisonkirche am 21. März 1933 (Tag von Potsdam) einen Ehrenplatz ein, spielte aber nach 1933 keine Rolle. So wie die Nationalsozialisten schnell alle monarchistischen Vereinigungen verboten, unterbanden sie jede öffentliche Erwähnung des Kaisers und der preußischen Prinzen. Der Kronprinz erkannte spätestens Mitte 1934, dass die Nationalsozialisten in ihm bestenfalls einen Privatmann sahen. Im Zusammenhang mit den Morden um den sogenannten Röhm-Putsch wurde der Kronprinz von der Gestapo verhört, sein Adjutant verhaftet. Mit dem christlichen Glauben, preußischer Staatsauffassung und der freiheitlich-rechtsstaatlichen Tradition war Hitlers Lehre, wie sich mit der Zeit immer deutlicher herausstellte, unvereinbar. Hindenburgs Vermächtnis, in dem er Hitler den Übergang zur Monarchie empfahl, wurde missachtet.

Die Hohenzollernprinzen hatten sich nach 1918 im „Stahlhelm-Bund der Frontsoldaten“ unter der schwarzweißroten Fahne engagiert. Lediglich der vierte Kaisersohn Prinz August Wilhelm hatte sich der extremen Rechten angeschlossen. Ihn zog es wegen der propagierten Volksgemeinschaft und wegen der Hoffnung auf eine Wende zu Hitler; auch er wurde bald von Hitler und seinen Parteigenossen enttäuscht.

Am 5. September 1939 fiel der älteste Sohn des fünften Kaisersohnes Oskar, ebenfalls Prinz Oskar geheißen, im Polenfeldzug. Am 26. Mai 1940 folgte ihm Prinz Wilhelm, der älteste Sohn des Kronprinzen, der in Frankreich an der Spitze seiner Kompanie die tödliche Wunde empfangen hatte. Seine Beisetzung im Antiken Tempel in Potsdam, bei der etwa 50.000 Menschen stumm ihre Verbundenheit mit dem Kaiser- und Königshaus bekundeten, war für Hitler der Anlass, alle Prinzen der vormals regierenden Häuser aus der Wehrmacht zu entlassen.

Die verhasste „Hohenzollern-Brut“ vermutete Hitler auch hinter der Verschwörung vom 20. Juli 1944. Zwar hatte sich der Kronprinz ausdrücklich geweigert, dabei mitzuwirken, aber sein zweiter Sohn Prinz Louis Ferdinand hatte sich dem Aufstand des Gewissens zur Verfügung gestellt.

Den Zusammenbruch erlebte der Kronprinz im Kleinen Walsertal. Er wurde von den Franzosen verhaftet und gedemütigt. Schließlich erlaubte man ihm, auf der Burg Hohenzollern beziehungsweise in Hechingen zu leben. In den letzten zehn Jahren seines Lebens war er ohne Hoffnung, enttäuscht und resigniert. Ihm war es nicht gegeben, die Rolle auszufüllen, zu der er bestimmt war. Ob er ein guter Herrscher geworden wäre, kann man schwer entscheiden. Freilich sollte man berücksichtigen, dass sich mancher erst dann bewährte, wenn ihm Verantwortung zufiel. Auf seinen Wunsch wurde er auf der Michaelsbastei der Stammburg Hohenzollern beigesetzt – ein Akt voll tiefer Symbolik.

34. ABSCHNITT

Die Fürsten von Hohenzollern von 1849 bis zur Gegenwart

Über die Rolle des Fürsten Karl Anton als preußischer Ministerpräsident und die Kandidatur seines ältesten Sohnes Leopold für den spanischen Thron ist schon oben (S. 162 u. 181) berichtet worden. Fürst Karl Antons zweiter Sohn wurde als Karl I. 1866 Fürst und 1881 König von Rumänien, worüber weiter unten zu berichten ist. Schon längst waren die Hohenzollern mit dem portugiesischen Königshaus verbunden. Zwei Königinnen von Portugal stammen aus Sigmaringen. Neben älteren Verbindungen mit der belgischen Dynastie sind aus jüngster Zeit eheliche Bande mit dem schwedischen Königshaus zu erwähnen. 1961 heiratete Prinz Johann Georg, Bruder des jetzigen Fürsten Friedrich Wilhelm, Prinzessin Birgitta von Schweden, Schwester des jetzigen Königs von Schweden Carl XVI. Gustav.

Dem Fürsten Karl Anton folgte Fürst Leopold, der am Krieg 1870/71 als preußischer Offizier auch selbst teilnahm und bei der Kaiserproklamation in Versailles zugegen war. Nach dem großen Brand von 1893 erhielt das Schloss Sigmaringen unter ihm seine heutige Gestalt. Es folgte ihm 1905 in der Fürstenwürde sein ältester Sohn Wilhelm, der zugunsten seines jüngeren Bruders Ferdinand auf die Nachfolge seines kinderlosen Onkels in Rumänien verzichtet hatte. Er war mit Prinzessin Maria Theresia von Bourbon-Sizilien verheiratet. Fürst Wilhelm war preußischer General der Infanterie. Die Schwierigkeiten, die sich nach dem Ersten Weltkrieg nicht nur für den umfangreichen Familienbesitz ergaben, meisterte er geschickt.

Eine bei aller Liebe zur schwäbischen Heimat stark preußisch geprägte Persönlichkeit war Fürst Friedrich (1891 bis 1965). Insbesondere seinen Kameraden vom 1. Garderegiment zu Fuß blieb er Zeit seines Lebens

Schloss Sigmaringen nach dem Wiederaufbau und Umbau 1895 bis 1903 im heutigen Zustand.

verbunden. In den Hohenzollern´schen Landen genoss er hohes Ansehen und bemühte sich mit Prinz Louis Ferdinand von Preußen um die Burg Hohenzollern. Gegen Ende des Zweiten Weltkrieges wurden er und seine Familie (Seine Frau Prinzessin Margarete von Sachsen war die Tochter des letzten Königs von Sachsen.) von den Nationalsozialisten verhaftet. Zwei Drittel des Familienbesitzes gingen durch den Zweiten Weltkrieg

Fürst Friedrich von Hohenzollern, 1891 bis 1965.

Fürst Friedrich Wilhelm von Hohenzollern, * 3. Februar 1924.

verloren. Als Präsident des Malteser Hilfswerks für Deutschland bemühte er sich als Christ, die Not der Mitmenschen zu lindern. Unter ihm wurde Schloss Sigmaringen mit seinen zahlreichen Erinnerungen an die Geschichte der Hohenzollern der Öffentlichkeit zugänglich gemacht.

Der heutige Fürst Friedrich Wilhelm von Hohenzollern wurde 1924 geboren. Von 1951 bis 1996 war er mit Prinzessin Margarita zu Leiningen verheiratet, deren Mutter Großfürstin Maria von Russland, eine Schwester der Prinzessin Kira von Preußen, der verstorbenen Frau des Prinzen Louis Ferdinand, war. Aus der Ehe gingen drei Söhne, Erbprinz Karl Friedrich, Prinz Albrecht und Prinz Ferdinand und eine Tochter Prinzessin Ilona hervor. Fürst Friedrich Wilhelm diente viele Jahre dem Souveränen Malteser-Ritterorden in führender Position. Neben seinen zahlreichen Ehrenämtern widmet sich der Fürst der Verwaltung seiner Besitzungen und führt die Tradition seines Hauses in moderner Weise weiter. Nachdem im Zuge der baden-württembergischen Verwaltungsreform 1973 fast alle

Institutionen aufgelöst wurden, die an die Hohenzollern´schen Lande gemahnten, kommt dem Fürstenhaus eine neue Bedeutung für den Zusammenhalt des Landes zu. Abgesehen von der gemeinsamen Verwaltung der Burg Hohenzollern, die zu einem Drittel den schwäbischen Hohenzollern gehört, war er Prinz Louis Ferdinand auch freundschaftlich verbunden.

Erbprinz Karl Friedrich ist mit Gräfin Alexandra v. Stauffenberg (aus der Familie des Hitler-Attentäters vom 20. Juli 1944 Claus Schenk Graf v. Stauffenberg) verheiratet. Er pflegt die Beziehung zu Prinz Georg Friedrich, dem Chef des Deutschen Kaiserhauses und Preußischen Königshauses.

35. ABSCHNITT

Die Könige von Rumänien

Im Jahre 1866 wurde Prinz Karl von Hohenzollern-Sigmaringen, zweiter Sohn des Fürsten Karl Anton, vom rumänischen Volk durch eine Volksabstimmung, in der es nur 224 Gegenstimmen gab, zum Fürsten von Rumänien gewählt. Die Rumänen, noch abhängig von den Türken, suchten einen Fürsten aus alter europäischer Familie, der weder vom benachbarten Russland noch vom benachbarten Österreich abhängig war. Kaiser Napoleon III. machte die Rumänen auf den jungen preußischen Gardeoffizier aufmerksam. Karl hatte auf ihn, nachdem er sich am Ende einer Reise durch Algerien in Paris vorstellte, einen hervorragenden Eindruck gemacht. Dabei mag eine Rolle gespielt haben, dass seine Großmutter Fürstin Antoinette (Gattin des Fürsten Karl), eine geborene Prinzessin Murat war und damit zur Familie Bonaparte gehörte. Außerdem war seine badische Mutter eine Tochter der Stephanie de Beauharnais, Adoptivtochter Napoleons und Großherzogin von Baden. König Wilhelm I. verhielt sich zurückhaltend; Bismarck riet zur Annahme der rumänischen Krone. Während der Krieg zwischen Preußen und Österreich entbrannte, begab sich Karl in sein Fürstentum. Er wurde der eigentliche Begründer des modernen Rumänien. Mit seinem nach preußischem Muster aufgebauten Heer besiegte er die Türken im Balkankrieg 1877/78. Seit 1881 nannte er sich König von Rumänien. Außenpolitisch schloss sich sein Land eng an den deutsch-österreichisch-italienischen Dreibund an. Gern hätte er sein Land bei Ausbruch des Ersten Weltkrieges auf deutscher Seite in den Krieg geführt, konnte sich aber nicht durchsetzen. Rumänien blieb zunächst neutral.

König Karl I. von Rumänien (1839 bis 1914).

König Michael I. von Rumänien, * 1921. Aufnahme aus dem Jahre 1941

Als Karl I., in Rumänien Carol genannt, am 10. Oktober 1914 starb, folgte ihm sein Neffe Ferdinand, jüngerer Bruder des Fürsten Wilhelm; denn Karls Ehe mit der als Dichterin unter dem Namen Carmen Sylva bekannten Prinzessin Elisabeth zu Wied war kinderlos geblieben. König Ferdinand war seit 1886 rumänischer Thronfolger. Durch seine Heirat mit einer Enkelin der Königin Victoria war er Deutschland weniger verbunden als sein Vorgänger. 1916 trat Rumänien in den Krieg gegen Deutschland ein und wurde geschlagen. Aufgrund des Zusammenbruchs der Mittelmächte wurde es dann auf Kosten Österreich-Ungarns gewaltig vergrößert und Ferdinand 1922 in Karlsburg (Siebenbürgen) zum „König aller Rumänen" gekrönt. Es war dies übrigens, sieht man von England ab, die letzte europäische Königskrönung. Nach seinem Tode 1927 folgte für drei Jahre sein 1921 geborener Enkel Michael, bis dessen Vater, der wegen ehelicher Schwierigkeiten auf seine Rechte verzichtet hatte, 1930 doch als Karl II. den Thron bestieg.

Ähnlich wie der jugoslawische und später der bulgarische König schlug er einen autoritären Kurs ein und setzte die Verfassung außer Kraft. Als das nationalsozialistische Deutschland Rumänien zur Abtretung von Gebieten zwang, in denen die Rumänen keine Bevölkerungsmehrheit darstellten, verzichtete er 1940 zugunsten seines Sohnes Michael und ging ins Exil (gestorben 1953).

Seit 1941 nahm Rumänien auf deutscher Seite am Krieg gegen Russland teil. Im August 1944 entließ König Michael den Diktator Antonescu, dem sein Vater 1940 die Regierung überlassen hatte, und bereitete somit Rumäniens Übergang ins alliierte Lager vor; Rumänien erklärte Deutschland den Krieg. Der Einfluss der Kommunisten wurde immer stärker, und ab Februar 1945 war Rumänien ein sowjetischer Satellittenstaat. Es entstand zur Verwunderung der Welt die paradoxe Situation, dass ein König mit hohen sowjetischen Funktionären verhandelte, sowjetische Paraden abnehmen und sowjetische Orden tragen musste. Doch die Hoffnung, Schlimmstes zu verhindern, trog. Zwar konnte Rumänien sein Territorium einigermaßen bewahren, aber das Land wurde im Inneren sowjetisiert. Andersdenkende wurden hart verfolgt, die Siebenbürger Sachsen und Banater Schwaben entrechtet und zum großen Teil verschleppt. Am 30. Dezember 1947 zwangen die Sowjets König Michael I. von Rumänien, Prinz von Hohenzollern, zum Thronverzicht. Es war nicht mehr nötig, den Westmächten vorzuspiegeln, im Osten herrschten halbwegs demokratische Verhältnisse. Der schon seit langem völlig entmachtete und bespitzelte König ging ins Ausland, wo er im März 1948 seinen Thronanspruch erneuerte. König Michael heiratete 1948 Prinzessin Anna von Bourbon-Parma, eine Nichte der Kaiserin Zita von Österreich. Das Königspaar lebte mit seinen fünf Töchtern in der Nähe von Genf. Der König, der sich viele Jahre politisch stark zurückhielt, hat die Rumänen seit 1980 aufgerufen, auf den Tag hinzuarbeiten, an dem auch in Rumänien ein freiheitlicher Staat errichtet werden kann. Nach dem Ende des besonders totalitären Ceausescß-Regimes ließ man König Michael aus Angst vor seiner ungebrochenen Popularität erst nur kurz und dann jahrelang gar nicht in seine Heimat einreisen. Inzwischen lebt er wieder großenteils in Bukarest in dem Palais, aus dem ihn die Kommunisten Ende 1947 vertrieben. Er hatte sich stets bemüht, die bittere Armut in seinem Lande zu lindern.

36. ABSCHNITT

Prinz Louis Ferdinand von Preußen (1907 bis1994)

Prinz Louis Ferdinand wurde am 9. November 1907 im Potsdamer Marmor Palais als zweiter Sohn des deutschen Kronprinzen und der Kronprinzessin Cecilie, Herzogin zu Mecklenburg-Schwerin, geboren. Einen großen Teil seiner Kindheit verlebte der Prinz in Langfuhr bei Danzig, wo sein Vater das 1. Leibhusaren-Regiment befehligte. Der Erste Weltkrieg führte zu großen Veränderungen im Familienleben; denn auch das deutsche Kaiserhaus teilte die Sorgen und Nöte des deutschen Volkes. An seinem zehnten Geburtstag wurde der Prinz traditionsgemäß als Leutnant in das 1. Garderegiment zu Fuß eingestellt und gleichzeitig zum Ritter des Schwarzen Adlerordens ernannt. Der Umsturz vom 9. November 1918 übertrug Kronprinzessin Cecilie alle Sorge für die Erziehung ihrer Kinder, da der Kronprinz ins niederländische Exil ging. Prinz Louis Ferdinand besuchte bis zum Abitur das Städtische Realgymnasium in Potsdam, studierte dann in Berlin und Bonn und promovierte 1929 „cum laude" im Hauptfach Nationalökonomie zum Dr. phil.

In den Ford-Werken von Buenos Aires und Detroit lernte er als einfacher Arbeiter am Fließband das Leben der Werktätigen kennen. Von 1933 bis 1938 stand der Prinz im Dienst der Lufthansa. Am 4. Mai 1938 heiratete er in Haus Doorn Großfürstin Kira von Russland, Schwester des russischen Thronprätendenten Großfürst Wladimir. Das großherzige Hochzeitsgeschenk Kaiser Wilhelms II., der sich mit dem Prinzen besonders gut verstand, war eine Reise um die Welt. Aus der überaus glücklichen Ehe, die von großer Ausstrahlungskraft auf die Umgebung war, gingen sieben Kinder hervor.

Vermählung des Prinzen Louis Ferdinand von Preußen mit Großfürstin Kira von Russland (1909 bis 1967) am 4. Mai 1938 im Haus Doorn. Hinter dem Brautpaar von links nach rechts: Kronprinzessin Cecilie (geb. Herzogin zu Mecklenburg, 1886 bis 1954), Kaiser Wilhelm II., Kaiserin Hermine (geb. Prinzessin Reuß Älterer Linie, 1887 bis 1947), Kronprinz Wilhelm.

Von 1939 bis 1941 nahm der Prinz als Offizier der Luftwaffe am Zweiten Weltkrieg teil. Als Hitler, aufgeschreckt durch die starke Anteilnahme aller Volksschichten an der Beisetzung des 1940 in Frankreich gefallenen Prinzen Wilhelm, des älteren Bruders des Prinzen Louis Ferdinand, alle Prinzen aus der Wehrmacht verwies, übernahm Louis Ferdinand die Verwaltung des Familienbesitzes Cadinen am Frischen Haff in Westpreußen. Dort und in seinem zweiten Wohnsitz in Berlin trat er in enge Verbindung zum Widerstand gegen das nationalsozialistische Regime, dem er stets zutiefst ablehnend gegenübergestanden hatte. Oft trafen sich die Verschwörer in seinem Haus. Nicht nur Carl Goerdeler und Generaloberst Ludwig Beck, auch Persönlichkeiten wie Jakob Kaiser und Wilhelm

Leuschner sahen in ihm denjenigen, der eines Tages an die Spitze des Deutschen Reiches treten sollte. In einer noch nach seiner Verurteilung zum Tode geschriebenen Denkschrift setzte sich Goerdeler für die Wiederherstellung der Monarchie in moderner Form unter einem Prinzen von Preußen ein. Prinz Louis Ferdinand gelang es, der Verhaftung und Schlimmerem zu entgehen. Anfang 1945 musste er über das gefrorene Frische Haff vor der heranrückenden Roten Armee fliehen. Über Kissingen gelangte er nach Bremen, wo er bis zum Tode des Kronprinzen am 20. Juli 1951 als Generalvertreter der Firma Ford tätig war.

Seitdem widmete er sich unermüdlich und einfallsreich den Aufgaben eines Chefs des Hauses Hohenzollern. 1952 errichteten er und seine Frau die Prinzessin-Kira-von-Preußen-Stiftung, die seitdem tausenden von Kindern, besonders aus Berlin, einen kostenlosen Erholungsaufenthalt auf der Burg Hohenzollern ermöglichte. Die Mittel dafür werden durch Wohltätigkeitskonzerte mit weltbekannten Künstlern aufgebracht, insbesondere durch Konzerte auf der Burg Hohenzollern. Dabei erklangen auch jeweils Kompositionen des Prinzen Louis Ferdinand. Wie der 1806 gefallene Prinz Louis Ferdinand war auch der zweite Träger dieses Namens musikalisch hochbegabt. Er hielt es für seine Aufgabe, die kulturelle und musische Seite in der preußischen Tradition zu betonen.

1952 wurde den Särgen Friedrich Wilhelms I. und Friedrichs des Großen, die seit dem Kriegsende eine Irrfahrt hinter sich hatten und nicht mehr in die zerstörte und später gesprengte Potsdamer Garnisonkirche zurückkehren konnten, vorläufig auf der Burg Hohenzollern eine Heimstatt gewährt. Prinz Louis Ferdinand gelang es, die Burg Hohenzollern zu einem Mittelpunkt preußischer und deutscher Tradition zu gestalten, die jährlich von etwa 700.000 Menschen aufgesucht wird. Zahlreiche Erinnerungsstücke an die preußischen Könige und Deutschen Kaiser wurden dort gesammelt und der Öffentlichkeit zugänglich gemacht. Auf der Burg fanden 1961 die Feiern zum 900-jährigen Bestehen des Hauses Hohenzollern und 1962 zum 250. Geburtstag Friedrichs des Großen statt. Anlässlich eines Vortrages des Historikers Professor Dr. Hans Joachim Schoeps, der sich seit dem 18. Januar 1951 unentwegt für „die Ehre Preußens" und das preußische Königshaus eingesetzt hatte und von Prinz

Prinz Louis Ferdinand von Preußen, Chef des Kaiser- und Königshauses, 1951-1994.

Louis Ferdinand als „die Verkörperung der Zivilcourage“ bezeichnet wurde, bildete sich 1969 auf der Burg Hohenzollern der Zollernkreis. Der Zollernkreis und das ihm zugeordnete Preußeninstitut wollen diejenigen zusammenführen, die sich zur preußisch-deutschen Tradition bekennen, dabei aber bereit sind, sie kritisch zu prüfen und sich am demokratischen Staatsleben zu beteiligen. Viele Jahre fanden auf der Zollernburg viel beachtete Jahrestagungen mit prominenten Referenten statt.

Prinz Louis Ferdinand blieb schweres persönliches Leid nicht erspart. Am 8. September 1967 starb Prinzessin Kira. Ihre Urne wurde in der neugeschaffenen russisch-orthodoxen Auferstehungskapelle auf der Burg Hohenzollern beigesetzt. Die Burg beherbergt nunmehr neben der mittelalterlichen katholischen Michaelskapelle und der evangelischen Christuskapelle des neunzehnten Jahrhunderts in der Unterkirche unter diesem Gotteshaus eine orthodoxe Kapelle. Alle drei großen christlichen Konfessionen haben damit auf dem Zollern Heimatrecht. Nord und Süd, Schwaben und Preußen, das Bismarckreich und die Gegenwart präsentieren sich dem Besucher.

Am 11. Juli 1977 verstarb der 1944 geborene dritte Sohn und voraussichtliche Erbe des Prinzen Louis Ferdinand, ebenfalls Prinz Louis Ferdinand genannt, an den Folgen eines schweren Unfalls, den er zwei Monate vorher in der Erfüllung seines militärischen Dienstes während einer Bundeswehrübung erlitt. Der jüngere Prinz Louis Ferdinand hatte sich der Tradition seines Hauses besonders verbunden gefühlt. Der gelernte Bankkaufmann und Leutnant der Reserve hatte im Mai 1975 Gräfin Donata zu Castell-Rüdenhausen, einzige Tochter des Fürsten Siegfried zu Castell-Rüdenhausen, in Rüdenhausen (Unterfranken) geheiratet. Am 10. Juni 1976 wurde als erstes Kind Prinz Georg Friedrich in Bremen geboren. Der junge Prinz, Träger eines großen Namens (s.S.58-63) wurde 1994 Erbe seines Großvaters als Chef des Deutschen Kaiser- und Preußischen Königshauses. Hatten schon an den Hochzeitsfeierlichkeiten etwa 30.000 Menschen teilgenommen, so ging, als 1977 die Todesnachricht bekannt wurde, eine Welle der Anteilnahme durch alle Schichten unseres Volkes. In einem Nachruf wurde er als ein Prinz charakterisiert, „für den Herkunft noch Aufgabe und Pflicht war“.

Prinz Louis Ferdinand von Preußen mit seinem Enkel Prinz Georg Friedrich von Preußen (* 10. Juni 1976) und dessen Eltern Prinzessin Donata (geb. Gräfin zu Castell-Rüdenhausen) und Prinz Louis Ferdinand (1944 bis 1977).

Die Verzichtleistungen Kaiser Wilhelms II. und des Kronprinzen galten nur für ihre Person. Als Thronprätendent hat Louis Ferdinand keinen Zweifel daran gelassen, dass er sich einem Ruf des deutschen Volkes, wenn er einmal an ihn ergehen sollte, nicht verschließen würde.

Während für eine breite Öffentlichkeit die Erinnerung an die preußischen Ostprovinzen verdrängt wurde, hat sich Prinz Louis Ferdinand unbeirrt zu der Schicksalsgemeinschaft mit den Heimatvertriebenen bekannt und sich für die Überwindung der Grenzen und das Miteinander von Deutschen und Polen eingesetzt. Während man allgemein kaum noch das Wort Wiedervereinigung in den Mund nahm, trat der Prinz unentwegt für das Selbstbestimmungsrecht der Deutschen ein. Als Berliner Bürger, der einen großen Teil des Jahres dort verbrachte, als Kenner der Verhältnisse in Russland und Mitteldeutschland aus eigener Anschauung, waren ihm alle Illusionen über den Charakter der Sowjetunion und ihres deutschen Sattelitenregimes fremd. Als entschiedener Verfechter des Europagedankens wurde der Prinz nicht müde, immer wieder zu betonen, dass Europa nicht an der Berliner Mauer und Zonengrenze ende und dass die östlich von den Deutschen wohnenden Völker, wenn sie nur könnten, sich gern dem freien Europa anschließen würden.

In seinem mehrfach aufgelegten Buch „Die Geschichte meines Lebens" schrieb der Prinz: „Meine Frau und ich haben seit jeher an die Wiedergeburt Deutschlands und seiner Reichshauptstadt geglaubt. Und wenn man eines Tages von uns sagen würde, wir hätten im Rahmen unserer Kräfte ein wenig an ihr mitgeholfen, so wäre das die schönste Bestätigung für die Berechtigung und den Sinn unseres Lebens."

Je älter Prinz Louis Ferdinand wurde, desto preußischer und politisch entschiedener wurde er. „Wie er zuletzt war, so war er eigentlich", sagte Theodor Fontane vom alten Dubslav v. Stechlin.

Der Tag des Falls der Mauer und Zonengrenze am 9. November 1989, an seinem 82. Geburtstag, wurde, wie er bekannte, „zum schönsten Geburtstag meines Lebens."

Aufbahrung des Sarges Friedrichs des Großen im Innenhof von Schloß Sanssouci vor der Beisetzung auf der Gartenterrasse, Potsdam, 17.8.1991

Was er 1952 versprochen hatte, erfüllte er am 17.8.1991. Die Särge Friedrich Wilhelms I. und Friedrichs des Großen kehrten nach Potsdam zurück. Der 17. August 1991 (der 205. Todestag Friedrichs des Großen) wurde der eigentliche Höhepunkt seines Lebens – nicht nur weil König Friedrich (ein alter Wunsch Louis Ferdinands) – entsprechend seinem Testament – im Garten neben dem Schloss Sanssouci beigesetzt wurde; wichtiger war, dass 100.000 Preußen, die von überall her freiwillig gekommen waren, ihrem größten König huldigtem. Während Stabsoffiziere aller drei Waffengattungen der Bundeswehr Spalier standen, zogen die Menschen still und ergriffen in einer viele Stunden dauernden Prozession im Innenhof von Sanssouci am Sarg des Königs vorbei. Der Katafalk war mit den schwarzweißen Farben Preußens und der Hohenzollern bedeckt.

Am 25. September 1994 starb der Prätendent nach vierteljährlichem Krankenlager in Bremen. Am 8. Oktober fand die Trauerfeier im wunderbar wieder aufgebauten Berliner Dom statt. Eine führende deutsche Tageszeitung sprach von „Kaisertrauer“. Seine sterblichen Überreste wurden in der Auferstehungskapelle der Burg Hohenzollern, in die sich der fromme Christ so oft zum stillen Gebet zurückgezogen hatte, neben der Urne seiner unvergessenen Frau beigesetzt.

Als Thronanwärter hatte er nie verzichtet, und erwartete von seinem Haus, dass der Anspruch auf den preußischen und deutschen Thron aufrechterhalten wird. Prinz Georg Friedrich von Preußen hat sein Erbe angetreten.

Prinz Georg Friedrich (* 1976)

Nach den Hausgesetzen und dem Willen seines Großvaters folgte Prinz Georg Friedrich 1994 dem Prinzen Louis Ferdinand. Den 18-jährigen erwarteten schwere Aufgaben. Nach dem Abitur in einer schottischen Internatsschule und dem Wehrdienst bei den Gebirgsjägern in Mittenwald (Oberbayern) nahm er das Studium der Betriebswirtschaft an der Technischen Universität Freiberg (Sachsen) auf. – In langwierigen Gerichtsverfahren gelang es ihm, auch rechtlich als Chef des Deutschen Kaiserhauses und Preußischen Königshauses anerkannt zu werden.

Der Prätendent setzt selbstbewusst die Arbeit seines Großvaters fort. Soweit wie möglich nimmt er Repräsentationsaufgaben von Berlin und Potsdam bis nach Jerusalem, sowie karitative Verpflichtungen bei der Prinzessin-Kira-von-Preußen-Stiftung wahr.

Georg Friedrich Prinz von Preußen, * 1976

Ausblick

Die Hohenzollern sind die einzige Familie der Welt, die drei Genies hervorgebracht hat (wenn der Verfasser das richtig sieht). Darüber hinaus entsprossen diesem Haus in einer einmaligen Reihenfolge viele überdurchschnittliche Herrscher und nachgeborene Prinzen. Die weiblichen Angehörigen der Familie, die ausgeheiratet haben, konnten hier nicht behandelt werden.

Es ist ein Gebot der Vernunft im Rahmen einer notwendigen deutschen Länderreform zwischen Oder und Elbe, wo es gewünscht wird, ein neues Land Preußen zu schaffen. Gemäß dem Grundgesetz würde das neue Preußen als ein Land reicher Tradition, von durchschnittlicher Größe und überzeugender Wirtschaftskraft existieren.

Ob dem Hause Brandenburg-Preußen noch einmal größere Aufgaben im Zuge eines demokratischen Wandels zufallen werden, steht dahin. Es hat im Lauf der Geschichte stets Republiken und Monarchien sowie den Wechsel zwischen den Staatsformen gegeben. So bleibt eine konstitutionelle Monarchie auf demokratisch-parlamentarischer Grundlage auch für Deutschland durchaus eine Möglichkeit.

Deo gratia, durch Gottes Gnade spielen vom 11. Jahrhundert bis heute, über tausend Jahre hinweg Hohenzollern eine stets beachtliche Rolle im öffentlichen Leben Deutschlands.

Regenten des Hauses Hohenzollern
Brandenburgisch-Preußische Linie

(Regierungszeiten in runden Klammern)

Friedrich I.
† um 1125

Friedrich II.
† nach 1145

Friedrich III. (I.) Graf von Zollern,
Burggraf von Nürnberg (um 1192-1200)

Konrad I. Burggraf von Nürnberg (um 1200-1261)
† 1260/61

Friedrich III. (1261-1297)
† 1297

Johann I. (1297-1300)
† 1300

Friedrich IV. (1300-1332)
* 1287 † 1332

Johann II. (1332-1357)
† 1357

Friedrich V. (1357-1397)
† 1398

Friedrich VI. (I.) Burggraf von Nürnberg, Kurfürst von
Brandenburg (1415-1440)
* 1371 † 1440

Friedrich II., Kurfürst (1440-1470)
* 1413 † 1471

Albrecht Achilles, Kurfürst (1470-1486)
* 1414 † 1486

Johann, Kurfürst (1486-1499)
* 1455 † 1499

Joachim I., Kurfürst (1499-1535)
* 1484 † 1535

Joachim II., Kurfürst (1535-1571)
* 1505 † 1571

Johann Georg, Kurfürst (1571-1598)
* 1525 † 1598

Joachim Friedrich, Kurfürst (1598-1608)
* 1546 † 1608

Johann Sigismund, Kurfürst (1608-1619)
* 1572 † 1619

Georg Wilhelm, Kurfürst (1619-1640)
* 1595 † 1640

Friedrich Wilhelm, der Große Kurfürst (1640-1688)
* 1620 † 1688

Friedrich III. (I.), Kurfürst von Brandenburg, König in Preußen
(1688-1713, König seit 1701)
* 1657 † 1713

Friedrich Wilhelm I., König in Preußen (1713-1740)
* 1688 † 1740

Friedrich II., der Große, König von Preußen (1740-1786)
* 1712 † 1786

Friedrich Wilhelm II., König von Preußen (1786-1797)
* 1744 † 1797

Friedrich Wilhelm III., König von Preußen (1797-1840)
* 1770 † 1840

Friedrich Wilhelm IV., König von Preußen (1840-1861)
* 1795 † 1861

Wilhelm I., König von Preußen, Deutscher Kaiser (1861-1888, seit 1871 Kaiser)
* 1797 † 1888

Friedrich III., König und Kaiser (1888)
* 1831 † 1888

Wilhelm II., König und Kaiser (1888-1918)
* 1859 † 1941

Kronprinz Wilhelm
* 1882 † 1951

Prinz Louis Ferdinand
* 1907 † 1994

Prinz Georg Friedrich
* 1976

Die Regenten der Fränkischen Linie
Burggrafen von Nürnberg

(Regierungszeiten in runden Klammern)

Friedrich I. (ca. 1192-ca. 1200)

(als Graf von Zollern Friedrich III.)

Konrad I. (1200-1261)

Friedrich III. (1261-1297)

Johann I. (1297-1300)

Friedrich IV. (1300-1332)

Konrad III. (1332-1334)

Johann II. (1334-1357)

Friedrich V. (1357-1397)

Johann (1397-1420), Burggraf von Nürnberg (Oberland)

Friedrich VI. (1397-1440),
Burggraf von Nürnberg (bis 1420 nur Unterland),
1415-1440 Kurfürst von Brandenburg

Albrecht Achilles (1440-1486),
1470-1486 Kurfürst von Brandenburg, nannte sich seit 1440
Markgraf von Brandenburg-Ansbach; seit 1464 Markgraf von

Brandenburg-Kulmbach
(Ältere) Brandenburgisch-Ansbachisch-Kulmbachische Linie

Friedrich der Ältere (1486-1515)

Kasimir (1515-1527)

Georg der Fromme (1527-1543)

Georg Friedrich (1543-1603)

(Jüngere) Brandenburgisch-Ansbachische Linie

Joachim Ernst (1603-1625)

Albrecht V. (1625-1667)

Johann Friedrich (1667-1686)

Georg Friedrich (1686-1703)

Wilhelm Friedrich (1703-1723)

Carl Wilhelm Friedrich (1723-1757)

Alexander (1757-1791),
(1769-1791 Ansbach und Bayreuth vereinigt)

(Jüngere) Brandenburgisch-Bayreuthische Linie

Christian (1603-1655)

Christian Ernst (1655-1712)

Georg Wilhelm (1712-1726)

Georg Friedrich Carl (1726-1735)

Friedrich (1735-1763)

Friedrich Christian (1763-1769)

Tafel I
Auszug zur Stammtafel des Hauses Hohenzollern Brandenburgisch-Preußische Linie

Friedrich I.
† um 1125

Friedrich II.
† nach 1145

Friedrich III. (I.), Graf von Zollern, Burggraf von Nürnberg
† ca. 1200

Friedrich IV. (II.), Graf von Zollern
* um 1188 † 1251
Stammvater der schwäb. Linie
s. Tafel II

Konrad III. (i. Burggraf von Nürnberg)
†1261
Stammvater der fränk. (brandenb.-preuß.) Linie

Friedrich III.
† 1297

Friedrich IV.
1287 † 1332

Johann II.
† 1357

Friedrich V.
† 1398

Johann III.
*um 1369 † 1420

Friedrich II., Kurfürst
* 1413 † 1471

Johann, Kurfürst
* 1455 † 1499

Joachim I., Kurfürst
* 1484 † 1535

Joachim II., Kurfürst
* 1505 † 1571

Johann Georg, Kurfürst
* 1525 † 1598

Joachim Friedrich, Kurfürst
* 1546 † 1608

Johann Sigismund, Kurfürst, * 1572 † 1619
∞ Anna von Preußen, † 1625

Georg Wilhelm, Kurfürst, * 1595 † 1640
∞ Elisabeth Charlotte von der Pfalz, † 1660

Friedrich Wilhelm, der Große Kurfürst, * 1620 † 1688
∞ Luise Henriette von Nassau-Oranien, † 1667

Friedrich III (I.), Kurfürst von Brandenburg, König in Preußen, * 1657 † 1713
∞ II. Sophie Charlotte von Hannover, † 1705

Friedrich Wilhelm I., König in Preußen, * 1688 † 1740
∞ Sophie Dorothea von Hannover, † 1757

Kinder siehe Tafel 1 a

Friedrich VI. (I.), Burggraf von Nürnberg, Kurfürst von Brandenburg
* 1371 † 1440

Albrecht Achilles, Kurfürst
* 1414 † 1486

Friedrich V., der Ältere, Markgraf von Ansbach und Kulmbach
* 1460 † 1536

Kasimir, Markgraf von Kulmbach
* 1481 † 1527

Albrecht, Herzog in Preußen
* 1490 † 1568
Hochmeister des Deutschen Ordens

Albrecht Friedrich, Herzog in Preußen
* 1553 † 1618

Anna von Preußen
* 1576 † 1625
∞ Johann Sigismund,
Kurfürst von Brandenburg

Friedrich Wilhelm I., König in Preußen
* 1688 † 1740
∞ Sophie Dorothea von Hannover
*1687 † 1757

Friedrich II., der Große,
König von Preußen
* 1712 † 1786
∞ Elisabeth Christine von Braunschweig-Bevern
* 1715 † 1797

August Wilhelm
* 1722 † 1758
∞ Luise Amalie von Braunschweig-Wolfenbüttel
* 1722 † 1780

Friedrich Wilhelm II.,
König von Preußen
* 1744 † 1797
∞ Friederike Luise von Hessen-Darmstadt
* 1751 † 1805

Friedrich Wilhelm III.,
König von Preußen
* 1770 † 1840
∞ Luise zu Mecklenburg-Strelitz
* 1776 † 1810

Friedrich Wilhelm IV.,
König von Preußen
* 1795 † 1861
∞ Elisabeth von Bayern
* 1801 † 1873

Wilhelm I.,
König von Preußen, Deutscher Kaiser
* 1797 † 1888
∞ Augusta von Sachsen-Weimar
* 1811 † 1890

Friedrich III.
König von Preußen, Deutscher Kaiser
* 1831 † 1888
∞ Victoria von Großbritannien
* 1840 † 1901

Wilhelm II.,
König von Preußen, Deutscher Kaiser
* 1859 † 1941
∞ I. Auguste Viktoria zu Schleswig-Holstein
* 1858 † 1921
∞ II. Hermine Reuß Ä. L.
* 1887 † 1947

Wilhelm, Kronprinz
* 1882 † 1951
∞ Cecilie zu Mecklenburg-Schwerin
* 1886 † 1954

Eitel Friedrich
* 1883 † 1942
∞ Sophie Charlotte von Oldenburg
* 1879 † 1964 (gesch.)

Adalbert
* 1884 † 1948
∞ Adelheid von Sachsen-Meiningen
* 1891 † 1971

Wilhelm
* 1906 ⚔ 1940
∞ Dorothea von Salviati
* 1907 † 1972

Louis Ferdinand
* 1907 † 1994
∞ Kira Großfürstin von Rußland
* 1909 † 1967

Louis Ferdinand
* 1944 † 1977
∞ Donata Gräfin zu Castell-Rüdenhausen
* 1950

Prinz Georg Friedrich
* 1976

Heinrich
* 1726 † 1802
∞ Wilhelmine von Hessen-Kassel
* 1726 † 1808

Ferdinand
* 1730 † 1813
∞ Luise von Brandenburg-Schwedt
* 1738 † 1820

Louis Ferdinand
* 1772 ⚔ 1806

Karl
* 1801 † 1883
∞ Marie von Sachsen-Weimar
* 1808 † 1877

Friedrich Karl
* 1828 † 1885
∞ Marie von Anhalt
* 1837 † 1906

Heinrich
* 1862 † 1929
∞Irene von Hessen
* 1866 † 1953

Albrecht
* 1809 † 1872
∞ Marianne der Niederlande
*1810 † 1883

August Wilhelm
* 1887 † 1949
∞ Alexandra Viktoria zu Schleswig-Holstein Sonderburg-Glücksburg
* 1887 † 1957
(gesch.)

Oskar
* 1888 † 1958
∞ Ina Marie Gräfin von Bassewitz
* 1888 † 1973

Joachim
* 1890 † 1920
∞ Marie Auguste von Anhalt
* 1898 †1983

(Ausführliche Daten im „Genealogischen Handbuch des Adels", Band 1 [Fürstliche Häuser I] bis Band 70 [Fürstliche Häuser X])

Tafel II

Auszug zur Stammtafel des Hauses Hohenzollern Schwäbische Linie

Friedrich IV. (II.), Graf von Zollern
* um 1188 † 1251

Friedrich V., der Erlauchte
† 1289

Friedrich VI.
† um 1298

Friedrich VII.
† um 1309
folgt 1298

Friedrich VIII.
† 1333
folgt 1309

Friedrich IX.
† 1379
folgt 1333, teilt 1344 mit
seinem jüngsten Bruder

Friedrich
† 1364/68
Chorherr zu Straßburg

Friedrich X.
† 1412
folgt um 1379

Friedrich XI.
† 1401

Friedrich XII.
† 1443
folgt 1401
vertrieben 1426

Eitel Friedrich I.
† 1439
teilt 1402 mit seinem Bruder
und vertreibt diesen 1426

Jos Niklas I.
† 1488
folgt 1443

Eitel Friedrich II.
† 1512
folgt 1488

Franz
† 1517
folgt 1512

Christof Friedrich
⚔ 1536

Joachim
† 1538
folgt 1535 (1536)

Jos Niklas II.
† 1558
folgt 1538

Eitel Friedrich III.
† 1525
folgt 1517

Karl I.
* 1516 † 1576
folgt 1558
teilt unter seinen Söhnen 1576
erhält Sigmaringen 1535

(siehe nächste Seite)

- Karl I
  * 1516 † 1576
  folgt 1558, teilt unter seinen Söhnen 1576
  erhält Sigmaringen 1535
  - Eitel Friedrich IV.
    I. zu Hechingen
    * 1545 † 1605
    - Johann Georg
      * 1577 † 1623
      folgt 1605, Fürst 1623
      - Eitel Friedrich II.
        * 1601 † 1661
        folgt 1623
        - Friedrich Wilhelm
          * 1663 † 1735
          folgt 1671
          - Friedrich Ludwig
            * 1688 † 1750
            folgt 1735
      - Philipp
        * 1616 † 1671
        folgt 1661
        - (Hermann Friedrich)
          1665 † 1733
          - Josef Wilhelm
            * 1717
            †1798
            folgt1750
          - (Franz Xaver)
            * 1719
            †1765
            - Hermann
              * 1748 † 1810
              folgt 1798
              - Friedrich
                * 1776 † 1838
                folgt 1810
                - Friedrich Wilhelm Konstantin
                  * 1801 † 1869
                  folgt 1838
                  verzichtet 1849 zugunsten des Königs von Preußen
  - Karl II.
    zu Sigmaringen
    * 1547 † 1606
    - Johann
      * 1578 † 1638
      folgt 1606,Fürst 1623
      zu Haigerloch 1634
      - Meinrad I.
        * 1605 † 1681
        folgt 1638
        - Maximilian I.
          * 1636 † 1689
          folgt 1681
          - Meinrad II.
            * 1673 † 1715
            folgt 1689
            - Josef
              * 1702 † 1769
              folgt 1715
              - Karl Friedrich
                * 1724 † 1785
                folgt 1769
                - Anton Alois
                  * 1762 † 1831
                  folgt 1785
                  - Karl
                    * 1785 † 1853
                    folgt 1831, verzichtet 1848
                    - Karl Anton
                      * 1811 † 1885
                      folgt 1848
                      verzichtet 1849 zugunsten des Königs von Preußen
                      - Leopold
                        * 1835 † 1905
                        - Wilhelm
                          * 1864 † 1927
                          - Friedrich
                            * 1891 † 1965
                            - Friedrich Wilhelm
                              * 1924
                              - Erbprinz Karl Friedrich
                                * 1952
                      - Karl (I.)
                        * 1839 † 1914
                        1866 Fürst von Rumänien
                        1881 König von Rumänien
                        - Ferdinand I.
                          * 1865 † 1927
                          folgt 1914 als König von Rumänien
                          - Karl II (Carol)
                            * 1893 † 1953
                            verzichtet 1925
                            folgt 1930, verzichtet 1940
                            - Michael I
                              * 1921
                              folgt 1927-1930
                              folgt seinem Vater 1940
                              verzichtet 1947
                              erneuert seine Ansprüche 1948
  - Christof
    zu Haigerloch
    * 1552 † 1592
    - Johann Christof
      * 1586 † 1620
      folgt 1592
    - Karl
      * 1588 † 1634
      folgt 1620

Namenverzeichnis

Bildnachweis

Foto Jörg Anders, Berlin, Verwaltung der Staatlichen Schlösser und Gärten, Berlin, Seiten 81, 87
Germanisches Nationalmuseum, Nürnberg, Seite 17
Foto Blumensaat, Kulmbach, Seiten 58, 59
Foto Berberich, Ansbach, Seite 62
Foto Keidel, Hechingen, Seiten 14, 100
Landesmedienzentrum, Baden-Württemberg 233
Aus: „Schloß Sigmaringen und das Fürstliche Haus Hohenzollern", Jan Thorbecke Verlag, Sigmaringen, 1979, Seiten 49, 159, 160 und 224
Ullstein Bildarchiv, Berlin, Seiten 125, 129 und 205
Historia Photo, Hamburg, Seiten 40, 91, 112, 114, 125, 139, 142, 149, 151 und 187
Bildarchiv Preußischer Kulturbesitz, Berlin, Seiten 43, 45, 53, 61, 66, 75, 80, 119, 125, 132, 163, 168 und 174

Alle anderen Bilder stammen aus Privatbesitz und wurden uns freundlichst zur Verfügung gestellt.

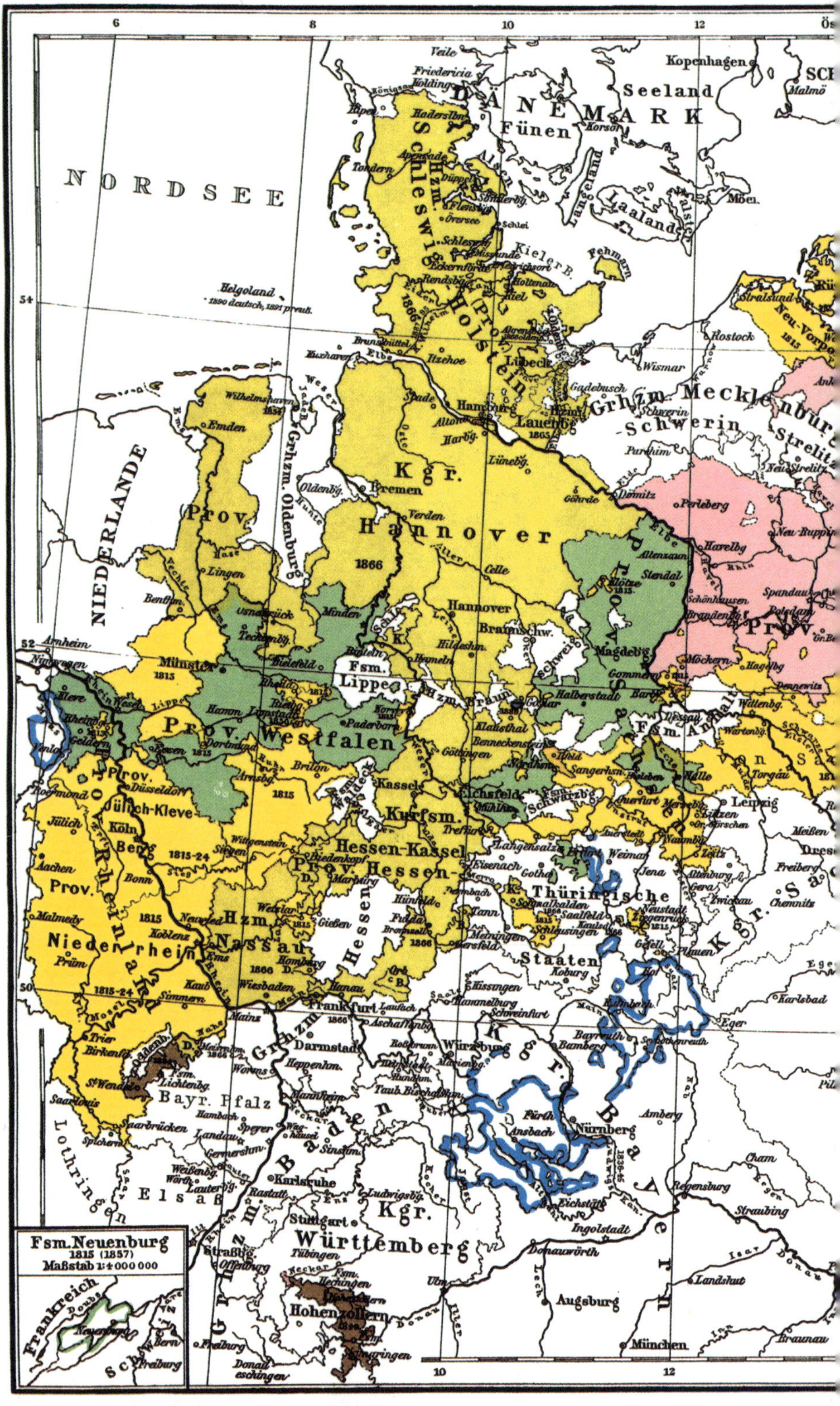

NORDSEE
DÄNEMARK
Seeland
Fünen
Kopenhagen
Hzm. Schleswig
Holstein (Prov.)
Helgoland
1890 deutsch, 1891 preuß.
Kieler B.
Fehmarn
Laaland
Langeland
Lübeck
Hamburg
Lauenbg.
1865
Grhzm. Mecklenburg-Schwerin
Strelitz
Rostock
Wismar
Schwerin
Stralsund
Neu-Vorpommern
1815
NIEDERLANDE
Prov.
Emden
Wilhelmshaven
Grhzm. Oldenburg
Oldenbg.
Bremen
Kgr. Hannover
1866
Stade
Lüneburg
Celle
Hannover
Braunschw.
Hildesheim
Lingen
Osnabrück
Minden
Münster
1815
Fsm. Lippe
Prov. Westfalen
Bielefeld
Paderborn
Hamm
Lippstadt
Dortmund
Arnsbg.
Brilon
Prov. Sachsen
Magdebg.
Halberstadt
Stendal
Altmark
Fsm. Anhalt
Dessau
Halle
Torgau
Leipzig
Prov.
Perleberg
Neu-Ruppin
Spandau
Potsdam
Brandenbg.
Wittenbg.
Kgr. Sachsen
Dresden
Chemnitz
Freiberg
Zwickau
Plauen
Thüringische Staaten
Weimar
Jena
Erfurt
Gotha
Eisenach
Koburg
Saalfeld
Meiningen
Schmalkalden
Schwarzb.
Langensalza
Mühlhsn.
Eichsfeld
Nordhsn.
Göttingen
Klausthal
Hzm. Braun.
Kassel
Kurfsm. Hessen-Kassel
Prov. Hessen-Nassau
1866
Marburg
Fulda
Hanau
Gießen
Hessen
Hzm. Nassau
Wiesbaden
Frankfurt
Prov. Jülich-Kleve-Berg
Düsseldorf
Köln
Bonn
Jülich
Aachen
1815-24
Prov. Niederrhein
Rheinland
Koblenz
Prüm
Trier
Saarlouis
Saarbrücken
Fsm. Lichtenbg.
Oldenb.
Bayr. Pfalz
Lothringen
Elsaß
Grhzm. Hessen
Darmstadt
Mainz
Worms
Mannheim
Heidelberg
Grhzm. Baden
Karlsruhe
Rastatt
Straßbg.
Offenburg
Freiburg
Donaueschingen
Kgr. Württemberg
Stuttgart
Tübingen
Ulm
Hohenzollern
Hechingen
Sigmaringen
Kgr. Bayern
Würzburg
Schweinfurt
Bamberg
Bayreuth
Nürnberg
Fürth
Ansbach
Amberg
Regensburg
Straubing
Landshut
Ingolstadt
Eichstätt
Donauwörth
Augsburg
München
Passau
Braunau
Karlsbad
Eger
Fsm. Neuenburg
1815 (1857)
Maßstab 1:4000000
Frankreich
Neuenburg
Bern
Schweiz
Freiburg